Charlotte Wiedemann

Mali oder das Ringen um Würde

Meine Reisen in einem verwundeten Land

Pantheon

Die Rechte für die Abbildungen im Innenteil des Buches liegen bei Charlotte Wiedemann, mit Ausnahme von S. 14; hier liegen die Rechte beim Centre for the Study of Manuscript Cultures, Universität Hamburg.

FSC
www.fsc.org
MIX
Papier aus verantwortungsvollen Quellen
FSC® C083411

Verlagsgruppe Random House FSC® N001967
Das für dieses Buch verwendete FSC®-zertifizierte Papier
Lux Cream liefert Stora Enso, Finnland

Erste Auflage
September 2014

Umschlaggestaltung: Büro Jorge Schmidt, München
Satz: Ditta Ahmadi, Berlin
Karten: Peter Palm, Berlin
Reproduktionen: Aigner, Berlin
Druck und Bindung: CPI – Clausen & Bosse, Leck
Printed in Germany
ISBN 978-3-570-55257-5

www.pantheon-verlag.de

Den Männern und Frauen aus Mali,
die vor Europas Küste ihr Leben verloren

Inhalt

Vorwort

Wenn ich nur einen einzigen Gegenstand zur Verfügung hätte, um Mali und das Anliegen dieses Buches zu erklären, dann wäre das ein blauer Eisenstuhl. Besser gesagt: die blauen Eisenstühle, denn sie kommen nur in der Mehrzahl vor. Auf diesen Stühlen wird Gemeinschaft gelebt. Wenn Malier sich versammeln, wenn sie debattieren, eine Hochzeit feiern, einen Toten beklagen, dann sind die blauen Eisenstühle stets dabei. Sie stehen auf der Straße, in einem Hof oder im Schatten eines Mangobaums.

Ihre Bauart ist schlicht und robust, der Sitz klein und hart, die Lehne gerade. Auf deren Rückseite ist mit schwarzer Farbe eine Nummer aufgepinselt, denn es handelt sich um Leihstühle. Mali ist ein armes Land, da ist Stühle-Verleiher ein Beruf.

Der blaue Eisenstuhl hat einen natürlichen Feind: den Bürosessel, dick gepolstert, aus braunem Kunstleder. Darin sitzt der Funktionär, der leitende Beamte, der Politiker, und er lässt sich gern sitzend fotografieren. Nahezu jedes Porträt in einer malischen Zeitung zeigt hinter der Schulter des Abgebildeten die gepolsterte Lehne eines braunen Bürosessels. Der Mann stellt etwas dar, er ist der Besitzer eines lukrativen Postens, und er wird alles tun, ihn nie mehr zu verlieren. Auf den blauen Eisenstühlen wird davon mit Zorn gesprochen.

Die Eisenstühle verkörpern keineswegs die Tradition. Traditionell saßen die Malier gar nicht auf Stühlen, und noch heute sitzen im Dorf viele auf Matten. Ein traditionelles Möbelstück gibt es dennoch: das Modell »chef de village«. Ein niedriger Sessel aus Bambusstäben, in dem der betagte Dorfchef halb sitzend, halb liegend sein Amt versieht. Das Modell »chef de village« ist auf geheimnisvolle Weise in allen Dörfern nahezu identisch und wird mit steigendem Alter des Chefs nur immer schiefer.

In ethischer Hinsicht ist der Ruf des alten Bambusmöbels ungleich besser als der des Bürosessels aus braunem Kunstleder.

Auch davon handelt dieses Buch: Warum ein althergebrachtes Patriarchat vielen glaubwürdiger erscheint als eine hohle Demokratie.

Die Zukunft aber wird auf den blauen Eisenstühlen entschieden. Sie sind das Sinnbild einer Moderne ohne Klimaanlage, einer Moderne, die sich nicht nur einige wenige leisten können. Die Eisenstühle bedeuten Teilhabe, für Frauen wie für Männer, für die Masse der Malier, die weiterhin nicht lesen und schreiben können. In all ihrer Schlichtheit stehen die blauen Eisenstühle für eine anspruchsvolle Utopie: dass ein afrikanisches Land seine eigene Demokratie erfinden kann – eine Demokratie, die nicht die Vorstellungen des Westens bedient, sondern der Bevölkerung hilft, sich für ihre Interessen zu organisieren. Entlang eigener Werte und lokaler Traditionen.

Zu sagen, der gepolsterte Bürosessel sei der natürliche Feind des blauen Eisenstuhls, ist nur die halbe Wahrheit. Gewiss, Malis schlechte, korrupte Eliten haben dazu beigetragen, dass der Großteil ihrer Landsleute in Armut verharrt. Aber sind sie die Ursache der Armut? Im Mittelalter war der Goldreichtum des Landes legendär. Heute ist Mali der drittgrößte Goldexporteur Afrikas und zählt trotzdem zu den ärmsten Ländern der Welt. Die Baumwollbauern des Landes treten seit Langem für eine Änderung der ungerechten globalen Handelsordnung ein.

Das Ringen um Würde, wie es in diesem Buch geschildert wird, bedeutet also zweierlei: dass Arme im eigenen Land vollwertige Bürger werden. Und dass sie sich die Werkzeuge aneignen, um sich aus jenen globalen Bedingungen zu befreien, die ihre Armut zementieren.

Jeder zehnte Säugling in Mali stirbt, und mit ihm oft auch die Mutter. Jedes dritte Kind ist mangelhaft ernährt. Nur jeder Vierte über fünfzehn Jahren kann lesen und schreiben. Und nur auf weniger als der Hälfte aller Felder wird zumindest mit einem Pflug gearbeitet. Dies ist die Sahelzone, wie man sie üblicherweise kennt – eine bloße Zone eben, scheinbar lebensfeindlich, kaum bewohnbar, ein Ort ohne Vergangenheit und ohne Zukunft. Ich zeige einen anderen Sahel. Eine Gesellschaft mit vielen Jahrhunderten gestalteter Geschichte und staatlicher Verfasstheit. Eine wertkonservative, nationalbewusste Gesellschaft, die nach einem eigenen Weg in die Moderne sucht.

Die Malier lieben ihre karge Heimat – das gilt auch für all jene, die sich auf die gefährliche Reise nach Europa machen. Jeder vierte Malier arbeitet außerhalb Malis, und von dem Geld, das die Auslandsmalier nach Hause schicken, leben ganze Regionen. Das Abenteuer der Migration zu wagen, gilt in Mali als ehrenhaft. Doch ist dies eine Vorstellung von Ehre, die an unseren Küsten zerschellt. 23 000 Migranten und Flüchtlinge fanden, aus Afrika kommend, in den vergangenen anderthalb Jahrzehnten auf der Reise nach Europa den Tod. Die genaue Zahl der Malier unter den Opfern kennen wir nicht. Doch es waren viele.

So sehr sich das Leben in Mali von dem unseren unterscheidet: Es gibt Grundfragen nach der Zukunft der Gesellschaft, die sich in Afrika wie in Europa stellen. Gemeineigentum zu bewahren, Besitz gerechter zu verteilen und den Reichtum der Gesellschaft nicht an ökonomischen Wachstumsraten zu bemessen, das verbindet hier wie dort die Suche nach einer solidarischen Moderne. Auch deshalb wird Mali in diesem Buch nicht aus dem Blickwinkel von Entwicklungshelfern geschildert. Ich habe versucht, die Maßstäbe zu verstehen, nach denen die Malier sich selbst betrachten, und auf die sonst üblichen Kommentare weißer Afrika-Experten verzichtet.

Würde beginnt mit den richtigen Worten, mit dem Recht auf Selbstbezeichnung. Deshalb spielt Sprache in diesem Buch eine große Rolle. Viele afrikanische Begriffe, gerade auch des islamischen Afrika, kennen wir nur als koloniale Deformation. Für die Malier wiederum ist die Vorherrschaft der Kolonialsprache Französisch ein wichtiger Grund, warum sie sich in ihrer vermeintlichen Modelldemokratie bloß als Statisten fühlen. Und nur eine Minderzahl der Kinder erlebt Schule ohne Entfremdung, mit Unterricht in der Muttersprache. Selbstbewusste Bürger und eine Demokratie für alle kann es nur geben, wenn Malis Nationalsprachen aufgewertet werden – ein verspäteter Abschied von der Kolonialzeit.

Neunzig Prozent der Malier sind Muslime. Gleichwohl gibt es keine Staatsreligion, Mali ist eine säkulare Republik, und religiöse Parteien sind sogar verboten. Das mag nach westlichem Verständnis vorbildlich sein, doch in zwei Jahrzehnten schlechter Demokratie ist die Bedeutung von Religion im öffentlichen Leben stetig gewachsen. Islamische Autoritäten genießen heute weitaus mehr Vertrauen als Politiker. Die Erfahrung von Korruption und Machtmissbrauch hat keineswegs nur radikalen Strömungen genutzt. Eine Massenbewegung moderner Sufis ruft nach moralischer Erneuerung.

Als ich an diesem Buch zu schreiben begann, hatten die Malier gerade dramatische Monate durchlebt. Die hohle Demokratie war zusammengebrochen, der Norden des Landes zeitweise von bewaffneten Gruppen besetzt. Anders als die meisten ausländischen Beobachter, die Mali erst in dieser Krise entdeckten, kannte ich das Land, wie es vorher war. Und ich kannte deshalb die eigentlichen Ursachen des Dramas: Ein Staat, den die Bürger nicht als den ihren betrachten, kann sich weder gegen innere noch gegen äußere Feinde verteidigen. Dem Zerrbild eines gefährlichen »Sahelistan«, wie es viele Medien verbreiteten, stelle ich hier das Porträt eines verwundeten Landes entgegen. Traumatisch die Kluft zwischen dem großen Reich im Mittelalter und dem Almosenempfänger heute. Beschädigt alle früheren Träume von Unabhängigkeit und Selbstbestimmung. Demütigend die Erfahrung, sich nicht selbst zur Wehr setzen zu können und nun Tausende ausländische Soldaten im Land zu haben – darunter auch deutsche.

Während meiner Recherchen, die sich über einen Zeitraum von sieben Jahren verteilten, kam mir Mali oft wie eine einzige große Bühne vor. Männer wie Frauen treten gern mit königlicher Gelassenheit auf – und sei es im letzten Hemd. An manchen Tagen befiel mich Trauer, weil die Kluft zwischen der Art, wie sich die Menschen präsentieren, und ihren realen Möglichkeiten so immens ist. An anderen Tagen bewunderte ich ihren Mut, den Kampf um Würde immer wieder neu zu beginnen. Während ich an diesem Buch arbeitete, twitterte ein junger Malier: »Eines Tages werden wir in der ersten Reihe der geachteten Nationen stehen.«

Ein altes Manuskript aus Timbuktu:
Arabisch war die Schriftsprache der Eliten,
Jahrhunderte vor Ankunft der Europäer.

1.

Der stolze Sahel

Von Timbuktu nach Kurukan Fuga

Wie ein großer Schmetterling liegt Mali auf der Landkarte, ein Schmetterling mit zwei ungleichen Flügeln. Der Südwesten, von Flüssen durchzogen, ist der kleinere Landesteil, doch lebt hier die große Mehrheit der sechzehn Millionen Malier, etwa neunzig Prozent. Der Nordosten schiebt sich hingegen wie ein gewaltiger Zacken in die Sahara hinein. Seine scharfen Konturen lassen auf den ersten Blick erkennen, dass es sich hier um künstliche Grenzen handelt. Sie wurden am Ende der französischen Kolonialherrschaft gezogen, wie mit dem Lineal. Frankreich besaß in Afrika das größte zusammenhängende Herrschaftsgebiet, und wo heute Malis nördlichstes Wüstengebiet liegt, berührten sich Französisch-Nordafrika und Französisch-Westafrika.

Die äußeren Umrisse von Mali zu erklären, das hat mich zu einem falschen Anfang verleitet. Ein Anfang, der keiner ist – denn Malis Geschichte beginnt natürlich nicht mit der Kolonialzeit. Die Europäer waren späte und unkundige Ankömmlinge in einer der ältesten Kulturlandschaften Afrikas.

Beginnen wir also noch einmal. Am Anfang waren nicht Grenzen, sondern Worte. *Sahel*, das ist arabisch und bedeutet Küste, Ufer. Nach langer Reise verheißt ein Ufer Rettung, Nahrung, Erholung. Der Sahel ist das südliche Ufer der Sahara, im Arabischen das Wort für Wüste. Nach ihrer Durchquerung erreichte der Reisende den Sahel als einen fruchtbaren, lebensfreundlichen Raum. Das war die arabische Perspektive, ab dem 8. Jahrhundert, und sie war keineswegs nur davon geprägt, dass die Region damals grüner war als heute. Die muslimischen Händler stießen auf Gesellschaften, die sie als reich und wohlgeordnet empfanden. Für uns schmeckt das Wort »Sahel« nach Armut und Hunger, nach Staub und abgemagerten Rindern. Eine

Zone, so sagen wir. Sie erscheint uns aus naturgegebenen Gründen lebensfeindlich und weckt allenfalls unser Mitleid. Dabei ist Hilfsbedürftigkeit im Sahel eigentlich ein junges Phänomen, entstanden durch jene Dürren, die vor etwa vierzig Jahren begannen. Die Malier schöpfen ihr Selbstbewusstsein aus einem viel längeren Zeitraum, aus den Jahrhunderten, als ihr Land für Wohlstand und Macht bekannt war.

Da ist zuerst das mittelalterliche Mali-Reich; im 13. und 14. Jahrhundert umfasste es ein Gebiet von der Größe Westeuropas, erstreckte sich von der Wüste bis zur Atlantikküste. Sein Nachfolger ist im 15. und 16. Jahrhundert das Songhai-Reich, benannt nach jener Ethnie, die auch heute im Norden Malis die größte ist. Das Songhai-Reich hatte eine schriftlich fixierte Verwaltung, ein Steuersystem, ein Berufsheer. Beide Imperien waren multiethnisch und – nach dem zweifelhaften Kriterium der Hautfarbe – überwiegend schwarz. So ist Mali auch heute, im Süden wie im Norden.

Mali blickt auf eine jahrhundertelange Tradition von Staatlichkeit zurück – und damit auf etwas, was Afrika immer noch abgesprochen wird: eine gestaltete Geschichte, lange vor der Kolonialzeit. Die Malier sind sich dessen bewusst, sie leben mit ihrer Geschichte und beziehen aus ihr einen Nationalstolz, der sich nicht am heutigen Bruttosozialprodukt bemisst.

Mali wurde 1960 unabhängig; solche Länder werden bei uns gerne als »junge Nationen« bezeichnet. In Mali habe ich hingegen oft gehört: Wir sind eine alte Nation. Dabei ist die Bevölkerung demographisch sehr jung, fünfundsechzig Prozent sind unter fünfundzwanzig Jahren, und viele haben nie auf einer Schulbank gesessen. Es gibt also ein Gefühl der eigenen Geschichtlichkeit, das sich über Generationen hinweg auf andere Weise vermittelt als durch formale Bildung. Und es gibt eine Vorstellung von Nation, die weitaus mehr Heterogenität zulässt als die europäische Denktradition.

Dreißig Ethnien sind in Mali zu Hause. Über Jahrhunderte war das Land eine Region des Transits und der Verbindung: ein

Land des Übergangs zwischen Savanne und Wüste, zwischen schwarzem und weißem Afrika, zwischen Nomadentum und Sesshaftigkeit. Malis Geographie mit ihren kulturellen und politischen Auswirkungen ist auch heute Chance ebenso wie Bürde, eine Quelle von Kraft und von Konflikt. In diesem 21. Jahrhundert, wo globale Einflüsse auch abgelegene Winkel erreichen, muss Mali seine Identität neu bestimmen. Und die Malier sind sich der Zerbrechlichkeit ihres Landes heute bewusster als früher.

Um der Einfachheit der Darstellung willen habe ich den ersten Staat auf malischem Boden zunächst unerwähnt gelassen. Diese Lücke muss nun geschlossen werden, damit wir sehen, woher der Treibstoff kam, der schon im frühen Mittelalter den Fernhandel in Westafrika befeuerte – und damit auch die Weltoffenheit der ganzen Region. Die Rede ist vom Ghana-Reich und vom Gold. Den arabischen Händlern erschien Anfang des 8. Jahrhunderts der Sahel als reich, weil sie auf einen Staat stießen, der Gold exportierte.

Das Ghana-Reich lag wie ein breiter Gürtel dort, wo heute der Nordwesten Malis auf den Süden Mauretaniens stößt, und wer mit der Landkarte Afrikas ein wenig vertraut ist, wird an dieser Stelle stutzen. Tatsächlich liegt der moderne Staat namens Ghana ganz woanders. Er hat sich seinen Namen gewissermaßen geliehen, um von einem glanzvollen Mythos zu profitieren: dem ersten namentlich bekannten größeren Königreich Afrikas. Es entstand im 4. Jahrhundert, womöglich sogar früher.

Die Abfolge von drei bedeutenden Reichen auf malischem Boden umfasst also die Zeitspanne von mehr als einem Jahrtausend; trotzdem kommen ihre Namen im europäischen Schulunterricht nicht vor. Afrikaner finden hingegen in Mali die Selbstvergewisserung, dass ihr Kontinent nicht nur die Wiege der Menschheit ist, sondern über beachtliche Beispiele früher Zivilisationen verfügt.

Das Ghana-Reich wurde von einer malischen Volksgruppe gegründet, deren Angehörige heutzutage besonders häufig als mittellose Migranten in Europa stranden. Für die Soninke war

Mobilität immer eine Produktivkraft. Im Mittelalter waren sie weit reisende Händler. Sie eröffneten dem Fernhandel neue Routen und verhalfen Regionen so zu Prosperität und Entwicklung. Vor allem sorgten sie dafür, die Savanne mit den Karawanenwegen durch die Sahara zu verknüpfen. So reiste das Gold von West nach Ost, erst über Land, dann auf dem Niger, und schließlich gen Norden auf Kamelen durch die Wüste.

Mobilität, die große Stärke der Soninke, hat heute dramatisch an Wert eingebüßt. In ihrem damaligen Reich, so notierte ein arabischer Geograph, hätten sogar die Hunde im Palast goldbesetzte Halsbänder getragen. Heute können die Nachfahren der Reichsgründer unter jenen Unglücklichen sein, deren Leichen vor der Insel Lampedusa im Meer schwimmen. Stolz und Trauma, das ist der Bogen, der Malis Geschichte und seine Gegenwart umreißt.

Auf das Jahr 1324 datiert eine Episode, die später noch oft erzählt wurde. Kankan Mussa, Herrscher des Mali-Reiches, begab sich mit großem Gefolge auf eine Pilgerfahrt nach Mekka. Während einer Rast in Kairo warf er so mit Gold um sich, dass der Kurs des ägyptischen Dinars auf Jahre abstürzte. Kairo, damals bereits eine Metropole, schenkte Reisenden gewöhnlich wenig Beachtung. Bei diesem sagenhaft reichen Afrikaner war es anders: Seine Ausgaben und seine Gespräche mit den örtlichen Notabeln wurden detailliert aufgezeichnet.

Fünfzig Jahre später wird Kankan Mussa im *Katalanischen Weltatlas* abgebildet, einem der ersten europäischen Kartenwerke mit genaueren Informationen über Afrika. Die Darstellung zeigt den Herrscher mit Krone und Zepter auf einem Thron sitzend, versunken in die Betrachtung eines Goldklumpens. Der Malier, als König auch Mansa Mussa genannt (*Mansa* für König), spendete in Mekka gleichfalls große Beträge; auf seiner Rückreise brachte er Theologen und Gelehrte mit in die Heimat.

In der Rückschau erscheint der König als Symbol einer Epoche, die man die Epoche der Ebenbürtigkeit nennen könnte: Der Sahel war eine selbstbewusste Region, deren Bewohner keinerlei Anlass hatten, sich Europäern oder Arabern unterlegen zu fühlen.

Europäer? Lange Zeit, etwa sechs Jahrhunderte lang, waren Araber und Perser die einzigen Fremden, die das Afrika südlich der Sahara betraten. Die Araber nannten es *Bilad as-Sudan*, »das Land der Schwarzen«. Mit der unseligen Fixierung auf die Hautfarbe haben also nicht die Europäer begonnen – allerdings haben sie daraus später den vermeintlich wissenschaftlichen Rassismus entwickelt.

Sudan für »schwarz«, das lebt bis heute in den Landesnamen von Sudan und Südsudan fort. Die Franzosen nannten das kolonisierte Mali zeitweise *Soudan français* (vermutlich weil sich beim Wettlauf um die Territorien die Briten den anderen Sudan angeeignet hatten), und daraus hat sich wiederum für Malis Architektur die Bezeichnung »sudanesisch« entwickelt. Gemeint sind imposante Lehmbauten, deren angedeutete Pfeiler eine vertikale Strenge betonen.

Ob man in Mali ein Wort aufliest, einen Stein oder einen Lehmklumpen, immer verbirgt sich dahinter Geschichte. Die Worte sind oft aber auch das Resultat von Zuschreibungen durch Außenstehende. Und keinem Wort, keinem Namen ist so viel zugeschrieben worden wie diesem: Timbuktu.

Ich kam mit dem Flugzeug; das war ein Stilbruch. Timbuktu, die Stadt am Südrand der Sahara, war für Europäer seit jeher eine Metapher für Ferne, für Unerreichbarkeit – für das Ende der Welt. Aus afrikanischer Perspektive war Timbuktu nicht Peripherie, sondern Zentrum: ein Zentrum der südlichen Welt, eine Hochburg des Handels, eine islamische Universitätsstadt. Wo sich der Niger und die Wüste begegneten, kreuzten sich die Highways der alten Zeit: Aus dem Norden kamen die Karawanen, über den Fluss kam das Gold aus dem Westen. Den Händlern folgten die Gelehrten, angezogen von der kosmopolitischen Atmosphäre. Und die Gelehrten zogen die Studenten an, fünfundzwanzigtausend waren es im 15. Jahrhundert.

Nachts hatte Timbuktu noch einen letzten Abglanz der Atmosphäre von damals. Die sandbedeckten Straßen der Innenstadt schluckten alle Geräusche, es gab kaum Lampen, und im Dunkeln hörte ich den gedämpften arabischen Tonfall junger Stimmen, Koranverse memorierend. Frauen boten in den finstern Gassen auf niedrigen Holzkohlefeuern Essen an; ich stolperte an einer Ecke beinahe in eine Pfanne hinein.

Am Tag lag ein bleiches, ereignisloses Licht über dieser sandfarbenen Stadt, die nur in den europäischen Mythen vergoldete Pflastersteine hatte. Den Glanz eines Ortes im fernen Afrika konnte man sich anscheinend nur als materiellen Wohlstand vorstellen; tatsächlich war Timbuktus Reichtum von intellektueller Art und untrennbar mit dem Islam verbunden. »Goldenes Zeitalter« nannte man später das islamische Mittelalter – es war gekennzeichnet von Wissensdrang, vor allem von einem naturwissenschaftlichen Interesse, das vorurteilsfreier war als im christlichen Westen, und vom Transfer des Geschriebenen zwischen den Kulturen. Timbuktu war ein aktiver, wichtiger Teil davon.

Vor dem Lehmbau der Sankoré-Moschee hatten sich Männer im Sand ausgestreckt, murmelnd im Gespräch. Die Sankoré-Moschee war zur Zeit ihrer Errichtung im 15. Jahrhundert die berühmteste Bildungsstätte, deshalb wurde sie später als Universität bezeichnet. Tatsächlich war der Lehrbetrieb jedoch dezentral, es gab etwa hundertfünfzig Schulen; die Gelehrten ließen sich auf eigene Faust nieder und sammelten Studenten um sich, von denen sie bezahlt wurden. Das Viertel um die Sankoré-Moschee war im Mittelalter das Quartier Latin Westafrikas, besser gesagt das Quartier Arabe. Arabisch hatte in diesem Teil Afrikas durchaus eine ähnliche Rolle wie Latein im europäischen Mittelalter; es war eine Schriftsprache von Eliten mit ganz unterschiedlichen Muttersprachen.

Ich war gekommen, um das Erbe dieser Wissensgesellschaft zu sehen: die Manuskripte von Timbuktu. Arabische Handschriften, etwa dreihunderttausend an der Zahl, die bis ins 13. Jahrhundert zurückreichen. Sie behandeln islamisches Recht, Philosophie, Medizin, Astronomie, Mathematik.

Wie alles, was mit Timbuktu zu tun hat, so wurden auch die Manuskripte von westlichen Medien mit einem Mysterien-Schleier umgeben, als handele es sich um neu entdeckte Schätze mit bisher unbekannten afrikanischen Tausendundeine-Nacht-Geschichten. In Wirklichkeit dementiert die Existenz dieser großen Menge von Handschriften zunächst ganz schlicht zwei westliche Vorurteile: dass nämlich das vorkoloniale Afrika eine rein orale Gesellschaft gewesen sei. Und dass der arabisch-islamische Einfluss einheimische Kulturen zerstört habe.

Abdelkader Haidara lächelte über solche Vorstellungen. Ich sah ihn allerdings bei unseren mehrfachen Begegnungen nie anders als lächelnd. Ein Mann von gewinnender Freundlichkeit, der sein Alter von fünfundvierzig Jahren genauso ewig zu behalten schien wie seine rundlichen Wangen und die akkuraten Bügelfalten am weiten Gewand. Diese Ausstrahlung, gepaart mit dem Besitz von zweiundvierzigtausend alten Handschriften, hatte Haidara zum umtriebigen Mittelpunkt der Manuskripteigner von Timbuktu gemacht.

Wir saßen in seinem Wohnzimmer; er sagte: »Ich gehe gerade mal beten«, und ließ mich allein mit einem Stapel kostbarer bräunlicher Papiere, deren Kanten bei der leichtesten Berührung zu zerbröseln drohten. Daneben lag ein Kunstführer vom New Yorker Metropolitan Museum of Art. Haidara hatte Kontakte in alle Welt und war viel unterwegs.

Die Manuskripte von Timbuktu werden oft als älteste Bibliothek südlich der Sahara bezeichnet. Es handelt sich jedoch keineswegs um eine Phalanx von Buchrücken. So dezentral wie früher der Lehrbetrieb war, ist heute der Besitz der Handschriften auf viele Familien verteilt. Und die Schriften selbst sind in altes Leder eingeschlagene oder sonst wie verschnürte Sammlungen von Blättern, manche sorgsam kalligraphiert oder mit Ornamenten verziert, andere mit schwer leserlichen Notizen und Berechnungen bedeckt. Die Sprache ist klassisches Arabisch; es wurden damals aber auch afrikanische Sprachen in arabischer Schrift geschrieben. Man kann sich vorstellen, wie immens schwierig es ist, heute solche Dokumente zu entziffern und zu verstehen.

Abdelkader Haidara konnte es. Wer in Mali auf eine staatliche Schule geht, wird in Französisch unterrichtet; Haidara hatte hingegen einen arabischsprachigen Bildungsweg absolviert. Als er vom Gebet zurückkam, sprachen wir über die Geschichte seiner Familie. Seit dem 16. Jahrhundert hatte eine Generation der nächsten eine Sammlung von Manuskripten übergeben. »Mein Vater erweiterte sie; er studierte im Sudan und in Ägypten, kaufte Schriften an und kopierte noch selbst von Hand.« Zur gleichen Zeit schlossen viele andere Familien in Timbuktu ihre Büchereien weg, versteckten sie sogar in Sandlöchern, damit sie nicht von der französischen Kolonialherrschaft konfisziert würden. In der Stadt Segou, weiter südlich am Niger, hatten sich die Franzosen an wertvollen Dokumenten vergriffen; das Diebesgut liegt bis heute in der Pariser Nationalbibliothek.

Haidara hatte zunächst als Manuskriptankäufer für das staatliche Ahmed-Baba-Institut in Timbuktu gearbeitet. Es war in den 1970er Jahren mit Unterstützung der UNESCO gegründet worden und versuchte mit sehr bescheidenen Mitteln, historische Handschriften in Obhut zu nehmen. In seiner gewinnenden Art überzeugte Haidara zahlreiche Familien, ihr Erbe dem Staat anzuvertrauen. Als er nach dem Tod seines Vaters für die Manuskripte der eigenen Familie verantwortlich wurde, änderte er seine Haltung radikal. Ein Testament verbot den Verkauf – und Haidara machte aus der Verpflichtung eine Leidenschaft. Als Erster eröffnete er im Jahr 2000 eine private Bibliothek und beschwor andere Familien, es ihm gleichzutun: »Bewahrt selbst euer intellektuelles Gut!« Und in der Tat wurde daraus ein Boom: Heute zählt Timbuktu fünfunddreißig Familienbibliotheken. Die Leute sind sich zunehmend des Wertes ihres Erbes bewusst, auch des materiellen.

Als Haidara vor gut zwei Jahrzehnten im westlichen Ausland erstmals finanzielle Unterstützung suchte, mochte ihm niemand seine Geschichte von den altafrikanischen Handschriften glauben. Das zeigt, wie lange Wissen manchmal braucht, um sich gegen Vorurteile, in diesem Fall antiafrikanische Vorurteile, durchzusetzen. Der deutsche Forscher Heinrich Barth hatte bereits 1853/54 in Timbuktu Handschriften eingesehen und ausgewertet. Gut hundert Jahre später, als die Kolonialzeit zu Ende ging, begann der britische Afrikanist John Hunwick die Fülle der alten Handschriften zu erahnen. 1967 traf sich erstmals eine internationale Runde von Experten zum Austausch in Timbuktu. Und doch sollte es noch einmal dreißig Jahre dauern, bis die westliche Welt die Geschichte Timbuktus wirklich zur Kenntnis nahm.

Die Wende, so erzählte mir Haidara, kam eines Tages in Gestalt eines Afroamerikaners: Henry Louis Gates, Leiter der African American Studies in Harvard. Der Wissenschaftler hatte viel über die amerikanischen Sklaven aus Westafrika geforscht, über deren erzwungenen Kultur- und Sprachverlust. Als er in Timbuktu die alten Handschriften sah, soll er vor Begeisterung geweint haben. In den USA mobilisierte Gates dann die ersten Geldgeber für den Erhalt des Erbes.

Haidaras Bibliothek, benannt nach seinem Vater Mamma Haidara, war mittlerweile ein Betrieb mit zwölf Angestellten. Ein islamisches Kulturzentrum in Dubai hatte den Aufbau eines Labors für die Konservierung der Schriften finanziert. Ihre Digitalisierung, wichtig für Forschungszwecke, beaufsichtigte ein Neffe Haidaras, ein studierter Informatiker. Sogar das säurefreie Papier, das für die Ausbesserung zerfallender Dokumente benötigt wird, stellte Haidara nun in der eigenen Werkstatt her.

Tatsächlich waren erstaunlich viele Manuskripte aus Papier, nicht aus Pergament. In der islamischen Welt wurde bereits seit dem 8. Jahrhundert Papier hergestellt, viel früher als im Westen, wo man bis zum 15. Jahrhundert auf das kostspielige Pergament angewiesen war. Deshalb kursierte unter Muslimen früh eine große Masse an Schriftwerk, von dem eben ein Teil über den Transsaharahandel nach Timbuktu gelangte. Ein zweiter Grund für die enorme Menge an Manuskripten hat mit dem dezentralen Charakter des Lehrbetriebs zu tun. Es wurde viel kopiert; bei den Studenten waren zum Beispiel die Abstracts wichtiger Logikwerke beliebt, die das Lernen erleichterten.

Manche Bücher kamen aus Andalusien, aus Nordafrika oder dem Nahen Osten; andere wurden vor Ort geschrieben. Bücher zu besitzen war eine Quelle von Prestige – und eine Menge von ihnen zu besitzen, war für fromme Muslime eine sozial akzeptierte Möglichkeit, Reichtum zu zeigen.

In Haidaras Bibliothek lagen die Manuskripte nun in eigens konstruierten Regalschränken, nur mit einem Fliegengitter verschlossen, damit die Papiere ausreichend belüftet wurden. Jedes einzelne Bündel hatte ein Katalogschildchen am Schrank, das Werk von Haidaras jahrelanger Lesearbeit.

Im Obergeschoss fand gerade ein Workshop statt. Unter Deckenventilatoren saß eine Versammlung von Manuskriptbesitzern; mich beeindruckte die Vielfalt malischer Gesichter. Es waren Mauren darunter, mit kurzem Kinnbart, auch Tuareg; einer hatte in die Mitte seiner Gesichtsverschleierung eine Lesebrille platziert. Den Versammelten wurde gerade die Funktionsweise eines digitalen Katalogs erklärt. Eingeladen hatte die Nichtregierungsorganisation Savama; Haidara hatte sie gegründet, um das Wissen zu verbreiten, wie die Familien ihre Handschriften bewahren, schützen und auswerten konnten.

Die ethnische Vielfalt der Manuskriptbesitzer, die mir beim Workshop auffiel, ist typisch für Timbuktu. Die Gründung der Stadt im frühen 12. Jahrhundert geht auf Tuareg zurück, genauer gesagt auf eine schwarze Sklavin der hellhäutigen Oberklasse der Tuareg. Buktu, so die Erzählung, hütete einen Brunnen, wo Waren und Gepäck von Nomaden gelagert wurden; »Brunnen« ist in der Sprache der Tuareg *Tin*, und daraus wurde leicht deformiert der Name Timbuktu. Später gehörte die Stadt erst zum Mali-Reich, dann zum Songhai-Reich, wurde mal von dieser, mal von jener Ethnie beherrscht, während die Gelehrten stets ihre Autonomie zu wahren suchten.

Die heutigen Manuskriptbesitzer entstammen meist den »großen maraboutischen Familien«, ein Ausdruck, der einiges über die malische Gesellschaft verrät. *Marabout* ist in Westafrika ein Sammelbegriff für traditionelle religiöse Autoritäten, die von ihren Kenntnissen oder ihrer Aura leben. Manche betreiben Koranschulen oder verkaufen Amulette. Das Wort »Marabout« ist die französische Verformung des arabischen Begriffs *Murabit*: ursprünglich ein frommer Einsiedler, der zu Beginn der muslimischen Eroberung Nordafrikas in einem kleinen Fort lebte. Wenn Malier nun von einer großen maraboutischen Familie sprechen, dann drückt sich darin die Wertschätzung für eine lange Tradition religiöser Bemühungen aus. Das ist wie ein Adelsprädikat, allerdings ist der Adel nicht unbedingt reich. Es gibt auch arme Schlucker aus großen Familien.

Abdelkader Haidara führt seinen Stammbaum sogar auf die Familie des Propheten Mohammed zurück. Dessen Cousin Ali hatte den Beinamen »der Löwe«, arabisch *Haidar*. »Meine Vorfahren kamen im 14. Jahrhundert von der arabischen Halbinsel nach Afrika, vermutlich über den Irak. Danach haben wir uns hier vermischt, vermischt, vermischt. Wir haben uns völlig verändert, aber der Name ist geblieben.« Es gibt heute in allen Ethnien Malis Haidaras, wir werden in diesem Buch noch einigen begegnen. Abdelkader, der Manuskriptbesitzer, lebt im Milieu der Bamanan; sie sind in Timbuktu eine kleine Minderheit, im südlichen Mali jedoch die größte Volksgruppe.

So unterschiedliche Stränge von Ethnie und Kultur in sich zu vereinen, das war für den umtriebigen Bibliotheksbesitzer ein Vorteil; ihm öffneten sich viele Türen, und er verstand sich auf die Raffinesse des geschickten Umgangs mit Menschen, zum Wohle der Manuskripte und zum eigenen Vorteil. Später, als die Handschriften durch die politischen Unruhen in Nordmali in Gefahr gerieten, sollte sein Netzwerk von größtem Nutzen sein. Aber noch war es nicht so weit.

Obwohl die Manuskripte Eigentum von Familien waren, traten in der Öffentlichkeit in der Regel nur Männer als Besitzer in

Erscheinung. Haidaras Organisation gab Kurse, um Frauen mit dem Inhalt von Handschriften vertraut zu machen, der sie besonders betraf. Auch arbeiteten Frauen in den Labors an der Restaurierung und Digitalisierung. Im religiösen Leben der Stadt spielten die Frauen jedoch nur eine Nebenrolle. Politisch und sozial konnte das ganz anders sein; eine Frau vertrat Timbuktu gerade im nationalen Parlament.

Als ich danach suchte, was Timbuktu heute noch mit jenem Gold verbindet, das hier gehandelt, aber eben nicht auf die Straßen gepflastert wurde, stieß ich auf eine Frauengruppe – die sich den Namen *Ura*, Gold, gegeben hatte. Es handelte sich um eine sogenannte Altersklassengruppe, die traditionellste Form von sozialem Netzwerk in Mali: Vor zwanzig Jahren hatten sich Mädchen gleichen Alters zusammengetan, und sie begleiteten einander fortan durchs Leben. Nun saßen zwei Dutzend gestandene Mütter im ummauerten Hof eines Hauses. Die Gruppe fungierte als Sparverein: Bei den wöchentlichen Treffen legte jede Frau einen kleinen Betrag in die gemeinsame Kasse, und abwechselnd kam jede an die Reihe, nach einer gewissen Zeit den angesparten Kasseninhalt an sich zu nehmen. Das erlaubte ihr eine Ausgabe, etwa für eine ärztliche Behandlung, die sie allein nicht hätte verkraften können.

Keine Frau hätte es gewagt, die Gruppe zu verlassen, nachdem sie gerade das Angesparte bekommen hatte – ein solcher Regelbruch hätte enorme Schande über sie und ihre Familie gebracht. Die Gruppe hatte noch eine weitere Funktion: Hier konnten Frauen über ehelichen oder familiären Kummer sprechen, den sie sonst verbargen. Was in der Runde gesagt wurde, blieb ein gemeines Geheimnis. Die Frauen hatten deshalb nur Säuglinge dabei, ältere Kinder wurden weggescheucht, wenn sie neugierig durch den Hof schlichen.

Die Frauen erwarteten unausgesprochen, dass ich etwas in ihre Kasse tat. Diskret gab ich der Vorsitzenden eine kleine Summe. Sie nahm die Scheine, hielt sie hoch wie Wäschestücke und zeigte sie herum. Meine Diskretion war fehl am Platz gewesen: Die Vorsitzende wollte nicht in den Verdacht geraten, einen Geldbetrag einzustecken, den die anderen nicht kannten. Von der Korruption großen Stils wird später die Rede sein. Ich lernte aus dieser Episode: In Gruppen, wo es ehrlich zugeht, gibt man kein Geld unter dem Tisch. Der Name »Gold« bezog sich hier auf einen nicht konvertierbaren Wert: Vertrauen und Zusammenhalt.

Bis ins 19. Jahrhundert hinein wurden in Timbuktu religiöse, philosophische und historische Texte in arabischer Sprache verfasst. Doch die Blütezeit war früher, sie wird auf die Jahre 1450 bis 1591 datiert. Das Ende ist so präzise beziffert, weil in jenem Jahr Marokko die Stadt eroberte. Obwohl die Eroberung wirtschaftliche Motive hatte, ging sie mit kultureller Verwüstung einher: Bibliotheken wurden geplündert, Gelehrte nach Fez und Marrakesch verschleppt. Unter denen, die Timbuktu in Ketten verließen, war Ahmed Baba, der berühmteste Philosoph der Stadt; nach ihm wurde später das staatliche Manuskripte-Institut benannt. Er lehrte auch in der marokkanischen Verbannung, gleichwohl wird im Timbuktu von heute noch mit unvernarbter Empörung über seine Verschleppung gesprochen.

Ahmed Baba, im Jahr 1556 geboren, hinterließ ein Werk von zweiunddreißig Bänden, darunter viele Biographien von Gelehrten. Das ist erwähnenswert, weil zu dieser Zeit die Verbreitung des Islam in Westafrika längst in den Händen von Einheimischen lag. In Malis Nationalmuseum fand ich dazu folgenden Hinweis: Mit der Entstehung einer einheimischen Klasse muslimischer Gelehrter »hörte der Islam auf, eine Religion fremder Weißer zu sein und wurde eine afrikanische Religion«. Fremde Weiße, das waren die Araber.

Timbuktu als Gelehrtenzentrum verkörperte also die Islamisierung Afrikas ebenso wie die Afrikanisierung des Islam. Das ist für die Malier von heute von großer Wichtigkeit. Sie vergewissern sich so ihrer Eigentümerschaft an dieser Religion, gerade in einer Zeit des sich verschärfenden Disputs um die sogenannte richtige Auslegung des Islam.

Timbuktu lebt heute jedoch mehr von seiner Vergangenheit als von neuen intellektuellen Impulsen. Es gibt noch Überreste des alten Lehrsystems: Kleine Runden von Schülern treffen Religionsgelehrte in deren Privathäusern zu Morgen- und Abendvorlesungen, sitzen auf Matten im Hof, manchmal an Straßenecken. Fortgeschrittene Studenten unterrichten ihrerseits die Anfänger, und hier und da lehrt sogar noch jemand mit einer mittelalterlichen Handschrift auf dem Schoß. Doch die Intellektualität alter Schule überlebt nur noch in Nischen. Die Kolonialherrschaft hat Westafrika das Französische aufgezwungen, und die Folge war ein Kulturbruch: die beinahe vollständige Verdrängung einer jahrhundertealten, Arabisch sprechenden Bildungselite.

»Manuskripte zu besitzen, die man nicht verstehen kann, das ist beschämend«, sagte Haidara zu mir. »Und leider sprechen die besten Historiker Malis kein Arabisch.« Ihm war deshalb daran gelegen, durch exemplarische Übersetzungen die Inhalte gerade jener Handschriften bekannter zu machen, die einen Einblick in das aufgeklärte Denken der damaligen Zeit vermittelten. Da war zum Beispiel der Text *Über die guten Prinzipien des Regierens*, ein Ratgeber aus dem 15. Jahrhundert, der dem Regenten empfahl, aufrichtig zu sein, dem Wohlergehen der Bevölkerung zu dienen und Familieninteressen und Macht nicht zu verquicken. »Das nennt man heute *good governance*«, sagte Haidara amüsiert. »Die Westler kommen her und tun so, als hätten sie das erfunden.«

Timbuktu als einen Ort der afrikanischen Renaissance zu betrachten, der Besinnung Afrikas auf seine Kultur und seine Stärken, das war eine Idee von Thabo Mbeki, einem früheren Präsidenten Südafrikas. Er besuchte das Ahmed-Baba-Institut und fand es mit seinen betagten Eisentüren, schiefen Stühlen und verkratzten Schaukästen zu ärmlich, um ein Erbe zu präsentieren, in dem sich ganz Afrika wiedererkennen sollte. Mbeki schrieb ins Gästebuch »We are inspired!« und sammelte in Südafrika privates Kapital für einen aufwendigen Neubau.

Es dauerte allerdings eine Reihe von Jahren, bis das neue Institut fertig war. Elegant, klimagekühlt, die Architektur spielend mit Lehm und Moderne, so stand der Neubau nun gegenüber der Sankoré-Moschee, schön und fremd in der kargen historischen Kulisse. Er stand genau dort, wo der Philosoph und Namensgeber Ahmed Baba einst gewohnt hatte; die Südafrikaner bestanden auf diesem prominenten Platz, die Malier mussten dafür eine Gendarmerie beiseiteräumen. So ist das, wenn das reiche Afrika dem armen Afrika ein Geschenk macht.

Der Bauleiter aus Kapstadt war ein dynamischer Typ, er blickte beim Abschiedsrundgang durch sein Werk hinaus auf die Esel- und Ziegenwelt von Timbuktu und sagte: »Zu Hause haben wir Kräne!« In seiner Stimme kämpften Entsetzen und Faszination miteinander. Er war Muslim; als ich ihn nach seinen augenscheinlich indischen Vorfahren fragte, antwortete er knapp: »Ich bin Südafrikaner und Schluss. Ich bin ein moderner Mensch.« Ein Malier würde schwelgen in der Erzählung über seine Vorfahren. Der Ingenieur vom Kap hingegen hatte sich oft gerieben an Malis stoischer Umständlichkeit. Wenn es ganz schlimm kam, schaute er sich Manuskripte an. »Dann wusste ich wieder, warum ich hier bin.« Es gab auf dem Hof des Neubaus sogar eine Stelle, auf die man Sand geschüttet hatte. »Weil die Menschen hier doch gern im Sand sitzen«, sagte der Mann aus Kapstadt.

Das südafrikanische Geschenk entbehrte nicht einer gewissen Ähnlichkeit mit Projekten der westlichen Entwicklungshilfe: gut gemeint, doch neben dem Bedarf. Der Neubau war groß genug, um alle Handschriften Timbuktus zu beherbergen, aber viele Familien wollten ihre Schätze ja lieber selber hüten – was auch Vorteile für die Forschung hat: Die Zusammensetzung jeder Sammlung gibt wichtige Hinweise, wie Wissen damals akquiriert wurde. Manche fürchteten nun auch, der schicke Neubau fresse mehr Strom als ganz Timbuktu. Jedenfalls nahm das Ahmed-Baba-Institut seine neuen Räume nur ausgesprochen zögerlich in Besitz, zwei Jahre nach der pompösen Einweihung war erst ein kleiner Teil der Manuskripte umgezogen.

Dieser Schlendrian erwies sich durch eine unvorhersehbare Ironie der Geschichte als Segen. Als nämlich im Frühjahr 2012 bewaffnete Gruppen, Al Qaida nahestehend, die Städte Nordmalis besetzten, quartierten sie sich in Timbuktu im schönen Neubau gegenüber der Sankoré-Moschee ein. Er war groß, hatte Strom, lag zentral – und war nicht durch Alkohol oder andere Sünden verunreinigt worden. An den Manuskripten waren die Djihadisten zunächst wenig interessiert; sie versprachen sogar, sie gegen Plünderungsversuche zu schützen. Aber war ihnen zu trauen? Das Weltkulturerbe von Timbuktu steht unter dem symbolischen Schutz der UNESCO; das war nun eher eine Quelle von Gefahr. Denn die Djihadisten wollten sich von einer Institution, die sie als westlich betrachteten, nicht vorschreiben lassen, wie mit islamischem Kulturgut umzugehen sei.

In aller Stille begann Haidara, Vorbereitungen für eine großangelegte Evakuierung der Manuskripte zu treffen. Zunächst wurden nach und nach außerhalb von Timbuktu Blechkisten in großer Zahl gekauft. Dann begann das Packen, in den fünfunddreißig Familienbibliotheken und im alten Staatsinstitut. »Wir packten am Tag und brachten die Kisten im Dunkeln in Verstecke.« Nur einige Dutzend Verschworene waren in die Aktion eingeweiht, meist Angehörige der Manuskriptbesitzer. In unverdächtigen alten Geländewagen, manchmal sogar versteckt auf Eselskarren wurden die Kisten nach und nach aus Timbuktu hinausgeschleust und in die neunhundert Kilometer entfernte Hauptstadt Bamako gebracht. Sie enthielten die bedeutendsten Teile aller Sammlungen, insgesamt waren es am Ende über zweitausendvierhundert Kisten, die auf geheime Orte in Bamako verteilt wurden.

Als die Djihadisten schließlich vor einer französischen Militärintervention aus Timbuktu flüchteten, setzten sie jene Manuskripte in Brand, die im Neubau offen herumlagen; es waren nicht sehr viele. Trotzdem meldeten die ausländischen Medien übereilt »die Vernichtung der Bibliothek von Timbuktu«. Weil die Berichterstatter nicht wussten, worum es sich dabei überhaupt handelte. Und weil offenbar niemand den Maliern zugetraut hatte, dass sie ihr Erbe durch eine Geheimaktion in Sicherheit bringen könnten.

Als ich Haidara danach in Bamako traf, wirkte er nach all den Abenteuern so aufgeräumt, rundwangig und frisch gebügelt wie eh und je. Er war auf dem Sprung, es galt wieder Geld aufzutreiben im Ausland: Die Manuskripte hatten auf der strapaziösen Reise gelitten, außerdem war auf der Flucht vieles durcheinander geraten. »In diesem Zustand können sie nicht zurück nach Timbuktu«, sagte Haidara. Und schon saß er im Wagen Richtung Flughafen.

Es hatte in Timbuktu vereinzelt Sympathie für die Djihadisten gegeben; ihr tumbes Religionsverständnis war jedoch für die Mehrheit der Bewohner unvereinbar mit dem Geist von Timbuktu und mit seiner Tradition. So sahen es auch die wichtigsten Imame der Stadt. Mit einer gewissen Hochfahrenheit bezeichneten sie die Bewaffneten als »Leute aus dem Busch«; auch das hatte Tradition. Wer früher seinen Gelehrtenturban nicht in Timbuktu erworben hatte, in einer feierlichen Zeremonie, der galt als »Busch-Gelehrter«, wo immer er auch studiert haben mochte.

Als die Djihadisten begannen, jene Mausoleen zu zerstören, die Einheimische zu Gebetszwecken aufsuchen, wollten sie einen Heiligenkult vernichten, den sie für unvereinbar mit dem islamischen Monotheismus hielten. Tatsächlich sind die sogenannten Heiligen frühere Gelehrte, oft waren es islamische Juristen. Die Djihadisten waren mit der anspruchsvollen Historie nicht vertraut, genauso wenig übrigens westliche Kommentatoren, die zwischen den Mausoleen und den Manuskripten folgende Verbindung knüpften: In den Handschriften würden »die Geschichten« der Heiligen erzählt. Sprache kann enthüllend sein: Als hätten afrikanische Muslime statt Geschichte nur Geschichten, als sei ihr Kulturerbe eine Sammlung von Märchen.

In Timbuktu wurde unterdessen daran erinnert, welches Prophetenwort der Philosoph Ahmed Baba besonders liebte: »Die Tinte des Gelehrten ist wertvoller als das Blut des Märtyrers.« Und auch ein erneuter Hinweis auf Kankan Mussa durfte nicht fehlen: Der König, der mit seiner Goldkarawane nach Mekka pilgerte, brachte im 14. Jahrhundert Schreiner aus dem Jemen nach Timbuktu; ihre Nachfahren fertigen heute noch immer die metallbeschlagenen Holztüren der Stadt.

Aber was all das für Malis Gegenwart im 21. Jahrhundert bedeutet, dazu gibt es durchaus unterschiedliche Sichtweisen. Die pure Tatsache einer derart langen Tradition einheimischer Gelehrsamkeit dient allen Muslimen – sie machen etwa neunzig Prozent der Bevölkerung aus – zur religiösen Selbstvergewisserung, auch wenn sie mit Einzelheiten nicht vertraut sind und nie ein altes Manuskript gesehen haben. Dass es eine vorkoloniale Schriftkultur gab, ist eher für Intellektuelle von Belang, deren eigenes Schaffen sich – nolens volens – stets in Auseinandersetzung mit europäischen Stereotypen bewegt. Am schwersten ist die Frage zu beantworten, welche Rolle das arabischsprachige Erbe in Malis heutigem Nationalbewusstsein spielt.

Das staatliche Ahmed-Baba-Institut hatte zwei Jahrzehnte lang einen Direktor, der kein Arabisch sprach – der also keines der Manuskripte, die er hütete, selbst lesen konnte. Zeitweise durften Institutsexperten auch nicht in arabische Länder reisen. Malis säkularer Staat fürchtete, sie könnten sich zu sehr gemeinmachen mit einer Kultur, die Mali zwar im Mittelalter bereicherte, aber hernach auch oft genug bedrohte; von der marokkanischen Eroberung Timbuktus bis zu den Djihadisten algerischer oder mauretanischer Provenienz, die bei der Besetzung Nordmalis eine wichtige Rolle spielten.

Und auch dies nährt Unbehagen: Die besten Absolventen der Schulen von Timbuktu gehen zum Studium in arabische Länder. Wenn sie dann wiederkommen, überwerfen sie sich oft mit ihren alten liberalen Lehrern. Es gibt heute in Mali einen diffusen Verdacht gegenüber arabisch Gebildeten.

Aber das ist nur eine Seite der Antwort. Eine andere sei hier nur angedeutet: Unter französischem Einfluss wurde der viel ältere arabische Einfluss verdrängt, und er meldet sich heute mit einem veränderten Gesicht zurück. Die Frage nach dem arabischen Erbe führt also mitten hinein in Malis Ringen um eine Identität, die den Stürmen des 21. Jahrhunderts standhalten kann.

Ich verließ Timbuktu in einem Boot. Zum Hafen muss man einige Kilometer fahren; das Vorrücken der Wüste und die Eigenwilligkeit des Niger haben Timbuktu im Laufe der Zeit vom Fluss abgeschnitten. Östlich von Timbuktu zeigt der Niger seinen erstaunlichen Bogen: Als hätte er sich plötzlich anders besonnen, macht er eine Kehre und fließt nun nach Süden, in den Staat Niger hinein.

Ich folgte dem Fluss nicht in dieser Richtung, sondern fuhr stromaufwärts. Dort weitet sich der Niger nach der Regenzeit zu einem immensen Binnendelta – eine Seenlandschaft mitten im Sahel. In einem Holzboot ein paar Tage lang über den Niger zu gleiten, ist eine kontemplative Angelegenheit. Außerdem war es sicherer: Europäer wurden in der Umgebung von Timbuktu auf Wüstentouren entführt, nie aber auf der Mitte eines Flusses, dessen Ufer manchmal bis zum Horizont entrückt sind. Die gemächliche Fortbewegung auf dem Wasser lässt genügend Zeit, um die Reise durch Malis Geschichte gedanklich fortzusetzen. Es ist eine Reise, die vom Sichtbaren zum Unsichtbaren führen wird: Unser Boot gleitet aus dem Reich der geschriebenen, greifbaren Zeugnisse allmählich hinein in eine Welt der mündlichen Überlieferung. Sie ist nicht weniger real.

Als Timbuktu ab dem 16. Jahrhundert an Bedeutung einbüßte, waren auch wirtschaftliche Gründe im Spiel. Der Seehandel machte nun dem Transsaharahandel Konkurrenz. Die große Verkehrsader durch die Wüste hatte den Sahel vorher in ein weltweites Handelssystem einbezogen, es reichte bis in den indischen und chinesischen Raum – eine frühe Globalisierung. Dennoch wäre es ein Missverständnis, die Blütezeit Alt-Malis, des mittelalterlichen Reiches, allein der Begegnung mit den Arabern und dem Islam zuzuschreiben.

Am südlichen Punkt des großen Binnendeltas, an einem Nebenfluss des Niger, liegt die Stadt Djenné. Sie liefert Malis bekanntestes Symbolbild: eine hoch aufragende Lehmmoschee, faktisch das größte Lehmgebäude der Welt. Eine besondere Architektur ist stets ein Zeichen dafür, dass es an einem Ort wohlhabende Leute in ausreichender Zahl gegeben hat. Das ist am Niger nicht anders als in den norddeutschen Hansestädten. Djenné wurde wohlhabend durch den Handel mit Gold und Salz; hier war der Umschlagplatz für die Pirogen von und nach Timbuktu.

Aber nicht deshalb macht unsere Geschichtsreise hier Station; sondern weil es lange vor dieser mittelalterlichen Blütezeit eine antike Stadt gab, drei Kilometer entfernt: *Jenne-Jenno*, Alt-Djenné. Zwei amerikanischen Ethnologen, Roderick und Susan McIntosh, gelangen hier 1977 und 1981 Ausgrabungen, die das Afrika-Bild revolutionierten. Unter einer meterdicken Schicht von Lehm und zerbrochener Töpferware entdeckten sie die Spuren einer großen Siedlung, die im 3. Jahrhundert v. u. Z. begonnen hatte.

Niemand hatte vorher geglaubt, dass es derart früh organisierte Gemeinwesen in Westafrika gegeben hatte. Und die Bewohner verfügten über Eisen; sie müssen also Handel mit entfernten Regionen getrieben haben. Sie schmolzen Metalle zu Werkzeugen und zu Schmuck, kultivierten Reis und Hirse, bauten eine Stadtmauer.

Jenne-Jenno, die älteste bekannte Stadt im Sahel, widerlegt eine Annahme, von der manche Historiker gleichwohl bis heute nicht lassen mögen: dass nur Faktoren von außen die Entwicklung komplexer Gesellschaften im sogenannten schwarzen Afrika bewirkt hätten. Jenne-Jenno war lange vor der Ankunft arabischer Händler Teil eines florierenden Handelsnetzes. Es gab übrigens in dieser Stadt keine Zentralgebäude, die auf eine Hierarchie hinweisen würden. Die Bewohner waren anscheinend in der Lage, sich zu organisieren, ohne auf Gewalt und Zwang einer Staatsmacht zurückzugreifen. So öffnet Jenne-Jenno ein winziges

Fenster auf die frühen Gesellschaften des Sahel – bevor überhaupt jemand das arabische Wort »Sahel« prägte.

Zum Weltkulturerbe zählen für uns vor allem die sichtbaren, materiellen Zeugnisse früherer Epochen. Die Manuskripte von Timbuktu und die Ausgrabungen von Jenne-Jenno fügen sich dieser Vorstellung. Anders ist es an der dritten Station dieser Geschichtsreise. Wieder geht es um ein Geschehen, das weit über die Landesgrenzen hinaus Bedeutung für afrikanische Identität hat; doch diesmal entzieht sich das Erbe unserer Gier nach dem Anfassbaren, Fotografierbaren. Es ist ein mündlich überliefertes Erbe.

Die Suche nach dem Ort, wo Afrikas erste Verfassung bekannt gegeben wurde, führte mich zu einer gesichtslosen Fläche roter Erde. Ein verwittertes, baumloses Terrain mit kleinen schwärzlichen Kratern, einer Miniaturmondlandschaft ähnlich. Ich befand mich etwa tausend Kilometer von Timbuktu entfernt, eine Autostunde südlich der Hauptstadt Bamako. Was auf diesem gesichtslosen Terrain im 13. Jahrhundert geschah, genießt im Bewusstsein der Malier höchste Wertschätzung, jedes Schulkind lernt den Namen dieser Stätte: Kurukan Fuga.

Hier wurde im Jahr 1236 vor einer großen Versammlung von Völkerschaften eine Charta verkündet, eine Art Grundgesetz für das soziale und wirtschaftliche Leben im noch jungen Mali-Reich. Die vierundvierzig Artikel dieser »Charta von Kurukan Fuga« wurden über eine lange Kette mündlicher Überlieferung weitergegeben. In jüngerer Zeit haben westafrikanische Forscher eine schriftliche Fassung rekonstruiert, indem sie zahlreiche überlieferte Versionen verglichen und daraus eine Synthese herstellten.

Wir können uns deswegen heute eine Vorstellung vom Geist dieser Charta machen. Insbesondere ihr Artikel 5 – »Jede Person hat das Recht auf Leben und auf körperliche Unversehrtheit« – gilt als erste Fixierung des Menschenrechtsgedankens auf afrikanischem Boden. Andere Paragraphen enthalten das Verbot, Sklaven zu misshandeln, und den Schutz von Fremden, insbesondere von Botschaftern. Die Erziehung von Kindern wird zur Aufgabe von allen erklärt, und wer aus Hunger stiehlt, ohne sich die Taschen zu füllen, begehe kein Delikt.

Die rote Erde, auf der ich nun stand, war das Herz Alt-Malis. Die Völkerschaften, deren Abgesandte sich hier im 13. Jahrhundert versammelten, gehörten zu einer ausgedehnten Sprachfamilie, Mande genannt. In dieser Familie verstehen einander zumindest jene, die eine der am weitesten verbreiteten Sprachen sprechen. Dazu gehört die wichtigste Nationalsprache des heutigen Mali, Bamanankan.

Unter einer Sprachfamilie sollte man sich nicht etwas allzu Kleines vorstellen; Mande-Sprachen werden heute in sieben Ländern Westafrikas gesprochen, insgesamt von mehr als zwanzig Millionen Menschen. Das erinnert daran, wie groß jenes mittelalterliche Mali-Reich war, das von der roten Erde Kurukan Fugas aus seinen entscheidenden frühen Impuls bekam – immerhin etwa ein Jahrhundert, bevor der König Kankan Mussa mit seiner Mekka-Reise und seinem Goldreichtum die Aufmerksamkeit der Welt erregte.

Die Charta wandte sich damals an Volksgruppen auf einem weiten Territorium, die ungeachtet ihrer sprachlichen Verbundenheit häufig im Krieg miteinander gelegen hatten und ihre jeweiligen Gefangenen versklavten. Sie wurden nun unter ein einheitliches Gesetz gestellt, das allen ein Minimum an Rechtssicherheit garantieren sollte. Manche westafrikanischen Intellektuellen, zum Beispiel der senegalesische Schriftsteller Cheikh Hamidou Kane, ziehen einen Vergleich mit der Magna Charta in England. Auch die Kurukan-Fuga-Charta bestimmte einen Freiheitsraum, den der Souverän dem Einzelnen zugestehen musste, sagt Kane, und sie regelte die Beziehungen der gesellschaftlichen Klassen untereinander.

Womöglich wird hier manches nachträglich etwas idealisiert, aber tatsächlich gilt Kurukan Fuga heute auch bei weniger Gebildeten als Ideal von Rechtsgleichheit. Ich hatte aus der nahen Kleinstadt Kangaba einen alten Schneider mitgebracht; der Dreiundachtzigjährige war ein dünnes Männlein mit zerkratzten Brillengläsern. Er war mir als Führer aufgedrängt worden, und ich hatte aus Höflichkeit eingewilligt. Doch Mamadou Berthé überraschte mich. In seinem blauen Baumwoll-*Bubu*, dem weiten malischen Gewand, hockte er sich auf die Laterit-Erde, seine alterskrummen Zehen hielten gelbe Flipflops fest, und dann deklamierte er mit klarer Stimme: »Die Gesetze hier machten einen Unterschied zwischen Mensch und Tier, und das Gesetz war für alle Menschen verbindlich. Heute ist das anders. Heute gelten die Gesetze nicht für die Reichen, und sie werden gegen die Armen angewandt. Aber alle Menschen müssen dem Gesetz unterworfen werden. Sonst leben wir wie Tiere.«

Kurukan Fuga wird gegen Korruption und Rechtsungleichheit im gegenwärtigen Mali in Stellung gebracht; darauf sollte ich noch öfter stoßen.

Der Mann, der im Jahr 1236 die Verfassung verkündete, war Sundjata Keita; er gilt als Gründer des Mali-Reichs. Sein Aufstieg von einem gebrechlichen, behinderten Kind zum Regenten eines Reiches von der Größe Westeuropas ist ein Urmythos Malis. Als Junge konnte sich Sundjata nur mühsam kriechend fortbewegen. Aufgewühlt von der Schmach, dass sein Vater entmachtet und das Mande-Gebiet unterworfen worden war, versuchte er sich aufzurichten; mehrere Eisenstangen sollen dabei zerbrochen sein, und erst als er sich an den Königsinsignien seines Vaters hochstemmte, gelang ihm der aufrechte Gang.

In Mali wird die Sundjata-Legende als Anfeuerung verstanden, es niemals an Ehrgefühl und Kampfgeist fehlen zu lassen, selbst wenn die Bedingungen aussichtlos erscheinen. Für mich hat die Legende vom behinderten Kind ganz ohne Pathos etwas Berührendes, angesichts der heutigen Situation Malis. Steh auf und geh, nichts ist unmöglich.

Der Königsname Keita bedeutet »Erbe«, nicht im materiellen Sinne, sondern im Sinne einer ererbten noblen Aufgabe. Dem Musiker Salif Keita, der seine Abstammung auf den Herrscher zurückführt, hat das die Karriere zunächst schwer gemacht – und das keineswegs nur, weil er Albino ist. Seine Verwandtschaft feindete ihn an, denn Musikmachen schien nicht mit der Noblesse eines Keita vereinbar. Musiker wurde früher nur, wer der entsprechenden Berufskaste angehörte – was uns zurück zu den Inhalten der Charta führt. Denn sie war nicht nur ein Dokument politischen Denkens, sondern sie machte soziale Regeln verbindlich, die bereits seit Längerem in der Mande-Kultur existierten. König Sundjata nahm diese Sitten auf und machte daraus eine verbindliche Sozialordnung.

Wie das Beispiel von Salif Keita zeigt, hat manches von dem, was vor achthundert Jahren festgelegt wurde, Auswirkungen bis in die jüngste Gegenwart. Die faszinierendste Hinterlassenschaft ist die sogenannte Scherzverwandtschaft. Sie heißt in Mali *Senankunya*, auf Französisch *cousinage à plaisanterie*. Es handelt sich um einen ewig gültigen Bund zwischen zwei Ethnien oder zwischen zwei Familiennamen. So sind zum Beispiel alle, die Diarra heißen, mit allen, die Traoré heißen, verbunden. Die Bozo-Ethnie hat mit der Dogon-Ethnie eine Scherzverwandtschaft, und die Dogon wiederum mit den Songhai. In Malis extrem vielfältiger, multiethnischer Gesellschaft existiert auf diese Weise ein Netz jahrhundertealter Paarverbindungen; es bezieht die meisten Ethnien ein sowie weit verbreitete Familiennamen.

Ich habe unzählige Male erlebt, wie sich die Beziehung zweier Menschen von einem Moment zum anderen änderte, nachdem sie ihre Scherzverwandtschaft entdeckt hatten. Eben noch zwei distanzierte Fremde, verhielten sie sich nun wie die besten Freunde, schüttelten sich ewig die Hände, beklopften einander die Schultern und schlenderten Händchen haltend durchs Dorf.

Unterschiede in Status und Alter haben in Mali normalerweise großes Gewicht – außer im Falle einer Scherzverwandtschaft. Auf einem Musikfestival saß mein malischer Begleiter etwas beklommen neben einem höheren Beamten. Er wechselte schüchtern ein paar Worte mit ihm, ehe plötzlich das Eis brach – die beiden hatten ihre *cousinage* entdeckt. Die Körpersprache meines Begleiters änderte sich völlig, er war nun entspannt und genoss das Festival. In diesem Fall handelte es sich um die Scherzverwandtschaft zweier Ethnien mit völlig verschiedenen Muttersprachen, die eine aus dem Norden, die andere aus dem Süden.

Auch bei meinem Besuch von Kurukan Fuga hatte ich ein derartiges Erlebnis. Ich war mit einem jungen Taxifahrer aus Bamako gekommen; Bourama, ein Großstadtjunge mit modisch rasiertem Bärtchen und einem Che-Guevara-Aufkleber auf dem Wagen. Nachdem der alte Mamadou Berthé auf der roten Erde seine Rede über die Gleichheit vor dem Gesetz beendet hatte, begann Bourama den Dreiundachtzigjährigen plötzlich zu tätscheln, machte Witze über ihn, zog ihn an seinem Ziegenbärtchen. Und der Alte freute sich königlich. Er freute sich sogar, als Bourama zu ihm sagte: »Du bist mein Sklave, ich nehm' dich mit nach Bamako.« Bei solchen Scherzen fröstelt es mich ein wenig, aber sie gehören zum Ritual der Scherzverwandtschaft. Es ist gleichfalls üblich, den anderen einen Bohnenfresser zu nennen und ihn wegen vermeintlicher Blähungen zu verspotten.

Die Grundregel der *cousinage* ist nämlich: Dein Gegenüber nimmt dir nichts übel. Das erlaubt das spielerische Außerkraftsetzen von sonst ehernen Konventionen, etwa des unbedingten Respekts vor Älteren. Doch nicht alles daran ist Spiel. Unangenehme Wahrheiten sagen zu können, ohne Sanktionen zu befürchten, das kann helfen, Konflikte zu lösen, die im Rahmen der sonst strengen Hierarchien nicht lösbar wären.

In der Charta von Kurukan Fuga wird die Institution der Scherzverwandtschaft bereits als bekannt vorausgesetzt und nun verbindlich gemacht. Ähnlich wie es in den Manuskripten von Timbuktu Hinweise auf frühe Vorstellungen von *good governance* gibt, so kann man auch Passagen der Charta in einen modernen Begriff übersetzen: Maßnahmen zum Konfliktmanagement. Denn unter den zwei Partnern einer *cousinage* ist nicht nur der Streit verboten. Vielmehr darf sich die eine Seite auch in die internen Konflikte der anderen Seite als Mediator einmischen. Wer die Rolle des Mediators verweigert, wird Unglück auf sich ziehen, etwa in Form einer schlechten Ernte. Und ein Gefallen, der vom *cousinage*-Partner erbeten wird, darf nicht zurückgewiesen werden.

Mit Beginn der Regenzeit gibt es in jenem trockenen, felsigen Landstrich, wo die Dogon zu Hause sind, oft Streit um das knappe kultivierbare Land. Jüngst eskalierte der Konflikt zwischen zwei Dörfern, es gab sogar Tote. Die Bürgermeister holten daraufhin aus der Stadt Mopti eine Gruppe von Fischern, die der Bozo-Ethnie angehörten. Zwischen den Dogon und den Bozo herrscht eine besonders starke *cousinage*-Beziehung. Die Bozo-Fischer kamen als Schiedsrichter, und sie entschieden, dass das umstrittene Land für eine bestimmte Zeit ihnen gehört. Alle Beteiligten wussten, was das bedeutet: Natürlich würden die Fischer die Felder nicht bestellen, sondern die Hand darüber halten. Und die Dogon durften die Entscheidung der Bozo nicht infrage stellen. Der Konflikt um das Land war dadurch noch nicht gelöst, aber die tödliche Spirale der Eskalation war unterbrochen, und die streitenden Bauern begannen zu verhandeln.

Nach der sozialen Ordnung, die in der Kurukan-Fuga-Charta festgeschrieben wurde, gehörte im alten Mali-Reich jeder einer Statusgruppe an. Unter diesen Gruppen war alles aufgeteilt, was an Arbeit und gesellschaftlicher wie religiöser Tätigkeit zu verrichten war. Die Bauern galten als »Freie«, als Menschen mit einer besonderen Selbstachtung – weit entfernt von unserem heutigen Blick auf den Sahel-Bauern als bemitleidenswertes Wesen. Schmiedekunst, Weberei, Lederverarbeitung sowie die öffentliche Darbietung von Musik und Dichtung, das waren hingegen Handwerke, die ausschließlich innerhalb der jeweiligen Berufsgruppe von Generation zu Generation weitergegeben wurden.

Diese Gruppen hießen *Nyamakalau*, es handelte sich um Menschen mit einer unmittelbaren Verbindung zum *Nyama*, der spirituellen Lebenskraft. Diesen Begriff in den Worten unserer Gedankenwelt präziser zu fassen, fällt schwer. Wir wissen, dass Schmiede auch in anderen Kulturen durch ihre Handhabung des Feuers eine besondere Beziehung zum Transzendenten hatten. In

Mali ging es noch um mehr: um die Mobilisierung seelischer Stärke durch einen Beistand, der im Traditionell-Okkulten wie im Göttlichen gesucht wurde. Die Angehörigen dieser Berufe durften keine Ehen mit den freien Bauern eingehen und keine wichtigen politischen Ämter ausüben, aber sie hatten gleichwohl oft mehr Einfluss als ein gewöhnlicher Bauer.

In der Kolonialzeit kam für diese Gruppen die Bezeichnung Kaste auf; ein irreführendes Wort, denn es spiegelt die ursprüngliche Ambivalenz nicht mehr wieder, eine Ambivalenz von Respekt, vielleicht sogar Ehrfurcht, und von Ausgrenzung. Solche Mehrdeutigkeit hatte es überall in Afrika schwer, wo westlich geprägte Sprache und Bildung einzog. Und mit der verflachenden Eindeutigkeit der Worte korrespondierte oft eine Verarmung der sozialen Wirklichkeit.

Der bekannteste Fall eines sogenannten Kastenangehörigen ist der *Griot* – heute im Westen fast ein Synonym für einen malischen Musiker. Da schwingt die Erwartung mit, es müsse sich um irgendetwas Authentisch-Exotisches handeln, und um diese Erwartung zu erfüllen, nennt sich ein malischer Hip-Hopper, der auf dem ausländischen Markt landen will, dann zum Beispiel »Elektro-Griot«. Eigentlich ist der Ausdruck »Griot« abfällig; er stammt von den Portugiesen, die als erste Europäer die westafrikanische Küste erreichten. Als sie den Gambia-Fluss hinauffuhren, trafen sie auf örtliche Adelige, die zu vornehm waren, um mit den Fremden direkt zu reden. Wie es die Sitte vorsah, bedienten sie sich dazu eines Vertrauten, eines Mittelmanns, er war der Lautsprecher ihrer Botschaft. Die Portugiesen machten sich nicht die Mühe, einheimische Sitten zu verstehen, und nannten diesen Mittelsmann »Schreier«. Aus dem portugiesischen Wort wurde später ein französisches: Griot.

In Mali sagt man *Djeli,* und dahinter verbirgt sich eine ganz andere Geschichte. Sie erzählt von existentieller Fürsorge und von wechselseitiger Abhängigkeit. Der Legende zufolge verirrte sich ein angesehener Mann, ein Jäger, mit seinem Griot im Busch. Damit der Griot nicht verhungerte, schnitt sich sein Meister in der Not heimlich ein Stück Fleisch aus dem eigenen Bein und gab es dem nichtsahnenden Griot als Wildbret zu essen. Seitdem heißt ein Griot in der Nationalsprache Bamanankan *Djeli* für »Blut« – ein metaphorisches Blut als Triebkraft allen Lebens, als Motor der Gemeinschaft.

Auch der ursprüngliche Name des Flusses Niger gehört in diesen Kontext. Er heißt in Mali *Djoliba*, »der Fluss der Griots«. Denn so wie das Wasser die Lebensader des Landes ist, war der Griot der Garant eines funktionierenden Gemeinschaftslebens: als Hüter des Erbes, Zeremonienmeister und Moralist.

Im alten Mali-Reich wurde eine Herrscherdynastie dadurch beglaubigt, dass der Griot mit seinen Worten ihre Abstammung von realen oder mythischen Vorfahren bezeugte. Seine rituelle Dichtung verband die Lebenden von heute mit den Lebenden von gestern. Bei einem Königsbegräbnis deklamierte der Chef der Griots, die Augen halb geschlossen, mit einer ungeheuren Gedächtnisanstrengung Jahrhunderte von Kämpfen, Kriegen und Heldentaten. Deshalb galten die Griots auch als Bewahrer von Nationalgeschichte, wobei ihre Epen wohl meist schmeichelhaft für den jeweiligen feudalen Herrscher waren.

Der klassische Griot wurde nicht in Geld bezahlt, sondern er bekam Geschenke. Dennoch verstand er sich nicht als Almosenempfänger. Denn er selbst schenkte Worte, die als unbezahlbar galten. Sie stellten eine Schuld dar, die nicht zu tilgen war. Und der, den er in seiner Dichtung besang, hatte seinen Status nur dank des Griots. Denn nach malischer Auffassung hat ein Individuum seinen Status nie ungeachtet seiner Beziehungen – der Noble ist ohne den Griot kein Nobler.

Früher hatte nahezu jede malische Familie einen Griot; er kannte ihre Geschichte und machte daraus seine Lieder. Sein Verhältnis zur Familie war intim, er diente als Heiratsvermittler und auch als Vermittler bei internen Konflikten. So ist es in manchen Familien heute noch. Ein städtischer Angestellter sagte mir: »Wenn ich ernsthaften Krach mit meiner Schwester habe, dann rufe ich unseren Griot an. Er muss mit ihr reden.« Der Griot als

Familientherapeut, das ist eine der vielen Varianten, wie diese Institution im 21. Jahrhundert überlebt. Eine andere Variante, der wir später in Bamako begegnen werden, ist die Verwandlung eines Männerberufs in einen Frauenberuf.

Malis Vergangenheit mit seinen großen Reichen und seinem differenzierten Verständnis von Gesellschaft hat einen Katalog von Werten hervorgebracht, der die Menschen bis heute prägt – auch wenn es zunehmend schwerer wird, danach zu leben. Herkunft ist wichtig, das gilt für die Nation wie für jeden einzelnen. Der Charakter einer Person lässt sich schwer beurteilen, wenn man ihre Wurzeln, ihre Familiengeschichte nicht kennt – genauso wie der soziale Status von den Beziehungen zu anderen Menschen abhängig ist. Und weil ein familienloses Individuum in diesem Konzept nicht denkbar ist, bekommt ein Ausländer, der längere Zeit in Mali verbringt, von Freunden oder Kollegen einen einheimischen Familiennamen verliehen; so wird er ebenfalls in das System der Scherzverwandtschaften aufgenommen.

Jede Beziehung fügt sich in eine fein abgestufte Hierarchie, in der Alter das wichtigste Merkmal ist. Wenn ein Malier über seine Verwandtschaft spricht, dann schwirrt mir bald der Kopf, denn es gibt nicht einfach Brüder, Schwestern, Onkel, Tanten, sondern stets eine Abstufung, wer der Jüngere, wer der Ältere ist. Sogar über Zwillinge heißt es, im Ernst oder im Scherz, der Zuerstgeborene sei der Jüngere: Er sei vom Älteren vorgeschickt worden, um nachzusehen, ob alles in Ordnung sei.

Es wäre jedoch ein Irrtum, zu glauben, in einer Gesellschaft, in der jeder so eingebunden und den anderen verpflichtet ist, gäbe es kein Bewusstsein der eigenen Individualität. Ich hatte in Mali oft das Gefühl, dass ich von starken, oft sogar einschüchternd starken Persönlichkeiten umgeben bin. Und wenn es einen malischen Nationalcharakter gibt, dann ist ein ausgeprägtes Gespür für die eigene Würde gewiss sein auffallendster Zug. Gefühle nicht zu zeigen gilt als Zeichen guter Haltung und guter Erziehung. Kinder lernen früh, nicht gierig zu essen; Ehepaare tauschen öffentlich keine Zärtlichkeiten aus.

Malis Stolz auf seine Traditionen ist Stärke und Schwäche zugleich. Ständig Alter und Hierarchien zu respektieren, macht eine Gesellschaft konservativ. Malier sind oft abwartend und zurückhaltend gegenüber Neuerungen; gerade die Älteren haben Angst, sich lächerlich zu machen, wenn sie etwas Neues allzu schnell akzeptieren.

Eine Anekdote aus der Kolonialzeit: In den 1930er Jahren gab es für ganz Französisch-Westafrika eine einzige Ausbildungsstätte für Lehrer. Die Studenten dort wurden angehalten, aus ihren jeweiligen lokalen Traditionen ein Theaterstück zu machen. Studenten aus Benin und Senegal modernisierten die alten Epen, während die Malier ihre Überlieferung möglichst unberührt erhalten wollten.

An diesem Lehrerinstitut formierte sich eine junge Elite, aus der später Staatschefs hervorgingen. Unter ihnen war Malis erster Präsident, Modibo Keita. Mit ihm begann eine neue Epoche; gleichwohl stelle ich das Bild dieses Mannes hier an das Ende der alten Zeit. Denn wie keiner nach ihm verkörperte er noch einmal die Ära des Stolzes und das Gefühl von Ebenbürtigkeit. Ein Keita zu sein, dessen Ahnenlinie das Volk auf den Herrscher Sundjata zurückführte, war dafür nur Begleitmusik. Nicht wesentlich, doch gewiss genauso nützlich wie sein Äußeres. Der malische Präsident war ein auffallend gut aussehender Mann und fast zwei Meter groß. Auf den Fotos von Staatsbesuchen wirkte er wie eine Statue des neuen Afrika. Neben ihm war Mao klein.

Die Auftritte passten zur Botschaft. Modibo Keita, ein rationaler, säkular geprägter Mann, hatte für sein Land eine ehrgeizige Vision: ein afrikanischer Sozialismus mit Industrien und Landreform. Mali sollte eine Nation sein, die nicht nur auf dem Papier unabhängig ist, sondern eine tatsächliche, vor allem wirtschaftliche Souveränität erringt – und durch eigene Erfolge die Demütigung der Kolonialzeit überwindet. Enorm die Anstrengungen, die nun in kürzester Zeit unternommen wurden: Gründung von Staatsbetrieben, Produktionsstätten, Kooperativen; Deich- und Kanalbau für die Bewässerung; Verteilen von Pflügen, Eggen,

Ochsenkarren zur Modernisierung einer immer noch archaischen Landwirtschaft.

Es sollte ein »Sozialismus nach malischer Art« werden: ein Versuch, die Utopie einer gerechten Gesellschaft aus den einheimischen Traditionen heraus zu entwickeln. Das malische Dorf war seit Jahrhunderten ein Gemeinwesen, das zwar aus Familienbetrieben bestand, aber sein Überleben durch kollektive Maßnahmen sicherte. Der Dorfvorsteher verwaltete und verteilte den Boden, und jede Familie stellte Arbeitskräfte ab für gemeinschaftliche Aufgaben. Konnte der dörfliche Kollektivismus nicht eine Art Mikromodell für die Nation sein, die Rückbesinnung auf ein urafrikanisches Erbe?

»Die Rückkehr zu uns selbst«, das war der wichtigste Slogan jener Jahre. Der Schriftsteller Seydou Badian brachte ihn auf, Kampfgefährte Modibo Keitas und Chefdenker der sozialistischen Agenda. Es ist ein Slogan im Geist der afrikanischen Renaissance, jenes Bemühens um eine kulturelle und philosophische Wiedergeburt des Kontinents, die uns bereits in Timbuktu begegnete. Ein wehmütiger Rückblick auf Verlorenes, in dem nun die Keimzelle der Zukunft gesehen wird.

1960, zur Geburtsstunde des neuen Mali, war ein Nationalstaat in den heutigen Grenzen zunächst nicht vorgesehen. Modibo Keita und seine Gefährten dachten panafrikanisch, das heißt, sie wollten Afrika einen, nicht zerstückeln. Sie hätten gern Westafrika als Föderation gesehen, schlossen dann zumindest einen Staatenbund mit Senegal. Der Bund zerbrach allerdings schnell, denn anders als der Senegalese Léopold Senghor stand Keita für größtmögliche Distanz zur französischen Kolonialmacht. Und Frankreich tat selbst alles, um Leute wie ihn zu isolieren. Im September 1960 erklärte sich Mali also gezwungenermaßen allein für unabhängig. Beim Staatsakt hing ein Banner im Saal, trotzig und pathetisch: »Lieber der Tod als die Schande«.

Malis junge Elite war nicht ethnisch orientiert; gleichwohl bediente sie sich, um den jungen Staat zu stärken, nun aus dem, was ihr selbst nahestand: aus dem kulturellen Gedächtnis der großen Bevölkerungsgruppen des Südens, der Mande-Kultur und ihrer Mythen. Künstlergruppen beschworen im ganzen Land die Macht des alten Mali-Reiches. Die Tuareg, eine Minderheit im Norden, ließen sich damit nicht gewinnen. Ihnen blieb der neue Staat fremd, und bald erhoben sie sich in einer ersten Rebellion. Sie wurde blutig niedergeschlagen, Modibo Keitas Sündenfall.

Malis junge Regierung, auf anderen Feldern so ambitioniert, hatte keine Vision für die ethnische Vielfalt des Landes, sie fürchtete sie vielmehr; zumal im Norden, wo der Staat mit seinen künstlich gezogenen und unkontrollierbaren Grenzen am zerbrechlichsten war. Es wirkt wie eine bittere Ironie der Geschichte, dass Modibo Keita, 1968 durch einen Militärputsch gestürzt, dann selbst in die Tuareg-Region der nördlichen Wüste verbannt wird. In einem Militärgefängnis in Kidal wird er nach Jahren völliger Isolation unter ungeklärten Umständen sterben.

In den Tagen und Wochen der jungen Unabhängigkeit sehen wir auf der nationalen Bühne noch einmal einen Griot alter Schule. Banzoumana Sissoko war von Geburt an blind und zusätzlich von Lähmungen in den Beinen befallen. Wie der gebrechliche junge Sundjata eignete auch er sich zur Symbolgestalt, die sich die eigene Würde erst erkämpfen muss. Doch diesmal nicht mythisch verbrämt, sondern in der rauen Wirklichkeit armer Verhältnisse, wo ein behindertes Kind für die Familie eine schwere Last ist. Sissoko stemmte sich nicht an Königsinsignien in den aufrechten Gang, sondern gleichsam an seiner *Ngoni,* der Laute.

Von diesem Moralisten, der sich stets weigerte, ein Loblied auf einen Politiker anzustimmen, stammt Malis Nationalhymne. Den Text schrieb Seydou Badian, der sozialistische Vordenker. »Die Felder blühen von Hoffnung. Die Herzen beben vor Zuversicht … Wiedergefundene Würde trägt unseren Kampf.« In der Losung »ein Volk, ein Ziel, ein Glaube«, die auch heute auf malischen Dokumenten steht, meint das Wort »Glaube« nicht die Religion, sondern den Glauben an die eigene Kraft und an ein vereintes Afrika. Der Glaube an die eigene Kraft, er war Anfang der 1960er Jahre noch ungebrochen. Die verheerenden Dürren waren am Horizont noch nicht erkennbar, nicht die Fesseln des Schuldendienstes und die Wucht wirtschaftlicher Bevormundung. »Unsere Fahne wird die Freiheit sein« – Freiheit wurde da noch nicht von der Weltbank definiert.

Und doch muss es eine Ahnung gegeben haben. Eine Ahnung, dass Mut und Hingabe und Arbeit vielleicht nicht reichen würden, um das Mali von morgen zu bauen. Diese Ahnung brachte eine Zeile hervor, die sich wie ein dunkler Ton in die Euphorie legt. »Der Weg ist hart, sehr hart.«

Brautjungfern in Bamako

2.
Bamako
Moderne ohne Asphalt

Ein halbes Jahrhundert ist vergangen seit den frühen Tagen der Unabhängigkeit, seit den Tagen, als die Zuversicht noch frisch und unschuldig war. Bamako, die Hauptstadt, hat drei Systeme gesehen seitdem, erst den Sozialismus, dann eine Militärdiktatur und schließlich eine Demokratie.

Die Träume aber haben sich nicht geändert. Sie sind zu sehen auf zwei Gemälden, die den Eingang zum Nationalparlament flankieren. Auf der linken Seite Kultur und Tradition, mit hohen Masken, einer Moschee, einem strahlenden Griot. Auf der rechten Seite die Moderne mit Computern, Hochhäusern, einem Schnellzug. Auf der Seite der Moderne stehen auch die Politiker, die Abgeordneten, sie tragen Schärpen in den leuchtenden Farben der Nation, und über ihnen schwebt eine Waage, so gerecht wird ihre Politik sein.

Die Bilder sind verblichen von der harten Sonne vieler Jahre, in denen der Schnellzug nicht eingetroffen ist und auch nicht die Gerechtigkeit. Die Hoffnung aber ist geblieben: dass es möglich sei, die eigene Kultur zu bewahren und dazu noch technischen und politischen Fortschritt zu gewinnen. Dass es also einen malischen, einen eigenen Weg in die Zukunft gebe. Die Hoffnung, von der es einst hieß, sie blühe auf den Feldern, hängt nun schwer und bleiern in der Luft von Bamako, umhüllt von Abgasschwaden.

Bamako sei unter den Hauptstädten Afrikas die afrikanischste. Das sagen Europäer; weil ihnen das Niedrige, das Rote, das Lehmige dieser Stadt so authentisch afrikanisch erscheint. In den staubigen Himmel über Bamako ragt in der Tat nur ein einziges veritables Hochhaus, der zwanzigstöckige Turm der westafrikanischen Zentralbank – als lägen hier Reichtümer auf einem Hochregal. Für unsere Augen wirkt Bamako ländlich, weil nur die wenigsten Straßen asphaltiert sind. Die Zellstruktur der Stadt, das ist ein Netzwerk von sechzig Quartiers entlang holpriger Gassen aus festgestampfter Erde; wie ein Agglomerat von Dörfern zu beiden Seiten des Niger. Kaum zu glauben, dass Bamako zwei Millionen Einwohner hat.

Aus dem Blickwinkel tatsächlicher Ländlichkeit, aus Sicht eines stromlosen malischen Dorfes, ist Bamako indes so fern, so verheißungsvoll und so sündig, wie eine Metropole nur sein kann. Wenn in einem abgelegenen Winkel des Sahel der glänzend-weiße Geländewagen von Entwicklungshelfern auftaucht, schreien die Kinder: »Ein Auto aus Bamako!« Bamako steht für das Geld der Weißen, für den Zentralstaat, für eine gierige, Französisch sprechende Elite und für die Korruption. Aber Bamako ist auch ein Labor, hier entstehen Lebensformen, Moden und Gedanken, die im großen Rest des Landes erst viel später ankommen werden – oder gar nicht.

Wer sich zu lange in dieser Stadt aufhält, findet nicht mehr hinaus. Bamako ist sich selbst genug und kommuniziert nur mit sich selbst. Hier werden stapelweise Zeitungen produziert, die der Rest des Landes nie sieht. Der Präsident residiert auf einem Hügel, wo schon die koloniale Herrschaft saß: als solle die Distanz zur bäuerlichen Basis noch durch zusätzliche vierhundert Höhenmeter unterstrichen werden. Und wenn er im Fernsehen eine »Rede an die Nation« hält, spricht er Französisch, wohlwissend, dass ihn achtzig oder neunzig Prozent der Bevölkerung nicht verstehen. Als spräche er nicht zu den Maliern, sondern zum Ausland.

Wer vom Flughafen kommend in die Stadt hineinfährt, stößt schon bald auf das erste Denkmal. Der Büffel auf der Place de Sogolon ist ein Symbol für die Mutter von Sundjata Keita, Malis berühmtestem Herrscher. Später kommt ein gewaltiges Jäger-Monument; der Jäger steht für traditionelles Wissen, für die Verbindung von Natur und Spiritualität. Bamako ist gespickt mit solchen Denkmälern; eine Hommage, in Stein und Beton, an Malis echtes Afrikanertum. Das war die Idee von Alpha Oumar

Konaré, dem ersten Präsidenten der demokratischen Epoche. Von Haus aus Historiker, nutzte er seine zwei Amtszeiten zwischen 1992 und 2002 für eine regelrechte Baukampagne. Nach zehn Jahren verließ er den Präsidentensessel als schwerreicher Mann. Das hat die Malier nachhaltiger beeindruckt als jedes Monument. Die Denkmäler blieben zurück als Symbole nicht eingelöster Versprechen.

Manche Malier sagen: Bamako zeigt, was wir verlieren. Das sagen vor allem die Älteren. In der Stadt vermischen sich Kulturen und Eigenarten diverser Ethnien, kaum jemand ist mehr an seiner Kleidung zu erkennen. Was der Fremde in Bamako für authentisch malisch hält, ist für traditionsbewusste Malier ein Gebräu mit diffusem Geschmack.

Als ich zum ersten Mal nach Bozola kam, wurde gerade der Beginn der Schulferien gefeiert. Bozola ist eines der ältesten Viertel der Stadt, in seinem Namen ist noch erkennbar, dass es von der Ethnie der Bozo gegründet wurde. Das einstige Fischerdorf ist heute verrufen als Quartier der Drogen und der Kriminalität. Bei Tage war Bozola ein Gewirr von kleinen Läden und Werkstätten, die Straßen heillos verstopft mit Kleinbussen, Karren, Eselsfuhrwerken. In dieser Nacht aber war es das Quartier der Tänzer. Die Straße aus Erde und festgetretenem Müll war mit einer Phalanx verkratzter blauer Eisenstühle abgesperrt. Um zehn Uhr wummerte ein Lautsprecher los, das Publikum war zwischen sechs und sechzehn, Erwachsene schien es nicht zu geben. Die besten Tänzer des Quartiers durften vortanzen; die Tribüne bestand aus aufgestapelten Händlerkarren vom Markt. Der kleinste Vortänzer hatte noch Babyspeck an den Beinen. Die Mädchen waren *dressed to kill*, Mini-Röcke, reichlich Busen. War Mali wirklich ein muslimisches Land?

An diesem Abend lernte ich Alou kennen, Alou Diawara. Er stand plötzlich neben mir. In meinem Notizblock stand später der Satz: »Viele Mädchen hier haben schon als Dreizehnjährige Sex«, aber vermutlich war das nicht das Erste, was der junge Mann mir erzählte.

Alou war ein arbeitsloser Abiturient. Aus Begeisterung für die digitale Welt gab er Computerkurse für Schüler im unbenutzten Raum einer Grundschule; das wollte er mir zeigen. Im hinteren Teil des unbeleuchteten Hofes schloss er einen Klassenraum auf. Boden und Wände waren rötlich vom ewigen Staub, eine Neonröhre verstreute ein fahles Licht. Auf geblümten, löcherigen Plastikdecken standen sechs Computer, klobige Kisten, sie waren mit schwarzem Tuch zugedeckt wie uralte Kameras. An der Schiefertafel stand noch die Lektion vom Vortag: Was bedeutet Kilobyte, Megabyte?

Die Schüler zahlten ihm eine winzige Gebühr. Davon bezahlte Alou den Strom. Später am Abend öffnete er die Fensterläden, draußen im Nachtdunklen trainierte umschwirrt von Insekten eine Karategruppe, die nun von Alous Licht profitierte und ihm dafür etwas zahlte. Alou wiederum gab dem Wächter der Schule einen Obolus, damit aus dessen Familie jede Nacht jemand bei den Computern schlief und sie bewachte.

So organisiert sich eine Gesellschaft, der es nach unserem Verständnis an allem fehlt. Der prekäre Alltag besteht aus einem dicht geflochtenen Netz von Beziehungen, die zwar geschäftlicher Natur sein mögen, aber letztlich nur über das persönliche Vertrauen funktionieren. Nichts ist einklagbar in dieser Welt, nichts ist versichert – ein Begriff, der nur in unserer Hemisphäre existiert. Alles wird ausgehandelt und heruntergebrochen auf kleinstmögliche, bezahlbare Einheiten. Wie in jenen Miniaturtankstellen, die nur aus einem Holzkasten mit Glasflaschen bestehen. Aus den Flaschen wird Benzin in winzigen Mengen verkauft, als handele es sich um alten Cognac.

»Ich zeig dir meinen Blog«, sagte Alou. Die Verbindung baute sich langsam auf, wir warteten, über uns knarzte ein Ventilator. »Ich habe mir alles selbst ausgedacht. Ich kenne sonst niemanden, der einen Blog schreibt.« Während ich zu lesen begann, bereitete Alou unter einem Sicherungskasten in der Ecke seine Gebetsmatte aus. Sein Blog hatte erst zwei Einträge, adressiert an eine diffuse Weltöffentlichkeit: »Wenn ihr hier etwas vermisst, dann vergesst nicht, dass wir in einer Grundschule in Mali sind.«

Alou war ehrgeizig und selbstbewusst, und er hatte den starken Willen, etwas aus sich zu machen. Er sprach außer Französisch ein gutes Englisch, hörte BBC, suchte den Kontakt zur Welt fernab der Grenzen seiner Heimat. Doch bald kämpfte er, wie alle jungen Malier, die keine wohlhabenden Eltern haben, gegen das Gefühl der Aussichtslosigkeit, das sich mit erdrückender Last auf all seine Unternehmungen legte. Er dachte an Auswanderung, doch irgendwann fehlte ihm sogar das Fahrgeld, um bei den Botschaften seine Zeugnisse einzureichen.

Gemeinsam mit ein paar Freunden entschloss ich mich, Alou bei dem zu helfen, was er sich am meisten wünschte: eine Ausbildung zum Journalisten. Wir bezahlten die bescheidenen Studiengebühren für die Universität in Dakar (Senegal), unterstützten die Anschaffung eines gebrauchten Laptops und eines Mikrofons. Alles andere gelang Alou allein. Wovon er lebte, wie er sein Essen bezahlte, blieb mir ein Rätsel. Er schlug sich durch, mit der unbändigen Energie, die ein junger Afrikaner an den Tag legt, wenn er eine Chance bekommt.

Als Alou aus Dakar zurückkehrte, zählte er zur Minderheit malischer Journalisten mit einer professionellen Ausbildung. Er machte von Bamako aus Beiträge für das Radioprogramm der BBC; das brachte ihm Prestige ein, aber nicht viel Geld. Im Pressehaus gehörte ihm nur die Ecke eines Schreibtischs, den noch zwei weitere Kollegen benutzten.

Die malischen Journalisten beeindruckten mich vor allem durch ihre Streikbereitschaft. Ich erlebte mehrere Generalstreiks. Um ein wenig Solidarität zu zeigen, stand ich eines Morgens vor einer Eisenklappe, die sich öffnete und wieder schloss, ohne Einsicht in den dahinter liegenden Hof zu gewähren. Die Klappe war eine Art Schalter am Eingang zum Untersuchungsgefängnis; die Herausgeber von fünf Zeitungen waren verhaftet worden, weil sie angeblich den Präsidenten beleidigt hatten. Jedes Mal wenn sich die Eisenklappe öffnete, drängte von der Straße her eine Schar Frauen gegen die Luke. Sie versuchten ihre Schüsseln hindurchzuschieben, Schüsseln aus Plastik und Blech, sorgsam abgedeckt mit Tüchern. Das Essen für die Angehörigen drinnen; dort schien es nichts zu geben. Malis Armut schrieb auch hier das Drehbuch des Alltags; doch hinderte dieser erdrückende Alltag die Journalisten nicht daran, ihre inhaftierten Kollegen mit großem Freiheitspathos zu verteidigen.

Bamakos Zeitungen sind dünne Blättchen für die frankophone Elite. Die Redaktionen haben kaum Geld für unabhängige Recherchen; sie leben zumeist davon, dass für die Veröffentlichung von Texten bezahlt wird wie bei uns für Anzeigen. Auf diese Weise ist es leicht, Zeitungen politisch zu instrumentalisieren, Verleumdungen und Falschinformationen zu lancieren. Die Journalisten bekommen meist kein festes Gehalt. Wer eine Pressekonferenz veranstaltet, muss ihnen, damit sie überhaupt kommen, ein Anwesenheitshonorar zahlen, das »Fahrgeld« genannt wird; manche Unternehmen legen nach der Veröffentlichung noch eine »Gratifikation« dazu. Eine klare Grenzlinie zur Korruption zu ziehen ist schwer.

Wenn hingegen ein Journalist Opfer staatlicher Verfolgung wird, dann erhebt sich der ganze Berufsstand in Solidarität. Die Zahl solcher Übergriffe ist in Mali niedriger als in vielen anderen Ländern Afrikas; darum gilt seine Presse nach westlichen Standards als frei. Die Unfreiheit, die aus der Armut der Redaktionen und der Journalisten entsteht, bleibt dabei unbeachtet. Im westlichen Freiheitsbegriff spielt Geld keine Rolle.

Alou hatte schon im Studium das digitale Radiomachen gelernt, er liebte Effizienz und Schnelligkeit und machte sich manchmal über seine Kollegen vom malischen Staatsradio lustig, die noch mit Bändern laborierten. Dem Anschein nach war Alou, inzwischen einunddreißig, ein sehr moderner Mensch. Aber das war nur die eine Seite. Er kam vom Dorf, das Dorf trug den Namen seines Großvaters, der es gegründet hatte, und Alou wollte möglichst viel von den ländlich-konservativen Traditionen in seinem Leben bewahren. Wie seine Geburtsurkunde ausgestellt war, das sah er als Symbol: Dort stand zwar das Jahr, aber Tag und Monat waren mit »XX.XX.« gekennzeichnet; auf dem Dorf hatte man damals keinen Kalender. »Ich könnte das ändern lassen«, sagte Alou, »aber das will ich nicht. Ich bin stolz auf meine Herkunft.«

Als er es an der Zeit fand, zu heiraten, suchten ihm seine Eltern im Dorf ein Mädchen aus. »Ich habe ihre Entscheidung mit Freude akzeptiert«, erklärte mir Alou. Das Mädchen war sechzehn, annähernd halb so alt wie Alou. Wir saßen auf seinem Moped, als er mir davon erzählte, ich saß hinter ihm und verbarg mein Entsetzen. »Wenn die Frau so viel jünger ist als der Mann«, schrie Alou gegen den Verkehrslärm an, »dann hat der Mann die ganze Ehe über die Oberhand. So entspricht es unserer Kultur.« Seine Braut, die er mir gegenüber nur »Madame« nannte, blieb zunächst im Dorf; Alou rätselte noch, wie er sie in sein hektisches Stadtleben integrieren konnte.

Eines Nachmittags begleitete ich ihn zu seinem *Grin*. Das ist eine Clique von Freunden, die sich regelmäßig trifft unter dem Vorwand, bittersüßen grünen Tee aus kleinen Gläsern zu schlürfen. Der Grin ist eine feste Institution im Leben der jungen Generation, und seine Geschichte erzählt zugleich die Sozialgeschichte der städtischen Jugend.

In den 1960ern wurde im Grin die neueste Musik aus Europa und den USA gehört; die Teerunde bedeutete Flucht vor den Eltern, vor einer Autorität, die nun erstmals infrage gestellt wurde. Nach 1968, als Mali unter einer Militärdiktatur stand, wurde der Grin zum Refugium oppositioneller Redefreiheit. Dann kam die Phase neoliberaler Wirtschaftspolitik, die Mali von den internationalen Finanzinstitutionen verordnet wurde; Armut und Arbeitslosigkeit vermehrten sich, auch wenn Mali nun eine Demokratie war. Seitdem ist der Grin der Ort, wo die junge Generation ihr Gefühl der Ohnmacht ablädt und wo ein Teetrinker dem anderen leiht, was er selbst kaum hat.

Der Jüngste in der Runde macht stets den Tee für alle, eine ausgefeilte Prozedur. Das Teepulver aus China wird in winzigen

Kannen mehrfach aufgekocht und umgeschüttet; der wahre Meister schüttet den Tee aus möglichst großer Höhe, seine gesamte Armspanne nutzend, von der einen in die anderen Kanne, um einen Schaum zu produzieren, der im Glas dann auf dem bitteren Sud steht, als handele es sich um ein frisch gezapftes Pils.

Die Runde von Alou war politisch, sein Grin nannte sich »Kurukan Fuga«, nach der Menschenrechtscharta des Mali-Reiches. Der Name stand für Patriotismus und für Kritik am gegenwärtigen System. Wir saßen in einer Gasse aus roter Erde, ein paar Lehrer, ein Philosoph, ein Bäcker, ein Soldat, und diskutierten über die Rolle des Geldes in der Politik. Um uns herum führte das Quartier seine frühabendliche Routine auf. Rechts brieten Frauen Fisch, links baute sich ein ambulanter Schneider auf, die ratternde Maschine auf dem Rücksitz seines Fahrrads. Eine Händlerin stellte sich mit ihrem plärrenden Radio eine Weile mitten in unsere Gruppe, damit die Männer ihr Rasierschaumangebot begutachteten.

Wenn man in Bamako nach dem Authentischen sucht, dann ist es am ehesten ein solcher Moment. Das gleichmütige Nebeneinander von Handlungssträngen, ohne dass jemand eine Priorität erzwingt. Wie eine Bühne, auf der mehrere Stücke zugleich gespielt werden. Ich empfinde diese Parallelität als Zeichen einer großen Toleranz, als ein Gewährenlassen, das europäischer Kultur eher fremd ist. Für uns ist ein solches Nebeneinander verwirrend und anstrengend. Der malische Regisseur Abderrahmane Sissako hat diese Parallelität in seinem Film *Bamako* kunstvoll in Szene gesetzt: Mitten im Familientrubel eines Lehmgehöfts macht die malische Zivilgesellschaft der ungerechten Weltordnung den Prozess. Sie verklagt die Institutionen des Westens, die Weltbank und den Internationalen Währungsfond, weil sie Mali ihre neoliberale Politik aufzwangen.

Bamako wurde auf Festivals in Europa gezeigt – außerhalb Malis haben mehr Menschen den Film gesehen als in Mali. In Bamako gibt es kein einziges Kino mehr; der letzte Saal, normalerweise verschlossen, konnte für eine einzige Sondervorführung geöffnet werden, doch die Eintrittskarten waren zu teuer. Früher waren die Kinos staatlich, dann wurden sie unter dem Druck jener westlichen Institutionen, die der Film anklagt, privatisiert, verkauft, in Kaufhäuser umgewandelt. Mali hat erstklassige Regisseure hervorgebracht, sie finden nur heute kaum noch einen Raum, der nicht den Gesetzen des Profits unterworfen wäre.

Für die Anwohner des Viertels, wo *Bamako* gedreht wurde, gab es eine Vorführung auf der Straße. Mehr davon ließen wiederum die Filmrechte nicht zu, die bei europäischen Geldgebern lagen. All diese Umstände illustrierten mit einer fast unheimlichen Präzision genau jene Weltordnung, von der der Film handelte.

Jeden Abend gegen sechs Uhr wird die Luft in der Stadt beißend. Nun wird auf Tausenden von kleinen Holzkohlefeuern das Abendessen gekocht, in der Millionenstadt kaum anders als auf dem Dorf. Und während das Essen kocht, bietet es sich an, auch gleich den Abfall zu verbrennen. Die Dämmerung färbt den Himmel in apokalyptischer Schönheit, das Rosa durchzogen von schwarzen Streifen. Jeder Atemzug schmerzt.

Bamako ist in jeder Hinsicht eine Hauptstadt der Armut, und doch ist es keine Stadt des Elends. Der Unterschied bemisst sich nicht an einem Geldbetrag, sondern am sozialen Leben, an der Organisation der Gesellschaft – ich halte diesen Unterschied für zentral, um Mali zu verstehen. Die Malier tun viel dafür, nicht zu verelenden. Es gibt in Bamako kaum Obdachlose, obwohl immer neue Zuzügler vom Land kommen und obwohl aus Willkür und Profitgier Menschen aus ihren Häusern und von ihren Parzellen vertrieben werden.

Sogar während Malis schlimmster Krise, als der Norden des Landes von bewaffneten Gruppen besetzt wurde, empfing mich Bamako mit einem Gleichmut, der zugleich irritierte und beruhigte. In den Schlagzeilen der Weltpresse war Mali zu jener Zeit ein Land, das in Gewalt und Chaos versank. Vor dieser dröhnenden Kulisse wirkte das reale Mali erstaunlich still.

Die Hauptstadt beherbergte Zigtausende Flüchtlinge aus dem besetzten Norden, doch sie waren wie unsichtbar. Kein Lager, keine Slums, und selbst jetzt kaum Obdachlose. Dass es so war, das lag an Menschen wie dem Karrenmann. Ein dünner Kerl in einem gleichfalls dünngewaschenen Hemd; er verdiente seinen Lebensunterhalt, indem er die Waren anderer Leute auf einem Handkarren transportierte. Abends um zehn Uhr standen plötzlich Flüchtlinge in seinem finsteren Hof. Entfernte Verwandte aus dem Norden, sie hatten nicht einmal angerufen. Und waren trotzdem sicher, willkommen zu sein. Die vorher zehnköpfige Familie des Karrenmanns war nun eine zwanzigköpfige. Und immer noch nur der Handkarren. Der Mann lief abends, wenn er den Karren am Markt angekettet hatte, oft hundemüde eine halbe Stunde zu Fuß nach Hause, um das Fahrgeld für den Minibus einzusparen. Unaufhörlich wuchsen seine Schulden; als er mir davon erzählte, deutete er auf seinen Rücken, als lägen sie dort.

Ich begriff in diesem Moment, welch ungeheure Anstrengung sich hinter dem Gleichmut verbarg. Zweihunderttausend Flüchtlinge waren im Land so untergekommen wie beim Karrenmann. Die Malier taten alles, um sich selbst, ihre Familien und letztlich das Land irgendwie in einer Balance zu halten, in einem ärmlichen Gleichgewicht. Das Symbolbild dieser Krise war für mich nicht der Vermummte mit Kalaschnikow, sondern eine Schüssel mit Essen, in die immer mehr Hände griffen.

Als im besetzten Norden zeitweise kein Bargeld mehr vorhanden war, gaben die Verwandten in Bamako den Fahrern von Überlandbussen Geldbündel mit, die von Familienangehörigen bei der Ankunft abgeholt wurden. Es waren solche Netzwerke persönlichen Vertrauens, die das Land vor dem Zerfall bewahrten. Nie schmeckte die Luft in Mali nach *failed state*, nach einem gescheiterten Staat. Schlimmes zu verbergen entspricht malischer Kultur – das ist die andere Seite. Eine malische Familie gibt ungern zu, wie schlecht es ihr geht. »Kein Leiden«, so lautet die Standardantwort, die in einer Grußformel der Nationalsprache Bamanankan täglich dutzendfach wiederholt wird.

Bamako ist eine Hochburg des Informellen, das gilt nicht etwa nur für die Arbeit und den Kleinhandel, mit dem viele auf eine Weise überleben, die uns unbegreiflich ist. Die Stadt selbst ist zu einem Großteil Improvisation; zwei Drittel der Hauptstadtbewohner leben in Vierteln, die »spontan« genannt werden, weil sie fernab aller Stadtplanung entstanden sind. Bamako ist rasch gewachsen, von sechshundert Einwohnern vor einem guten Jahrhundert auf nun fast zwei Millionen. Und als hätten sich alle Volksgruppen abgesprochen, ihre Leute Delegierten gleich in die Stadt zu schicken, so ist Bamako heute ein ziemlich exaktes Spiegelbild der Ethnien ganz Malis.

Wie es in der Kolonialzeit zugegangen ist, das kann man sich anhand eines Zahlenbeispiels vorstellen. 1936 lebten in der Stadt einundzwanzigtausend Malier und siebenhundertfünfzig Franzosen. Deren Quartiere machten die Hälfte der Stadt aus, mit Cafés, Kinos, Clubs, einer Rennbahn – und asphaltierten Straßen. Erst nach dem Ende des Zweiten Weltkriegs haben die Malier diese von ihnen gegründete Stadt gewissermaßen erneut in Besitz genommen. In der letzten Phase der Kolonialzeit reifte eine neue Schicht wohlhabender einheimischer Händler heran, und die Einwohnerzahl verdoppelte sich binnen weniger Jahre.

Wer damals nach Bamako zog, verstand sich als Muslim und trennte sich von seinen älteren traditionellen Glaubensgewohnheiten, wenn auch womöglich nie ganz. Die Zugehörigkeit zum Islam brachte überhaupt erst die nun keimende städtische Gesellschaft hervor, in der die ethnische Herkunft nicht mehr bestimmend war. Die Religion verband alte und neue Viertel, Eingesessene und Neuankömmlinge, sie nivellierte allmählich althergebrachte Statusunterschiede und schwächte die Heiratsbestimmungen für die sogenannten Kastenangehörigen ab.

Zu unserem heutigen Bild vom Islam mag es nicht passen, diese Religion als eine dynamische Kraft sozialer Veränderung zu sehen. Doch in Bamako hat der Islam entscheidend dazu beigetragen, dass überhaupt erst jene öffentliche Sphäre entstand, die heute typisch ist für die Stadt und ihre Kultur.

Es handelt sich um eine moderne Urbanität in der Hülle der Ländlichkeit – eine Moderne ohne Asphalt. Das beste Beispiel hierfür sind die Hochzeiten. Sie aufwendig zu feiern, das begann bereits um 1945 herum. Es gab nun immer mehr interethnische Ehen, das heißt: Die Familien kannten einander vorher nicht. Und außer den nächsten Verwandten wurden nun andere Gäste wichtig, Nachbarn, Freunde, Kollegen. Im Lauf der Jahrzehnte hat sich der Stil der Hochzeitsfeiern immer wieder gewandelt; wenn sich heutzutage an jedem Sonntag die Konvois der Feiernden kreuzen, dann kann man einen erstaunlichen Mix der Moden und der kulturellen Vorbilder besichtigen. Da trifft malisches Mittelalter auf europäische Brautmode, Telenovela und globalisierter Konsum paaren sich mit islamischen Sitten.

Um all das von innen zu erleben, an einem typischen Sonntag in Bamako, begleitete ich eine Griotin. Adam Koyaté war siebenundzwanzig, sie trug den ältesten und bekanntesten Griot-Namen. Alle Vorfahren väterlicherseits waren Griot gewesen; ihr Vater praktizierte nicht mehr, dafür aber ihre Mutter. Adam hatte nach alter Sitte einen Gatten aus einer Griot-Familie, aber auch der praktizierte nicht. Das passte zum Trend: Was früher ein Status war, in der Regel für einen Mann, das wird im 21. Jahrhundert eine bezahlte Tätigkeit und eine Domäne der Frauen.

Adam sang eigene Kreationen und klassisches Repertoire. Sie ging, wie an diesem Sonntag, nur auf Hochzeiten, zu denen sie formell eingeladen war. Bei einem derartigen Engagement bekam sie von der gastgebenden Familie vorher eine Liste mit den Namen der wichtigsten Personen, die sie dann »visierte«, sängerisch anspielte mit ihren Lobliedern. Was diese Person verpflichtete, Adam etwas zu geben, einen kleinen Schein, tausend westafrikanische Franc, etwa anderthalb Euro.

Schmeicheleien zu singen, das ist am einfachsten, wenn es sich um die Palette der bekanntesten Familiennamen handelt. Heißt jemand Keita, dann wird alles über den Reichsgründer Sundjata hervorgeholt. Bei den Namen Traoré und Coulibaly stehen Helden jüngerer Zeitrechnung bereit: Widerstandskämpfer gegen die französische Kolonialmacht. So kann sich der blasseste und bedeutungsloseste Bürger für einen Moment als Teil einer stolzen Vergangenheit fühlen.

Die Moderne hat das Griotentum umgekrempelt, aber das Bedürfnis der Malier, sich einer Tradition zu versichern, ist ungebrochen – zumal in jenem Augenblick des Lebens, wenn sie sich anschicken, einen neuen Zweig der Familie zu schaffen.

Vor dem Rathaus von Djikoroni, einem Stadtbezirk Bamakos, drängten sich um neun Uhr morgens die Angehörigen zahlreicher Familien, dazwischen jede Menge Mopeds für die späteren Hochzeitskonvois. Dreißig Trauungen stehen hier jeden Sonntag an, und dies ist nur eines von vielen Rathäusern der Stadt. Ich blieb Adam dicht auf den Fersen. Aufrecht, groß und schlank stand sie im Gewühl, eine eckige Handtasche aus türkisfarbenem Lackleder unterstrich ihre professionelle Ausstrahlung. Ich begleitete keinen Paradiesvogel, sondern eine junge Geschäftsfrau. Ihre langen glatten Haare waren unecht, doch passten sie zu Adams zurückhaltender Eleganz. Sie war hier zum Arbeiten, nicht zum Vergnügen. Mit routiniertem Blick suchte sie nach den Leuten, die auf ihrem Vorbereitungszettel standen. Hatte sie jemanden gefunden, begann sie sofort laut zu singen. Die Lippen vorgewölbt wie ein Lautsprecher, eine Hand Achtung gebietend in der Luft. Die Familien beider Brautleute hießen Haidara, da gab es viel zu erzählen, bis zurück zum Propheten. Wir schoben uns allmählich vor zum Eingang des Rathauses. Hier drängelte sich schon die billige Konkurrenz: Griotinnen, die ohne Einladung kamen, sich flüsternd nach dem Familiennamen erkundigten und gleich losschmetterten. Eine Frau fuhr auf ihrem Moped bis zum Rathauseingang, schob ihre Sonnenbrille in die Stirn und begann zu singen, ohne abzusteigen.

Ein Griot-Junge, anscheinend geistig behindert, visierte mich, er war schmutzig, trug kaputte Plastikschuhe und sang mir laut ins Gesicht, bis ich ihm einen kleinen Schein gab. Einmal anvisiert, war es schwer, sich zu entziehen. Ich wurde regelrecht umzingelt, und wenn ich Augenkontakt zuließ, war ich bereits eine Beziehung eingegangen. Auch Adams Mutter war da, sie visierte mich und pries meine tapferen französischen Vorfahren. Jemand flüsterte ihr etwas zu, und sie wechselte mitten in der Zeile zur deutschen Tapferkeit.

Das Brautpaar verließ das Rathaus, beide trugen europäische Mode. Die füllige Braut ganz in Weiß, schulterfrei, mit großem wallenden Dekolletee; eine Wolke von Tüll, bis zum weißen Tüll-Blumenstrauß, den sie die folgenden Stunden umklammert hielt. Tüll war Standard bei Bamako-Hochzeiten, zahllose Brautstudios lebten davon. Der Bräutigam, ein Buchhalter, trug einen schlecht sitzenden weißen Nadelstreifenanzug, schwarzsilberne Krawatte zum schwarzen Hemd. Auch die Lider der Braut waren schwer von Silber, und das Gesicht so heftig gepudert, dass es einer chinesischen Maske ähnelte. Alle Freudinnen der Braut hatten diese maskenhaften Gesichter; es war die Mode der Saison.

Abfahrt zum Haus der Brauteltern. Der Vater dieser so westlich ausstaffierten Frau war ein wohlhabender Religiöser, ein Marabut; das mehrstöckige Haus stand direkt am Niger. Drinnen wurde die *Fatiha* gesprochen, das Eröffnungsgebet aus dem Koran. Zur religiösen Bekräftigung wischte man sich mit den Händen über das Gesicht. Adam hatte die Hände gerade voller Geldscheine und wischte sich ebenso. Tamburinspieler hauten wie rasend auf kleine Trommeln, die sie unter dem Arm hielten; manche waren noch Kinder. Auch sie visierten Einzelne, meistens Frauen, geübt der Blick, bei wem es sich lohnen könnte. Es war verblüffend, wie schnell das Trommelfeuer eine Frau zum Portemonnaie greifen ließ.

Die Freunde des Bräutigams stellten sich vor der Kulisse des Niger zum Gruppenfoto auf. Es waren fünfzehn, alle trugen die gleiche schwarzsilberne Krawatte wie der Bräutigam, dazu weißes Hemd und schwarze Hose. Zum Foto aufgebaut sahen sie aus wie eine College-Klasse. Es war der Grin, die Teerunde des Bräutigams. Abfahrt des Konvois, vorneweg das Brautpaar im Leih-Mercedes, silbermetallic, mit Tüllschleifen geschmückt wie bei einer türkischen Hochzeit in Berlin. Hupend rasten wir über holperige Lehmstraßen zum Elternhaus des Bräutigams, ein bescheideneres Heim. Ich quetschte mich hinter Adam in ein brechend volles Zimmer, ein Hexenkessel von Griotinnen und Trommlern, brütend heiß, fast dunkel.

Konvoi zur dritten Station, das Haus eines Quartier-Imams, ein Verwandter. Hier wurde es ärmlich. Der ganze Zug stolperte eine steile Treppe hinauf, die älteren Griotinnen quälten sich, ich sah ihre geschwollenen Beine. Die Braut saß mit ihrem wallenden Dekolletee neben dem Imam auf einem Sofa, er gab ihr halblaut Ratschläge fürs Eheleben. Die Ratschläge waren, allem westlichen Tüll zum Trotz, sehr malisch: Du musst deinen Mann morgens immer vor allen anderen grüßen! Dann wurde wieder gebetet.

Die letzte Station war eine Open-Air-Diskothek, ein Jugendzentrum, der Programmpunkt hier hieß »Eröffnung des Balls«. Der Bräutigam trug seine füllige Tüllbraut über die Schwelle in den Hof. Ein herzförmiger Hochzeitskuchen wurde zum Fotografieren präsentiert, und aus den Boxen dröhnte Diskomusik. Dagegen konnte Adam nicht anschreien. Ihre geblümten Stoffpomps waren verstaubt, zum ersten Mal am heutigen Tag zeigte die Griotin Erschöpfung. Es war dreizehn Uhr, sie war seit vier Stunden singend im Einsatz.

Endlich machte das Paar die sogenannte Balleröffnung, beide mimten ungelenk zwei, drei Schritte Paartanz; so zu tanzen ist in Mali nicht üblich. Die Umstehenden klatschten rhythmisch und riefen »Küssen, küssen!«, auch das ein Import; Liebespaare küssen sich in Mali nicht öffentlich. Jemand schleppte eine Kinderbadewanne voll rosa Krabbenchips heran; die waren nun wiederum chinesisch. Danach folgte noch ein Mopedkonvoi, mit Fotostopps an Denkmälern, wo schon andere Hochzeitspaare für Fotostopps standen, doch Adam winkte ab: Das brachte nichts ein, die Jungen auf den Mopeds hatten kein Geld.

Am lukrativsten waren die Nachmittage, wenn die Frauen unter sich feierten. Feste, bei denen es ausgelassen zuging, waren zunehmend Frauensache. Männer hielten dies wohl für unvereinbar mit ihrem Ruf. Ältere weibliche Verwandte des Brautpaares bezahlten Griotinnen, Musiker, Videofilmer. Und die Frauen sonnten sich, wie es einst nur die Männer taten, in Schmeicheleien. Für die Veranstalterinnen der Feste wiederum hatten die beträchtlichen Ausgaben noch einen anderen Zweck. Sie erwarben Ansehen, knüpften neue Beziehungen, stärkten ihre sozialen Netzwerke. Das war eine Investition in die Zukunft, eine Vorsorge für dunklere Tage.

Es gibt heute Griots, die jeden Job annehmen, sogar wenn eine Behörde bloß einen Ausrufer für eine Gesundheitsaktion braucht. Sie ähneln dann tatsächlich »Schreiern«, wie die Portugiesen sie einst abfällig nannten. Malier, die Wert auf Tradition legen, sehen die zunehmende Käuflichkeit der Griots mit Trauer. Manche sagen: Sogar jemand, der bekannt ist dafür, dass er große Summen unterschlagen hat, könne sich heute von einem Griot lobpreisen lassen. Einst geachtet als Moralist stelle sich der Griot heute in den Dienst derer, die ihm am meisten böten. So verkommen ist gewiss nicht der ganze Berufsstand, aber anders als früher sind die Griots in ihren ethischen Entscheidungen oft auf sich selbst zurückgeworfen. Als sie noch Motor und Garant des Gemeinschaftslebens waren, wurden sie von dieser Gemeinschaft gestützt und beschützt. Heute muss der Einzelne, der Griot, die Griotin, individuell einen Weg finden, auf dem sich die Würde wahren lässt. Ich fragte Adam Koyaté, ob sie sich von einer korrupten Familie engagieren lassen würde. Sie antwortete: »Wenn ich weiß, dass die Leute korrupt sind, gehe ich nicht hin. Ich möchte nur Familien mit gutem Ruf. Denn ich habe selbst einen Ruf zu verlieren.« Ein schmaler Grat.

An jedem Samstagmorgen treffen sich in einem Außenbezirk von Bamako die Opfer von Vertreibungen: Menschen, die ihr Haus verloren haben, weil sie der Stadtplanung im Weg waren oder weil ein gieriger Politiker ein Auge auf ihr Grundstück geworfen hat. Oft sind Gemüsegärten von Frauen im Visier: Sie liegen dicht am Niger, begehrtes Bauland für die Villen von Neureichen. Die

Frauen, manche sind Witwen, hatten dort Gemüse für den Markt angebaut, nun stehen sie mittellos da. Das Netzwerk der Vertriebenen nennt sich »Union zur Verteidigung der Rechte der Rechtlosen«, es ist eine der größten malischen Vereinigungen.

Unter einem Wellblechdach, von Baumstämmen gehalten, saßen Frauen und Männer in einer bemerkenswerten Anordnung. Im äußeren Kreis die Jüngeren auf blauen Eisenstühlen, in der Mitte die Älteren auf Bodenmatten. Sie waren die Mitglieder eines »Rats der Weisen«, ausschließlich männlich. Die Union der Rechtlosen war ein Dachverband von hundertdreißig Vereinen, und jeder Verein, der mindestens ein Jahr lang dabei war, durfte einen Delegierten in den Rat der Weisen schicken.

Die Rechtlosen hatten gewissermaßen eine doppelte Struktur, eine moderne und eine traditionelle. Vorstand, Geschäftsführer, Aktivisten, das waren die Jüngeren, sie hatten Schulbildung, kooperierten mit Anwälten, brachten Fälle vor Gericht und luden die Videos von Demonstrationen bei YouTube hoch. Für die Autorität an der Basis, in den traditionellen Milieus von Quartieren und Dörfern, gab es den Rat der Weisen. Von ihnen war zu billigen, was die Jüngeren taten.

Man hatte mir einen Eisenstuhl neben dem Vorstandstisch gegeben. Von unseren Plätzen sahen wir auf den Rat der Weisen hinunter. Das wäre jedoch eine falsche Beschreibung, ein kulturelles Missverständnis. Die Alten auf den Bodenmatten waren die Hauptpersonen. Ihr Status schlug sich nicht, wie in feineren Kreisen, in Kleidung nieder; niemand trug den sogenannten *Großen Bubu*, ein mehrlagiges, möglichst noch gewachstes Gewand. Die Weisen auf den Matten trugen dünne gemusterte Stoffe, und ihre Füße waren verschorft.

Die Versammlung begann mit einem Gebet: Gott möge die Union der Rechtlosen segnen. Wer konnte, bezahlte ein Tagungsgeld, umgerechnet fünfzehn Cent. Dann trug der Sekretär einen Finanzbericht vor, und ein Weiser auf der Matte rief nach jeder Zahl ein bekräftigendes *Naam*, Ja! Er rief es mit lauter Stimme, es war eine Art gesprochene Unterschrift.

Mein Blick fiel auf ein handgeschriebenes Plakat, ein Gedicht erinnerte an den Tod eines Aktivisten der Union. Er war, so erzählte man mir, auf einer Versammlung in den Hals geschossen worden, der Täter liefe frei herum, er sei ein Verwandter eben jener Lokalpolitiker, die zum eigenen Profit die Häuser der Armen zerstören ließen.

Unter den Vertriebenen, deren Schicksale ich mir später in Einzelgesprächen erzählen ließ, beindruckte mich am meisten ein kleiner, zierlicher Herr mit ebenmäßigem Gesicht und sanftem Lächeln. Der zweiundsiebzigjährige Boyiri Traoré vertrat neunundzwanzig Familien, die beim Bau von Bamakos größtem Stadion ihre Häuser verloren hatten. Seit dreizehn Jahren warteten die Familien auf eine Entschädigung.

Damals waren ihnen neue Häuser versprochen worden, sie sollten nur »fürs Erste« in Zelte ziehen. Die Vertriebenen weigerten sich, denn sie ahnten, was kommen würde. »Es war gerade Regenzeit«, erinnerte sich Boyiri, »es regnete heftig, aber wir setzten alles daran, aus dem Material unserer zerstörten Häuser gleich wieder etwas aufzubauen. Wir wollten an Ort und Stelle auf unserem Recht bestehen und die Stellung halten.« Irgendwann mussten sie aufgeben. Die versprochenen neuen Häuser gab es nie.

Dreizehn Jahre für eine Entschädigung kämpfen: Wie kam es, dass die Familien nicht aufgegeben hatten? Sie fielen den Verwandten, bei denen sie einquartiert waren, zur Last; schon deshalb kam es nicht infrage, zu resignieren. Doch war dies keineswegs der einzige Grund für die erstaunliche Ausdauer.

Der Faktor Zeit spielt in Mali eine Rolle, die ich erst allmählich begriff. Eine Erklärung bekam ich durch den Arbeiter einer Goldmine, der mit dreihundert Kumpels gegen die unrechtmäßige Entlassung nach einem Streik kämpfte – seit acht Jahren schon. Manchmal hatten sie etwas Geld, um den Rechtsstreit weiterzutreiben; wenn sie keines hatten, blieb alles liegen.

Soziale Auseinandersetzungen erstreckten sich häufig über lange Zeiträume. Mali hatte die schöne Fassade eines Rechtsstaats, es gab durchaus Gesetze, die den Schwachen nutzten – nur mussten sie es schaffen, an ihre Rechte heranzukommen, sie einzuklagen. Das ging nicht ohne Geld, nicht ohne jenes Einkommen also, das ihnen die erlittene Willkür zuvor genommen hatte.

Aufgrund der stets prekären Lebensbedingungen sieht die malische Art und Weise, ein Ziel zu verfolgen, oft anders aus, als wir es aus Europa gewohnt sind. Zielstrebigkeit ist bei uns schnell, gradlinig und sichtbar. In Mali hingegen kann Zielstrebigkeit eine lange, gewundene Linie sein, die abschnittsweise gar nicht mehr zu sehen ist. So wie bei den Migranten, die manchmal vier, fünf, sechs Jahre unterwegs waren, bevor sie in Europa ankommen. Zielstrebigkeit heißt Geduld und Ausdauer.

Die Vertreibungen in Bamako waren die städtische Variante einer Praxis, die in Afrika als *land-grabbing* bekannt geworden ist: Angestammte Nutzer werden von ihrem Ackerland verdrängt, meist durch Großinvestoren. Auch das gibt es in Mali: Mehr als eine halbe Million Hektar Land soll an ausländische Investoren verpachtet worden sein, sei es für Biosprit, sei es für den Reis auf den Tellern reicher arabischer Nationen. Nicht immer wurden dabei Menschen vertrieben, aber man sollte die Größenordnung begreifen: eine halbe Million Hektar, das entspricht in Mali den Feldern von mehr als hunderttausend bäuerlichen Familienbetrieben.

Die Union der Rechtlosen war ein Netzwerk, das Stadt und Land verband. Manchmal gelang es den Aktivisten, für einen vertriebenen Bauern einen Sieg bei einer Behörde oder einem Gericht zu erringen. Die Nachricht verbreitete sich dann wie ein Lauffeuer in den Vereinen der Rechtlosen. Die Jungen brachten sie zu den Alten mit den verschorften Füßen. Und für einen kurzen Moment fühlten sich alle als vollwertige Bürger ihres Landes.

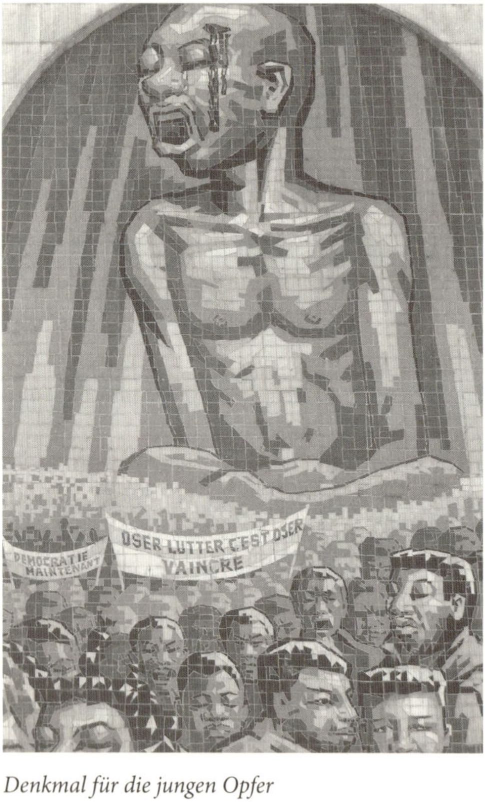

Denkmal für die jungen Opfer
der Demokratiebewegung, 1991

3.
Die falsche Demokratie
Eine Parabel

An einem Märzmorgen des Jahres 2012 bedurfte es nur weniger Schüsse und ein System klappte zusammen, das westliche Beobachter noch am Vortag als stabile Demokratie bezeichnet hatten. Ist das möglich? So wurde diese Geschichte oft erzählt: Mali, eine Modelldemokratie, fällt aus heiterem Himmel unter die Räuber, putschende Militärs, grausame Islamisten, und in der nächsten Szene kommen dann französische Spezialkräfte und machen dem Spuk ein Ende.

Eine typische Geschichte aus Afrika, wo die Katastrophe bekanntlich immer nur eine Handspanne entfernt ist. Und wo Ereignisse keine rationalen, nachvollziehbaren Erklärungen haben. Zuvor hatte bei uns kaum jemand Mali gekannt, nun wussten plötzlich alle Bescheid.

Als ich mich zum ersten Mal im Land aufhielt, fünf Jahre vor Ausbruch der Krise, war es zunächst eine Kleinigkeit, die mich am Etikett »Modelldemokratie« zweifeln ließ. Viele Malier trugen bunte Baumwollgewänder mit dem Slogan einer politischen Partei; solche Stoffe wurden zu bestimmten Anlässen, etwa vor Wahlen, billig auf den Markt geworfen. Wenn ich jemanden auf seine Kleidung ansprach, schaute er verwundert an sich hinunter: Oh, was steht denn da? Viele konnten die Slogans nicht lesen, die sie am Leib trugen. Oder die Buchstaben waren ihnen schlicht gleichgültig – es hätte da auch Nivea stehen können oder Maggi.

Der Politikbetrieb war für diese Menschen etwas sehr Fernes. Das begann bereits mit der Sprache. Nahezu alles wurde auf Französisch verhandelt, auch im Parlament. Das schloss neun von zehn Maliern aus. Wie kann man sich mit einer Demokratie identifizieren, die in einer Fremdsprache daherkommt?

Ich sah Wahlhelfer, die schlafend auf die abgewetzten Schultische der Wahllokale gesunken waren, weil so lange niemand kam. In Bamako, der Politik am nächsten, war die Wahlbeteiligung besonders niedrig, manchmal lag sie nur bei fünfzehn Prozent. Die glänzenden Allradwagen der Politiker waren kaum von denen der Entwicklungshelfer zu unterscheiden. Politiker werden, das bedeutete aus Sicht der Bevölkerung: sich an die Fleischtöpfe heranmachen.

Mein Eindruck war damals, dass sich die meisten Malier in dieser vermeintlichen Modelldemokratie wie Statisten fühlten. Zwischen der Außensicht auf das Land und der Binnensicht bestand eine gewaltige Kluft. Und für das Mali-Bild in westlichen Medien und Ministerien war anscheinend völlig unerheblich, was die Leute im Land empfanden. Die Malier hatten keine Mitsprache über das Etikett, das ihrem Land angeheftet wurde. Die Gebildeten, die sich dessen bewusst waren, fanden das demütigend und reagierten mit Zynismus.

Und dann kam die große, die sichtbare Krise. Sie begann nicht mit den Schüssen an jenem Märzmorgen, sie begann einige Monate zuvor, als die NATO half, den libyschen Herrscher Gaddafi zu stürzen. Hatte wirklich niemand darüber nachgedacht, was beim chaotischen Sturz eines wohlhabenden, hochgerüsteten Regimes passiert, wenn sich in seiner Nachbarschaft ein Gürtel bitterarmer Länder befindet? Waffen und männliche Gewaltbereitschaft gingen auf Reisen. Tuareg, die als Soldaten und Söldner Gaddafis gedient hatten, trafen wie eine kleine Armee in wüstenfesten Pick-ups im Norden Malis ein. Mali, das Land ihrer Väter und Mütter, das Land früherer Rebellionen und Traumata.

Die Männer, die nun kamen, kannten nur Kampf und Krieg. So begann eine neue Rebellion. Das Wort trifft eigentlich nicht, es war eher ein regionaler Feldzug, schnell und mit guten Waffen und – wie man später wissen würde – von Frankreichs damaligem Präsidenten Nicolas Sarkozy ermuntert. Paris, beim Luftkrieg in Libyen führend, pflegte seit Langem enge Beziehungen zu Tuareg-Milizen.

Die Soldaten der maroden malischen Armee, die den Tuareg entgegengeworfen wurden, mit sparsam abgezählter Munition, waren hoffnungslos unterlegen. Weil sie ihre Männer nicht länger verheizen wollten, meuterte eine Handvoll Unteroffiziere – daraus wurde dann an jenem Märzmorgen ein ungelenker Coup. Denn es geschah, womit die Soldaten, der Ranghöchste ein bloßer Hauptmann, selbst nicht gerechnet hatten: Staatschef Amadou Toumani Touré flüchtete Hals über Kopf aus dem Präsidentenpalast, Bamakos Politikbetrieb klappte zusammen wie ein Kartenhaus.

Später würde es heißen, der Putsch habe in der Luft gelegen. Da ist etwas dran – und es waren Frauen, die ihn dorthin gelegt hatten. Um sie zu treffen, fuhr ich nach Kati, ein Städtchen vor den Toren Bamakos, gelegen auf einem Plateau. Klare Luft, keine Abgase. Eine weitläufige Garnison beherrscht das Stadtbild, das war schon in der Kolonialzeit so. Kati war jetzt das Synonym für die Putschisten, hier residierte der Hauptmann, der den Präsidenten gestürzt hatte. Nur waren es eben nicht die Männer, die sich in Kati zuerst erhoben, sondern die Frauen.

Madame Djeneba Keita, fünfundvierzig, war die Inkarnation dessen, was in Mali respektvoll *femmes militaires* genannt wird: Soldatenwitwe, Soldatenmutter und Präsidentin der Vereinigung der Soldatenfrauen. Gewichtige Statur, kommandierendes Wesen. Eine Perücke täuschte kurze glatte Haare vor, die Augenbrauen waren breit gemalte Striche, und sogar die winzigen Zehennägel ihrer dicken Füße funkelten in Metallicrot angriffslustig auf dem Teppich ihres Wohnzimmers.

»Unsere Kinder«, sagte Madame Keita und meinte die Armee, »unsere Kinder starben im Norden wie die Fliegen.« Als ein Video kursierte, das gefangene Soldaten mit durchgeschnittenen Kehlen zeigte, rief Madame Keita zum Kampf. Die *femmes militaires* marschierten, ganz in Weiß gekleidet, erst zur Kommandantur, Tage später dann auf den Hügel des Präsidentenpalasts; sie erzwangen ein Gespräch mit dem Staatschef. Der dritte Marsch war angesetzt – diesmal nackt. Nackt zu demonstrieren, das ist für afrikanische Frauen die letzte Waffe in höchster Not. Alle Schamgrenzen außer Kraft zu setzen ist die schlimmste Anklage, die sich denken lässt. »Das ist wie eine Verwünschung«, erklärte Madame Keita. »Dann sind die Männer fertig, am Ende. Ihre Macht ist desavouiert. Dann kann der Präsident nur noch durch die Hintertür verschwinden.«

Der Putsch kam der Verwünschung zuvor. Die Frauen konnten darauf verzichten, ihre letzte Waffe zu ziehen. Sie hatten, wie so oft in Mali, auf dem hinteren Teil der Bühne eine wichtige Rolle gespielt, während vorne nur Männer zu sehen waren.

Das Entscheidende bei diesem Putsch war indes etwas anderes: Kaum jemand verteidigte den geflohenen Präsidenten, die gestürzte Regierung. Dem Volk war der Zusammenbruch des Systems keine Träne wert. Viele waren sogar erleichtert, fühlten sich wie befreit – alles konnte nur besser werden!

Malis Demokratie war eine Fassade gewesen, und nur wer von der Fassade profitiert hatte, verlangte jetzt ihre sofortige Wiedererrichtung: die politische Klasse, die Politiker von Bamako. Wir werden ihnen später wieder begegnen, den Leuten mit den glänzenden Wagen und den Konten im Ausland. Nach vielen Monaten der Krise werden sie wieder auftauchen, am selben Platz auf der alten Bühne. Die Bankrotteure neu eingekleidet, als Zukunft Malis, unter dem Applaus des Westens.

Dies ist also die Parabel von einer falschen Demokratie. Ein Lehrstück, das nicht allein Mali betrifft. Es handelt davon, dass die westliche Definition von Demokratie – Wahlen, Parlament, Parteien – ungenügend ist. Dass sie Trugbilder hervorbringen kann, politische Systeme, die wir selbst nie akzeptieren würden, doch für die Ansprüche von Afrikanern sollen sie reichen.

Wie aber können andere, bessere Antworten aussehen? Das ist die große, noch unbeantwortete Frage hinter der malischen Krise. Wie entsteht in armen Ländern eine Demokratie, die ihren Namen verdient, weil sie der Bevölkerung hilft, sich für ihre Interessen zu organisieren und ihre Machthaber zu kontrollieren?

Es hatte alles so gut begonnen in Mali, vor mehr als zwei Jahrzehnten. Damals erkämpften sich die Malier ihre Demokratie, sie waren bereit, dafür zu sterben. Auch damals, 1991, war gerade März. Es war, nach dem Ende des Kalten Kriegs, die Zeit des Afrikanischen Frühlings.

Die Straßen sind voll mit demonstrierenden Schülern und Studenten. Die jungen Mädchen zeigen zu jener Zeit noch Bein, viele tragen knielange Röcke, die Haare der jungen Männer sind nicht wie heute kurz rasiert. Massen von Menschen sind zu sehen, hüpfende Kinder, doch kaum Transparente – dafür haben Malier kein Geld. Die Luft ist schwer vom Staub, aufgewirbelt von Zehntausenden Füßen auf ungepflasterten Straßen. Drei Tage lang halten die Demonstrationen an, es ist die letzte, entscheidende Welle, ein Wendepunkt in der jüngeren Geschichte der Nation.

Seit Monaten haben sich die Proteste aufgebaut wie eine Gewitterfront. Das Land erträgt die Militärregierung nicht mehr; sie ist seit dreiundzwanzig Jahren an der Macht, seit dem Sturz des ersten Präsidenten Modibo Keita. In Bamako verlangt die neue Bewegung Freiheit und ein besseres Leben: höhere Löhne, ein Ende der Pressezensur, Demokratie. Richter und Anwälte marschieren in Robe für eine unabhängige Justiz. Die Staatsmacht schließt die rebellierenden Schulen, Gewerkschaften erklären unbegrenzten Generalstreik. Der Protest greift auf andere Städte über, Straßenkämpfe brechen aus. Zuerst antworten Steine auf Tränengas, dann fliegen Molotowcocktails. Und dann wird scharf geschossen.

Kleine Kinder halten ihren Müttern, die verletzt auf der Straße liegen, Blechtassen mit Wasser an die Lippen – zwanzig Jahre später werden aus den arabischen Ländern Bilder von ähnlicher Dramatik kommen. Auch in Mali sprach man damals von einer »Revolution«. In Bamako entstand der Freiheitswille viel früher als in Kairo, Tunis und Damaskus, und er entstand nicht über Nacht. Die erste Untergrundzeitung erschien bereits 1978, sie trug den patriotischen Titel *Sundjata*, nach dem Gründer des

Mali-Reichs. Eine Gruppe junger Leute, die sich »die Verrückten der Demokratie« nannten, begehrte als erste auf gegen das Meinungsmonopol der regierenden Einheitspartei. Junge Händler folgten ihrem Beispiel. Ein Studentenführer starb unter der Folter. Missliebige Lehrer wurden in ein Gefängnis in der nordmalischen Wüste verbannt.

Und nun, am dritten Tag der März-Revolution, liegen zweihundert Tote auf den Straßen; die Armee hat auf das Volk geschossen, auf die Kinder des Volkes. Viele Tote sind Schüler. In weiße Tücher gewickelt liegen sie auf Bambusbahren, werden von ihren Altersgenossen in dichter Menge hoch über den Köpfen getragen. Das ist der Wendepunkt. Vier Tage später stürzt die Militärregierung.

Es gibt eine Schönheit des Augenblicks, wie ein Land ihn im Lauf seiner Geschichte nicht häufig erlebt. Wenn alle Beteiligten über sich hinauszuwachsen scheinen. Ein solches Ereignis waren im Juli und August 1991 die Tage der Nationalkonferenz. Tausendfünfhundert Delegierte saßen im Kulturpalast von Bamako im großen Saal, der den Namen von Banzoumana Sissoko trug, jenem blinden Griot, der die Nationalhymne komponierte: »Die Felder blühen von Hoffnung. Die Herzen beben vor Zuversicht …«

Nun blühte sie wieder, die Hoffnung, zum zweiten Mal seit den frühen Jahren der Unabhängigkeit. Die tausendfünfhundert Delegierten kamen aus zivilgesellschaftlichen Vereinigungen, aus der Armee, aus neu gegründeten Parteien, Künstler saßen neben Imamen und Gewerkschaftern. Vertreten waren auch Tuareg, die sich gerade wieder in einer bewaffneten Rebellion gegen den Zentralstaat erhoben hatten. Nun hofften sie, die neue Demokratie werde für sie ein Ende der Repression und mehr Selbstbestimmung bedeuten.

Die Konferenz einigte sich in nur fünfzehn Tagen auf eine neue Verfassung, auf ein Wahlgesetz und eine Charta für die politischen Parteien. Derartige Nationalkonferenzen gab es damals noch in acht weiteren westafrikanischen Staaten; alle hatten sich gerade von autoritären Regimen befreit. Die ganze Bevölkerung darin einzubeziehen, die Grundlagen der neuen Republik auszuhandeln, das war ein genuin afrikanisches Instrument – eine Art Dorfversammlung auf höchster Ebene. Doch nur in Benin und in Mali hatten die Entscheidungen der Konferenz längerfristig Bestand.

Ein Foto jener Tage aus Bamako zeigt eine Warteschlange von Menschen in einem Saal vor einem Mikrofon. Der Redner vorne wendet sich zu den Wartenden um, er schimpft offensichtlich, weil sie ihm in den Rücken drängeln. Sie stehen tatsächlich dicht an dicht, pressen sich fast aneinander, so groß ist das Bedürfnis zu sprechen. Keiner von ihnen trägt einen westlichen Anzug, keiner hält ein Blatt Papier. Hier steht tatsächlich die Basis, das Volk.

Die neue Verfassung schreibt Meinungs-, Presse- und Vereinigungsfreiheit fest. In ihrem Text schlägt sich nieder, was viele in den Reihen der Nationalkonferenz zuvor erlebt haben: »Niemand darf der Folter oder anderen Behandlungen unterworfen werden, die inhuman, grausam oder entwürdigend sind. Jedes Individuum, jeder Staatsbeamte, der sich solcher Handlungen schuldig macht, sei es aus eigenem Antrieb oder auf Befehl, wird nach dem Gesetz bestraft.«

Am Referendum über die Verfassung beteiligt sich dann jeder zweite erwachsene Malier, fast alle stimmen mit Ja. Selbst im aufrührerischen Kidal, der Heimat aller Tuareg-Rebellionen, werden nur sechzehn Nein-Stimmen gezählt. Der Wunsch nach Autonomie ist für den Moment verdrängt durch Vertrauen in die neue Demokratie.

Dieser Aufbruch ist die Urszene des demokratischen Mali, an die heute mit Nostalgie oder mit Verbitterung erinnert wird. Und dieser Aufbruch ist, was die handelnden Personen betrifft, die politische Quelle, aus der alle stammen – all jene Gebildeten und Frankophonen, die heute Rang und Namen haben, in der Politik, in den Redaktionen, in der Zivilgesellschaft. Sie kennen einander, sind einander verbunden in Freundschaft oder Feindschaft.

Die Kluft zwischen dem hoffnungsvollen Beginn 1991 und dem späteren Niedergang dieser Demokratie ist jedoch enorm. Es ist, als hätte eine ganze Generation versagt. Ist das möglich? Und was wären die Gründe dafür?

Issa Ndiaye schien mir der richtige Mann, um diese Fragen zu beantworten. Ndiaye ist Professor der Philosophie und ein radikaler Kritiker der politischen Verhältnisse. Er war damals von Anfang an dabei; saß zuerst unter der Militärdiktatur im Gefängnis, erkämpfte dann mit den anderen die Wende, wurde in der ersten demokratischen Regierung Minister für Bildung und Kultur – und verließ schon nach zwei Jahren die Politik, weil sie ihm zu schmutzig wurde. Hatte der Niedergang wirklich so früh begonnen?

Ndiaye wollte mich im Kulturpalast treffen, dem historischen Ort der Nationalkonferenz am rechten Ufer des Niger. Der Weg dorthin führt über die Märtyrerbrücke, benannt nach den Opfern der März-Revolution. Jeden Tag wälzt sich der Hauptstadtverkehr an einem Denkmal vorbei, das an die Schüler von 1991 erinnert. Ein schreiender Junge, aus dem Kopf blutend, erhebt sich über eine Menschenmenge, davor eine Skulptur, eine Mutter betrauert ihr sterbendes Kind. Auf einer Mauer gegenüber stehen die Namen der Toten und eine Inschrift: »Wir haben die Tyrannei der Privilegien zerbrochen …«

Das Denkmal und die Schrift an der Mauer haben etwas Allgemeingültiges, greifen über Mali hinaus. »Im Gedenken an die Völker und die Menschen im Kampf für Freiheit«. Ähnlich wie zur Zeit der Unabhängigkeit glaubten die Malier auch an der Schwelle der demokratischen Ära, dass ihr Handeln Strahlkraft für andere hat und dass sie selbst Teil einer größeren Emanzipationsbewegung sind.

Der Kulturpalast war ein gelblicher Betonkomplex in einem vertrocknenden Park. Der Name stammte aus einer Zeit, als Kultur ein nationales Anliegen war, staatlich gefördert. Hier entstand der gute Ruf malischer Musik, lange bevor es Weltmusik-Labels und Europa-Auftritte gab. Es war bezeichnend für Issa Ndiaye, dass er mich nicht in einem schicken Café, sondern an diesem Ort treffen wollte. Er kam in einem kleinen, alten Wagen, ein Ex-Minister ohne Privilegien. Wir setzten uns an einen klebrigen, von Fliegen bedeckten Tisch.

Ich kannte Ndiaye nur durch seine Texte; er schrieb ein geschliffenes Französisch, radikal, pathetisch und unerbittlich. Eingestellt hatte ich mich auf einen unzugänglichen Gesprächspartner. Der Mann, der mir nun gegenüber saß, überraschte mich jedoch durch seine leisen Töne und seine Melancholie. Er sezierte die Verhältnisse nicht nur, er litt an ihnen.

»Auf der Straße«, begann er, »gab es damals einen populären Slogan: *Kokajyè*, Säuberung! Aber genau das ist nicht passiert. In vielen Regierungsapparaten blieb nach dem Ende der Diktatur das alte Personal. Die ganze Schuld wurde dem Diktator und seiner Frau zugeschoben. Die neuen demokratischen Politiker schreckten vor einem tatsächlichen Bruch mit dem alten System zurück. Sie begnügten sich damit, es zu beherrschen.« Ndiaye zögerte einen Moment. »Für mich war bereits 1993 sichtbar, dass alles in die falsche Richtung lief. Die Korruption, die es schon vorher gab, sank nicht etwa, sondern sie stieg. Demokratie wurde als Laisser-faire verstanden. Nach der enormen Euphorie kam für viele eine enorme Enttäuschung. Die Engagiertesten wurden beiseitegedrängt. Einige begannen zu trinken, andere zogen sich in die Religion zurück. Ich kenne manche, die in die Moschee gingen und quasi nie wieder herauskamen.«

Ndiaye hatte zu den Gründern von Adema gehört, der »Allianz für die Demokratie in Mali«. Das war zunächst ein Bündnis von Gruppen, die im Untergrund gegen die Diktatur gekämpft hatten. Weil deren Unterstützer vor allem aus dem Schul- und Gesundheitssektor kamen, hatte Adema nach der Wende rasch ein Netz im ganzen Land und konnte später die öffentliche Verwaltung zugunsten der eigenen Leute beeinflussen. Für die nächsten zwei Jahrzehnte blieb Adema die einzige Partei, die in ganz Mali vertreten war. Und doch entwickelten ihre Mitglieder nie eine gemeinsame politische Identität; die Partei blieb ein bloßes Gehäuse zum Politikmachen, ein Sprungbrett für Karrieren. Spötter übersetzten das französische Kürzel des Parteinamens später so: »Allianz der Übeltäter für die Zerstörung Malis«.

Ich fragte Ndiaye, wie es geschehen konnte, dass die Hoffnungsträger so schnell gefallene Engel wurden. Der Professor sah mich durch seine Brille lange an und sagte: »Ich habe mir diese Frage unzählige Male gestellt. Dieselben Menschen, die der Diktatur heroisch Widerstand geleistet hatten, erlagen später der Verführung der Macht und des Geldes. Ich habe darauf keine Antwort.«

Ndiaye lehrte an der Universität. Ab und an wurde ihm ein Regierungsposten angeboten; mancher wollte sich gern schmücken mit dem als integer bekannten Professor. Ndiaye lehnte jedes Mal ab. »Ich will mich nicht an einer Parodie von Demokratie beteiligen«, sagte er. »Die Parteien machen ihre Programme aus Textbausteinen; es gibt keine Debatten, kein inneres Leben, nur persönliche Ambitionen. Und das hat über die Parteien hinaus alles Politische diskreditiert. Wenn es uns nicht gelingt, zu neuen kollektiven Antworten zu kommen, wird die Gesellschaft zerfallen.«

Ich verstand, was Ndiaye mit seiner düsteren Anspielung meinte: Nach der Enttäuschung über die Demokratie hatte sich Argwohn verbreitet und eine Angst vor neuerlichem Betrug. So gut wie niemand, der im Namen der Bevölkerung zu sprechen behauptete, genoss wirklich deren Vertrauen.

»Mali steht heute an einem Wendepunkt«, sagte Ndiaye zu mir, als wir uns verabschiedeten. »Das westliche Demokratiemodell hat Mali und die Malier ärmer gemacht. Wir brauchen ein Modell, das uns dient, das Afrika dient und nicht dem Westen.«

Beh je fanga, so wird Demokratie in der Nationalsprache Bamanankan ausgedrückt. Wörtlich heißt das: »die Macht für uns gemeinsam«. Für die Masse der Malier hat Demokratie zunächst nichts mit einem Parteiensystem zu tun, und viele haben bis heute nicht verstanden, wozu eine politische Partei gut sein sollte – was angesichts des realen Zustands der Parteien nur zu verständlich ist. Wenn von einer Partei die Rede ist, wird typischerweise gefragt: »Die Partei von wem?« Als handele es sich um eine Familie mit einem Chef, der die Seinen versorgt. Und das ist oft nicht fern der Realität.

In Europa sind weltanschauliche Parteien parallel zur Industrialisierung entstanden. Die Sozialdemokratie ist dafür das beste Beispiel: Ihre Entwicklung spiegelte die Geschehnisse in einer neuen Arbeitswelt, die Herausbildung sozialer Klassen und deren Interessen, aus denen sich dann weiterreichende Visionen ableiteten. So wurden Parteien über längere Zeiträume hinweg zu Trägern geistig-politischer Strömungen. Heute verwischen sich solche Charakteristika immer mehr, doch aufgrund ihrer früheren Geschichte werden Parteien bei uns vorerst noch als Organisatoren politischen Willens akzeptiert.

Einen vergleichbaren Nährboden hat es in Afrika nicht gegeben. Im Einzelfall wurde zwar auch hier eine Partei, etwa der südafrikanische African National Congress, zum Symbol historisch bedeutsamer Kämpfe. Doch in vielen Ländern, so auch in Mali, fehlte schlicht die Anlaufzeit, um glaubwürdige Formationen mit alternativen Programmen entstehen zu lassen.

Zu den wenigen seriösen Antworten auf die Frage, was sich Afrikaner unter Demokratie vorstellen, gehören die Befunde von »Afrobarometer«, einem Instrument politischer Meinungsforschung, an dem sich Sozialwissenschaftler aus achtzehn afrikanischen Ländern beteiligen. Acht Jahre lang wurden in diesen Ländern fünfundzwanzigtausend Bürger repräsentativ befragt, und zwar in einer von ihnen selbst gewählten Sprache, nicht nur in den Kolonialsprachen. Nur etwa sechs Prozent der Befragten verbanden mit Demokratie in erster Linie ein Mehrparteiensystem. Genannt wurden stattdessen: Schutz vor Willkür, Gerechtigkeit, persönliche und gesellschaftliche Freiheit.

In Mali vervielfachten sich die Parteien nach 1991 zunächst durch eine Welle von Spaltungen, meist entlang persönlicher Loyalitäten oder Zerwürfnisse. Die Spaltprodukte gingen dann wiederum vor den nächsten Wahlen untereinander taktische Bündnisse ein, häufig ohne erkennbare inhaltliche Logik. Zeitweise gab es mehr als hundertfünfzig Parteien. In einem Gewirr von Formationen ähnlichen Namens (Koalition für Mali, Sammlungsbewegung für Mali, usf.) kann sich der Wähler tatsächlich nur am Namen des *patron*, des Chefs, orientieren.

Solange die materiellen Ansprüche all dieser Politklans bedient wurden, gab es, von Ausnahmen abgesehen, im Parlament keine Opposition – es wurden im Wortsinn alle ruhig gestellt. Und darin brachte es jener Mann zur Meisterschaft, der im März 2012 Hals über Kopf aus dem Präsidentenpalast flüchtete: Amadou Toumani Touré, in Mali nur ATT genannt. Er verteilte nicht einfach Geld, sondern Zugänge, das heißt Posten, auf denen der Amtsträger sich und die Seinen selbstständig bereichern konnte. So wurde der Staat von innen ausgehöhlt, bei gleichzeitiger Abwesenheit jeglicher Kontrolle durch eine Opposition. Mali hatte gewissermaßen wieder eine Einheitspartei.

Westliche Beobachter und auch manche Malier nannten diesen Regierungsstil »konsensual«, auf Übereinstimmung beruhend. Das war schon deshalb falsch, weil von einer tatsächlichen Übereinkunft in den politischen Absichten gar keine Rede war. Eher handelte es sich um eine Bande, die ihre Beute aufteilte und deshalb zusammenhielt. Ein echter Konsens würde bedeuten: Alle werden mitgenommen. Hier aber bereicherte sich eine kleine Minderheit, die politische Klasse, auf Kosten der großen Mehrheit.

Die Verwirrung um den Begriff Konsens scheint mir politisch gewollt. Gewiss wird von den meisten Maliern ein Politikstil bevorzugt, der eher auf Ausgleich als auf Konfrontation setzt. Aber es gibt keinerlei Grund, die Privatisierung der öffentlichen Kassen durch habgierige Politiker als genuinen Bestandteil malischer oder afrikanischer Kultur anzusehen. Der Ökonom Albert Tévoédjrè aus Benin hat Korruption einmal »den Bruch eines Sozialvertrags« genannt. Das war vor vierzig Jahren, aber sein Wort hat nichts von seiner Gültigkeit verloren.

An ihrer Wut auf die Methoden der politischen Klasse lassen einen viele Malier teilhaben. Und doch war es so einfach, sie immer wieder hinters Licht zu führen. Denn wenn es Menschen an politischer Bildung mangelt, dann können selbst ihre schönsten Eigenschaften ein Einfallstor für Betrug sein. Im Fall der Malier ist es die ausgeprägte Leidenschaft für ehrenhaftes Auftreten, für *bella figura* und Fair Play, die dazu führt, bloßen Äußerlichkeiten aufzusitzen.

So war es in diesem Fall: Als nach Malis schwerer Krise zum ersten Mal wieder ein Präsident gewählt werden sollte, bekamen alle siebenundzwanzig Kandidaten im Staatsfernsehen nicht etwa nur die gleiche Sendezeit für ein Interview, sondern jedem wurden die exakt gleichlautenden und betont neutralen Fragen gestellt. Der Moderator begann also tatsächlich siebenundzwanzig Mal so: »Warum wollen Sie Präsident der Republik werden und was ist Ihre Motivation?« Kritische Fragen waren nicht vorgesehen, mit ihrer Verantwortung für die zurückliegende Krise wurden die Politiker nicht konfrontiert. Entscheidend war allein die strikte Gleichbehandlung. So wurde den Zuschauern versichert: Seht her, wie schön demokratisch es zugeht!

Kritiker werfen den Politikern gern *Fadenya* vor, ein Begriff aus der polygamen Familienwelt. *Fadenya* heißt wörtlich »die Kinder des Vaters« und spielt auf das Konkurrenzverhalten von Nachkommen an, die denselben Vater, aber verschiedene Mütter haben: Sie konkurrieren um Status und Erbe. Der Begriff wird als Synonym verwandt für einen übersteigerten Egoismus, unter dem die Gemeinschaft leidet.

Der Gegensatz dazu heißt *Badenya*, wörtlich »die Kinder der Mutter«. Damit ist der friedliche Zusammenhalt derer gemeint, die nicht um einen Status konkurrieren müssen. *Badenya* steht für Gemeinschaftsverträglichkeit, für Respekt vor dem Gemeinwohl. Wer die Habgier der politischen Klasse angreift, wirft ihr einen Mangel an *Badenya* vor.

Es illustriert die Atmosphäre in diesem geschichtsbewussten und konservativen Land, dass die Berufung auf malische Werte eine Waffe ist, der sich die herrschende politische Klasse ebenso bedient wie ihre Kritiker. Ich sprach darüber mit Isaie Dougnon, einem Ethnologen der jüngeren Generation an der Universität Bamako. »Seit Beginn der Demokratie gab es immer einen Widerspruch zwischen dem Gerede über kulturelle Werte und der tatsächlichen Ausübung von Macht – nämlich durch Korruption und durch die Unterdrückung der Schwachen«, sagte er. »Die politische Elite hat sich über die internationale Hilfe hergemacht, und mit der anderen Hand feierte sie die malische Kultur, um ihre Herrschaft zu legitimieren.«

Dougnon hielt nichts davon, gegen die Verkommenheit der politischen Klasse nun die wahren malischen Werte hochzuhalten. »Dieser ganze Konservatismus bringt uns nicht voran«, sagte er. »Nehmen Sie mein eigenes Beispiel aus dem universitären Milieu. Jemand wie ich, der die Dinge gern beim Namen nennt, gilt als einer, der die Alten, die Autoritäten, nicht respektiert. Man stellt eine Frage an alle, aber wenn die Alten gesprochen haben, ist es das letzte Wort. Wenn ich dann sage: Aber ich bin weiterhin anderer Meinung, dann gelte ich als Rebell. Diese Einstellung behindert jegliche Kreativität.«

Dougnon hatte viel Auslandserfahrung; womöglich fiel es ihm deshalb leichter, für einen Befreiungsschlag zu plädieren. »Die Demokratie hat Übel hervorgebracht, die sich nicht mit unseren traditionellen Werten bekämpfen lassen«, meinte er. Das soziale Kapital, auf das viele so stolz seien, habe versagt, weil die Malier zu sehr auf friedlichen Ausgleich orientiert seien. Nun brauche es Konfrontation, Opposition und bessere Institutionen.

Auf die eine oder andere Weise ringen heute sämtliche Intellektuellen Malis mit dieser Frage: Wie steht es um die Substanz unserer Gesellschaft und welche Ressourcen können wir mobilisieren für eine bessere Zukunft? Es wurde viel geschrieben in den Monaten der Krise. Nicht von denen, die in politischer Verantwortung waren und am meisten Anlass zur Selbstkritik hatten. Verstört waren die anderen, die keine Macht hatten, und nun fassungslos mitansahen, wie wehrlos und gedemütigt ihr Land war.

Ein junger Wissenschaftler gab seinem melancholischen Essay sogar den grundstürzenden Titel »Comment être Malien?« Wie Malier sein? »Ich fühle mich nicht mehr als Malier, gerade weil ich Mali liebe, seine Gesetze, seine Geschichte, seine Sprachen und seine sozialen Prinzipien. Ich fühle mich nicht mehr als Malier, weil diejenigen, die keinen Respekt für die Werte des Landes haben, viel mehr Vorteile genießen als jene, die diese Werte leben und von jeher praktiziert haben.«

Eine Fassadendemokratie ist nicht einfach eine schlechte Demokratie, sondern sie hat tatsächlich potemkinsche Züge. Da wird gepinselt und gewerkelt, um Dinge vorzutäuschen, die in Wirklichkeit nicht existieren. Etwa der Kampf gegen Korruption.

Nach kanadischem Vorbild hat Mali das Amt eines obersten Rechnungsprüfers eingerichtet, eines Generalrevisors, den jeder Bürger anrufen kann. Er verfasst einen jährlichen Bericht an den Staatspräsidenten und das Parlament. Ich hatte Gelegenheit, der Präsentation eines derartigen Berichts beizuwohnen. Danach wusste ich: Die malische Öffentlichkeit war bestens über das Ausmaß der Korruption unterrichtet.

Mehr als hundert Milliarden westafrikanische Francs, etwa hundertfünfzig Millionen Euro, waren in jenem Jahr vom Staat unterschlagen, missbraucht oder fehlgeleitet worden. Das entsprach siebzig Prozent aller staatlichen Gehälter, schrieb die Zeitung *Les Echos* und sprach von »volksfeindlichem Vampirismus«. Im Erziehungsministerium nahm die Korruption jedem malischen Schulkind quasi ein Buch vor der Nase weg. Das Bergbauministerium verbuchte an einem einzigen Tag den Ankauf von Tee mit Zucker für knapp siebzehntausend Euro – an einem arbeitsfreien Sonntag, wie malische Journalisten recherchierten. Teebeutel heißen in Mali schlicht *Lipton*; *Lipton* wurde nun ein Codewort für Korruption. Von den ausländischen Hilfsgeldern verschwand schätzungsweise ein Drittel in den Kanälen von Lipton.

Der Bericht stammte von Sidi Sosso Diarra, er hatte das Amt des obersten Rechnungsprüfers sieben Jahre lang inne. Diarra war ein in Frankreich ausgebildeter Ökonom und hatte bei großen Wirtschaftsprüfunternehmen wie Arthur Anderson gearbeitet. Weil er sein Amt ernst nahm, geriet er bald in einen Strudel von Diffamierungen; er wurde gar selbst der Korruption beschuldigt. Die US-Botschaft in Bamako schrieb in einer vertraulichen Mitteilung nach Washington: »Mali hat Übung darin, für die internationalen Geber neue Institutionen zur Korruptionsbekämpfung aufzubauen und sie später stillschweigend zu unterminieren.« So viel Klarheit war nicht für die Öffentlichkeit bestimmt. Dank Wikileaks weiß man nun, wie intern geredet wurde.

Der Rechnungsprüfer Diarra sagte über seine Enthüllungen, sie würden nur die Spitze des Eisbergs zeigen. Sein Urteil war hart: »Korruption und schlechtes Management haben fast jeden Fortschritt zunichtegemacht, den wir seit der Unabhängigkeit erreicht haben. Es gibt hier eine Handvoll Leute, die ein Niveau von Reichtum erreicht haben, der in einem Land wie dem unseren undenkbar ist. Und so lange Straflosigkeit die Regel ist, werden wir davon niemals loskommen.«

Über den ersten Präsidenten der demokratischen Phase, den fleißigen Denkmalerbauer Alpha Oumar Konaré, hieß es in Bamako, er habe ein Dutzend Milliardäre fabriziert. Wer in der einheimischen Währung Milliardär genannt wird, ist in Euro immer noch ein Multimillionär. Unter dem nächsten Präsidenten, Amadou Toumani Touré, habe man die Superreichen schon nicht mehr zählen können, sagte Diarra. »Und das ganze Vermögen verlässt das Land, es geht nach China, Frankreich, Amerika.«

Jeder Diplomat, jeder Entwicklungshelfer, der Bamako von innen kannte, kannte auch das Ausmaß der Korruption. Doch wurde davon wenig gesprochen – um Malis Status als Modelldemokratie nicht zu gefährden.

Danièle Rousselier, eine französische Schriftstellerin, war Außenseiterin im diplomatischen Korps. Vermutlich zählt sie deswegen zu den wenigen, die uns einen Blick durch das Schlüsselloch gestatten, einen Blick auf den internen Umgang mit der Gier. Aus ihrer Zeit als Kulturattachée an Frankreichs Botschaft in Bamako beschrieb sie für die französische Tageszeitung *Libération* nachstehende Episode. Der malische Kulturminister, frisch im Amt, präsentierte ihr ein Projekt von angeblich archäologischer Bedeutung: Es ging um die Renovierung einer Moschee in der nördlichen Stadt Gao, seinem Wahlkreis. Dafür wollte er sechzigtausend Euro. Madame Rousselier weigerte sich; es schien ihr klar, dass der Minister nur seine Wählerschaft »bewässern« wollte. Aus Höflichkeit berief sie sich ihm gegenüber auf technische Regeln der Mittelvergabe, die sein Projekt nicht erfülle.

Da der Mann weiter insistierte, arrangierte sie schließlich für ihn ein Essen in der Botschaft, wo er von höchster Stelle, also dem Botschafter, ein definitives Nein hören sollte. Doch beim Dessert geschah das genaue Gegenteil: Der Botschafter sicherte seinem malischen Gegenüber fröhlich die geforderte Summe zu. Zur Begründung hieß es später: »Keine andere Wahl«. Offenbar war das System Eine-Hand-wäscht-die-andere bereits zu eingespielt. Überflüssig zu erwähnen, dass die Moschee in Gao noch lange auf ihre Renovierung wartete.

»Wir waren Komplizen eines räuberischen Staates«, schrieb Rousselier. Kostspielige Festivals, bei denen offiziell malische Kreativität gefeiert wurde, hätten nur dazu gedient, »diversen Apparatschiks der französischen Kulturwelt während des langen Pariser Winters einen Aufenthalt in der Sonne zu ermöglichen«. Es gibt ohne Zweifel weitaus gravierendere Fälle von Komplizenschaft, höhere Summen, wichtigere Projekte, wenn es um Rohstoffe, um Land und um Telefonnetze geht. Nur werden uns diese Geschichten kaum von den direkt Beteiligten erzählt.

Viele Malier merkten auf, als ein ehemaliger Gesundheitsminister vor Gericht gestellt wurde. Er stand im Verdacht, internationale Hilfsgelder zur Bekämpfung von Aids und Malaria unterschlagen zu haben. Eine obszön hohe Summe war in seinem Ministerium verschwunden, dreizehn Millionen Euro. Die Hilfsgelder wurden deswegen zeitweise ausgesetzt. Und doch wurde der Ex-Minister freigesprochen; er profitierte, so hieß es, von einer schlampig geführten Untersuchung des Sachverhalts. Auch Malis Justiz ist unterhöhlt von Korruption.

Ich ging zum Haus dieses Mannes, der dafür verantwortlich war, dass malischen Kindern die Moskitonetze vorenthalten wurden und Aidskranken die Medikamente. Das Haus stand in der Cité du Niger, einer Neureichensiedlung von Politikern: cremefarbene Luxusvillen, beschnittene Bäumchen. Die Innenausstattung der Häuser war containerweise aus Europa gekommen, bis zu den Steckdosen. Ich stand vor dem Haus des ehemaligen Ministers und fragte mich, wie die Malier diese Straflosigkeit ertrugen. In anderen Ländern, viel weniger arm, fliegen in solchen Fällen Steine und Barrikaden brennen. Hier war es geradezu bestürzend friedlich.

Und doch gibt es Gewalt, haarsträubende Gewalt – wenn ein Moped gestohlen wird. Eines dieser chinesischen Mopeds, von denen Bamako voll ist, weil sie billig sind. Billig genug, um den Kaufpreis ansparen zu können durch harte Arbeit, der einzige erfüllbare Traum im Leben eines jungen Mannes, einer jungen Frau. Und dann kommt ein Dieb, er nimmt den Traum, und die Rache ist furchtbar, wenn er nicht schnell genug damit fliehen kann. Er wird gelyncht, kollektiv, von den Zeugen seiner Tat. Weil es unverzeihlich ist, ein hart erarbeitetes Eigentum zu stehlen.

Ich dachte an dieses grausame Gesetz der Straße, als ich vor den Villen der Cité du Niger stand. Wenn ein Armer dem anderen Armen etwas stiehlt, muss er dafür womöglich mit dem Leben bezahlen. Wer das Tausendfache stiehlt, es der Gemeinschaft stiehlt, bleibt unbehelligt.

Nicht weit von der Cité du Niger steht das Studio von Radio Kledu, einem Privatsender; es gibt mehr als hundertfünfzig solcher freier Radiostationen im Land. In Bamako ist Radio Kledu der beliebteste Sender, wegen seines Muts und seiner politischen Unabhängigkeit. Dieses Image geht vor allem auf einen Moderator zurück, Hamidou Diarra. (Mit dem Rechnungsprüfer Diarra ist er nicht verwandt, wenngleich ihre Ziele ähnlich sind.)

Hamidou Diarra wird »der Drache« genannt, weil er furchtlos ist und weil er am Mikrofon Feuer speit. Zu Beginn jeder Sendung steigert er sich in ein rhythmisches, atemloses Schreien hinein: »Guten Tag, ihr korrupten Politiker! Guten Tag, ihr Diebe der öffentlichen Kassen! Guten Morgen, ihr Arbeitsscheuen!«

Seit mehr als einem Jahrzehnt macht der Moderator sein Programm, seine Sendung ist Kult, die ambulanten Verkäufer von Piratenkassetten schneiden Diarra heimlich mit und verkaufen ihn auf dem Markt. Ich traf ihn nach einer Sendung. Der Fünfundvierzigjährige war ein ungeduldiger Raucher und ein ernster, fast düsterer Moralist. Seinen Stil hatte er aus malischen Volksliedern entwickelt, aus Liedern, die loben oder tadeln. »Diese Lieder sind klar, schwarz oder weiß, so muss es sein«, erklärte er mir. »Ich hasse Lüge und Betrug, ich will klar sein, direkt.« Die Egoisten, die Ehrlosen, die Betrüger aufrufen »und für ihr Benehmen der Gesellschaft gegenüber würdigen«, so beschrieb er mir das Prinzip seiner Sendung.

Meist nennt er keine Namen, seine Hörer verstehen auch so, wer gemeint ist. Sie wussten es auch an jenem Morgen, als er die Ausgaben der Gattin des Staatspräsidenten geißelte. Die Entführer kamen gleich nach der Sendung, verschleppten Diarra an den Stadtrand, schlugen ihn bewusstlos, ließen ihn im Gebüsch liegen. Später drängten sich seine Fans vor dem Krankenhaus, und als Diarra wieder auf Sendung war, diskutierte er mit den Hörern live über das Verbrechen. Die Täter blieben unbehelligt. Diarra sammelte selbst Indizien, aber kein Gericht mochte sich der Klage annehmen.

Nach unserem Gespräch fuhr Diarra in einem Auto davon: Ein reicher Fan hatte es ihm geschenkt, nach dem Angriff. Damit der Moderator künftig besser geschützt war. Die Entführer hatten ihn vom Moped gerissen.

Im Jahr 2006 erschien eine zweibändige Enthüllungsschrift über den Präsidenten ATT, sie trug den französischen Titel *ATT-cratie*. Ein malisches Autorenkollektiv, das sich hinter dem Namen »Die Sphinx« verbarg, schilderte darin im Detail diverse

Wirtschaftsskandale und Machenschaften des Präsidenten und seiner Entourage. Im Vorwort appellierten die Autoren eindringlich: »Mali kann nicht mehr warten ... Und wir als Republikaner wünschen nicht, dass der Bruch brutal wird.« Das war die Warnung vor einem Putsch – sechs Jahre, bevor er dann geschah.

Ich habe mich oft gefragt, warum alle Warnungen so wenig beachtet wurden. Gewiss: ATT verstand es, Leute für sich einzunehmen, wenn er mit wehendem hellblauen Bubu und breitestem Lächeln in Paris oder Berlin auf Staatsbesuch war. Ein General, so ganz unmilitärisch.

»Soldat der Demokratie« war er genannt worden, damals, 1991, in der März-Revolution: Als Kommandeur der Präsidentengarde hatte er den Sturz der verhassten Militärregierung beschleunigt und dann, obwohl Held des Augenblicks, die Macht nicht für sich selbst gewollt, sondern der jungen Demokratie vorbildlich den Steigbügel gehalten. Erst zehn Jahre später, 2002, kam er zurück in die Politik.

Von seinem guten Ruf zehrte ATT im Ausland noch, als er ihn in Mali längst verloren hatte. Aber war das wirklich der Grund, zu übersehen, dass der Mann im hellblauen Bubu nun für Wahlfälschung, Korruption und Vetternwirtschaft stand? Eher ging es hier um Geopolitik: Die ATT-Regierung galt als westlich, als Verbündeter, und das war zentral, als nach dem Anschlag auf das World Trade Center der Antiterrorismus zur Priorität westlicher Außenpolitik wurde. Ob Mali von innen verrottete, war vergleichsweise nebensächlich. Das Land war ein Musterschüler, was die Vorgaben der Weltbank betraf, privatisierte brav, zahlte seine Schulden ab – kurz: Mali war ein gefügiger kleiner Partner, obendrein muslimisch, in einer strategisch wichtigen Zone. So sahen es nicht nur die Sahel-Strategen der Europäischen Union. Die USA hielten bis zum letzten Augenblick besonders eng an ATT fest – sie hofften, von Mali aus ihren Einfluss in der Region ausdehnen zu können, auch ihren militärischen.

Tatsächlich war diese Art von Realpolitik kontraproduktiv. Denn Mali fiel eben nicht aus heiterem Himmel unter die Räuber. Al-Qaida-nahe Kräfte, ursprünglich aus Algerien kommend, hatten schon seit einem Jahrzehnt ihre Basislager in der nordmalischen Wüste, einem weiten, kaum kontrollierbaren Raum. Immer wieder wurde die Freilassung westlicher Geiseln, auch wenn sie anderswo gekidnappt wurden, in Mali ausgehandelt und abgewickelt. Europäische Staaten zahlten Lösegelder, die sich auf eine dreistellige Millionensumme addierten. International operierende Djihadisten wurden so eine gewaltige ökonomische Kraft in Malis Norden, unvorstellbar reich in einer Welt von Ziegen und Eseln.

All dies wurde durch das Regime des Präsidenten im hellblauen Bubu begünstigt: Die *bad governance*, so schädlich für ganz Mali, hatte im Norden besonders schlimme Folgen; Klima, Geographie und multiethnische Struktur machen die gesellschaftliche Balance hier besonders empfindlich. ATT förderte mafiöse Strukturen, spielte dabei zwei Minderheiten gegeneinander aus, Araber gegen Tuareg. Arabische Milizen wurden vom Staat bewaffnet, bekamen freie Hand, sich im Drogenschmuggel zu bereichern. Und der Präsident profitierte vermutlich selbst von Einnahmen aus Lösegeldern und Drogenhandel.

Das war die Modelldemokratie, der heitere Himmel.

Tuareg-Separatisten und Djihadisten hatten leichtes Spiel, als sie die Städte Nordmalis besetzten. Armee, Polizei, Beamte liefen davon, der Staat haute einfach ab. In Bamako war die Fassadendemokratie zusammengefallen, im Norden lief der Staat davon. Natürlich hatte beides einen inneren Zusammenhang.

Es würde noch lange dauern, bis der Staat in den Norden zurückkehrte. In Bamako hingegen sind die Politiker emsig bemüht, schnell eine neue Demokratie auf die Beine zu stellen, die der alten verteufelt ähnlich sieht. Auch der Westen treibt zur Eile: Ein Staat, in den militärisch interveniert wird, braucht eine legale Regierung, braucht Wahlen, ein Parlament. Nun fließen auch die Hilfsgelder wieder.

Jeden Abend sitzen in den Nachrichten des Staatsfernsehens Malier wie Musterschüler an den Tischen von Workshops und

Seminaren. Der Ton variiert dazu die Stichworte »Partizipation, Ausbildung, Aufklärung, Frauen« – die Endlosschleife eines Gefälligkeitsdiskurses gegenüber den externen Geldgebern. Dazwischen taucht ein weißes Gesicht auf; der Gesandte von X, die Botschafterin von Y verspricht mehr Hilfe für Partizipation, Ausbildung, Aufklärung, Frauen.

»Gefälligkeitsdiskurs«, das ist ein Wort, das ich erst in Mali kennengelernt habe. Genauso wie »vorauseilender Gebergehorsam«. Hässliche Worte. Sie stammen von denen, die selbst in der Entwicklungshilfe arbeiten und ihre Wirkmechanismen von innen kennen. In der Parabel von der falschen Demokratie hat Entwicklungshilfe ihren Platz. Nicht allein weil die Menge an Geldern Korruption fördert; das ist ein Gemeinplatz, wenn damit schlicht ein materieller Verlust gemeint ist. Es gibt noch einen anderen Schaden, er ist psychologischer Natur: ein Verlust an Selbstachtung, den die Betroffenen oft sehr genau spüren.

Ich wäre früher nicht auf den Gedanken gekommen, dass Korruption und Entwicklungshilfe diesbezüglich ähnliche Folgen haben. Bis ich in Mali eine Reihe von Gemeinsamkeiten beobachtete: Wie die Korruption offeriert die Entwicklungshilfe Gelder in einer Größenordnung, die völlig aus dem Kontext malischer Normalität gerissen scheint. Diese Gelder haben so wenig mit den hart verdienten kleinen Summen des malischen Alltags zu tun, dass auch die ethischen Normen dieses Alltags leichter außer Acht gelassen werden können. Wie bei der Korruption kommt ein Malier an Gelder der Entwicklungshilfe, indem er etwas tut, was er üblicherweise nicht täte. Zum Beispiel Frauen in den Gemeinderat wählen, obwohl es doch genug Männer gäbe. Als eine Entwicklungshelferin Frauen in einem Dorf ermuntern wollte, sich neue Ziele zu stecken, fragten die Bäuerinnen ohne Umschweife: »Wofür zahlt ihr denn?«

Wenn ein Projekt der Entwicklungshilfe scheitert, ist dies keine Katastrophe, ganz anders als im normalen malischen Leben, wo jedes Scheitern aufgrund der prekären Lebensverhältnisse die ganze Familie in den Abgrund reißt – und Risiken deshalb sorgsam abgewogen werden müssen. Wie leichthändig die Organisationen der Entwicklungshilfe über ein Scheitern ihrer Programme hinweggehen, das unterstreicht nur, dass es doch legitim ist, an solche unbehütet herumliegenden Summen heranzukommen, egal wie.

Gewiss haben Entwicklungshelfer der malischen Demokratie häufig genutzt, wo es Strukturen zu stärken oder erst zu schaffen galt, etwa beim Aufbau von Kommunen und Basisjustiz, wovon ich später berichten werde. Aber ich frage mich, ob die Hilfe nicht in gleichem Maße schadet und Emanzipation verhindert. Denn sie untergräbt einheimische Maßstäbe und fördert ein Klima von Opportunismus und Verlogenheit. Bis am Ende Trug und Wahrheit kaum noch zu unterscheiden sind. Genau das passierte der malischen Zivilgesellschaft. Auch sie hat ihren Platz in der Parabel von der falschen Demokratie.

Zeitweise zählte Mali mehr als zweitausend offiziell registrierte Nichtregierungsorganisationen (NGO). Viele waren faktisch Geldbeschaffungsvereinigungen im Rahmen der Entwicklungszusammenarbeit. Manche NGOs wurden direkt von Politikern gegründet, sei es für den Wahlkampf, sei es ebenfalls zur Geldbeschaffung. In anderen Gruppen missbrauchten die Vorsitzenden ihr Amt als Sprungbrett für politische Ambitionen. Einige ließen sich sogar dafür bezahlen, ihre Basis von Protesten abzuhalten, etwa im Bildungswesen.

Ich sprach darüber mit dem Sozialpädagogen Mori Moussa Konaté. Er war Direktor eines Dachverbands von mehr als fünfzig Umwelt- und Entwicklungsgruppen. »Die Zivilgesellschaft wurde instrumentalisiert, und sie hat dazu selbst Tür und Tor geöffnet«, sagte er. »Die Führer vieler NGOs leben von ihrer Tätigkeit. Ihr materielles Interesse gewinnt irgendwann Oberhand über das Engagement in der Sache. Zivilgesellschaft sollte bedeuten: nicht die Macht haben. Aber viele NGO-Präsidenten möchten am liebsten möglichst schnell Minister werden.«

Innerhalb der Fassadendemokratie entstand also auch eine Fassadenzivilgesellschaft. Sie war ständig auf der politischen

Bühne präsent, wurde von der Regierung hofiert. Tatsächlich beeinflussen konnte sie wenig. Sie war ein Schaustück in der Vitrine.

Das galt nicht für alle Gruppen. Es gab auch eine Zivilgesellschaft, die sich von der Politik nicht kaufen ließ und die für eine Förderung durch Entwicklungshilfe nicht brav genug war. Wie die »Union zur Verteidigung der Rechtlosen«, die in Bamako gegen Vertreibungen kämpft. Nach dem Putsch gegen die Fassadendemokratie herrschte unter denen, die an der Basis kämpften, zunächst Euphorie. Sie glaubten, es werde nun wie vor zwei Jahrzehnten ein großes Aufbäumen des Volkswillens geben, einen zweiten revolutionären Frühling. Sie hofften, nun sei die Stunde gekommen, die korrupte politische Klasse vom Spielfeld zu verdrängen und etwas Besseres, Neues, Gerechtes zu beginnen, das bisher nur in ihren Träumen existierte.

Viele Stimmen forderten nun ein »großes Audit«. Die Verantwortung für das Scheitern der Demokratie sollte dingfest gemacht werden. Gab es nur Taten, aber keine Täter? Wer war schuld am maroden Zustand der Armee, am Niedergang des Bildungswesens, an der ineffizienten Beschäftigungspolitik?

»Es ist absolut notwendig, dass diejenigen, die in Verantwortung waren, sich vor dem malischen Volk erklären«, hieß es im Aufruf eines Anwalts. »Man kann seinem Land nicht so viel Schaden zufügen und dann alles mit Schweigen überdecken. Erst wenn das malische Volk um Verzeihung gebeten wird, kann es wieder sozialen Frieden geben. Wir brauchen eine neue Art des Regierens, in der Straflosigkeit keinen Platz mehr hat. Das wäre der Beginn eines neuen Mali, von dem wir alle träumen.«

Das große Audit hat es nie gegeben. Kein bekannter Politiker hat sich mit dieser Forderung gemein gemacht, meines Wissens auch kein Botschafter und keine der großen Organisationen der Entwicklungshilfe.

Mein Barometer für die Stimmung unter politisch wachen jungen Maliern war Bourama Magassa, jener junge Taxifahrer mit modisch rasiertem Bärtchen und Che-Guevara-Aufkleber, der mich schon nach Kurukan Fuga begleitet hatte. Als ich das erste Mal in seinen alten Mercedes stieg, es war kurz nach dem Putsch, brannte Bourama vor Hoffnung – es war eine naive, übersprudelnde Hoffnung. Der kleine Hauptmann, der den Putsch angezettelt hatte, war sein Idol. Das währte nicht lange. Bei unserer nächsten Begegnung sagte Bourama, er habe gehört, der Hauptmann ließe sich kistenweise Whisky in seine neue luxuriöse Residenz bringen. »Er hat uns verraten!« Ich sollte einen solchen Satz noch öfter von ihm hören; die Hoffnungsträger verbrauchten sich schnell.

Bourama wirkte sanft, eher schüchtern, und schlug oft die Augen nieder. Erst als wir uns besser kannten, erzählte er mir, dass er schon das *aventure*, das Abenteuer der Migration hinter sich hatte: Er war drei Jahre Richtung Europa unterwegs gewesen, davon achtzehn Monate in einem libyschen Gefängnis. Er hatte Furchtbares erlebt, kam als Abgeschobener zurück. Man kann sich so leicht täuschen, weil wir die Narben nicht sehen, wir sehen nur Jugend und Lebensfreude in einem afrikanischen Gesicht.

Als Nächstes heftete Bourama seine Hoffnungen an Ibrahim Boubacar Keita, im Land nur IBK genannt: Malis neuer Präsident, der erste nach Putsch, Krise und Krieg. Die Präsidentschaftswahl war überhastet gewesen, dem Land von den externen Geldgebern aufgezwungen. Trotzdem beteiligten sich daran mehr Menschen als je zuvor bei einer Wahl.

»Ehre und Glück für Mali!«, das war der Slogan von IBK, dem Favoriten; ein Slogan für ein Land, das sich geplagt fühlte von Ehrverlust und Unglück. IBK, klein, stämmig, gerissen, ein altes Krokodil der malischen Politik, appellierte an das Gefühl der Kränkung, das sich tief in Malis kollektive Psyche eingegraben hatte. Wehrlos gewesen zu sein gegenüber Rebellen und Djihadisten, dann zu einem Hilferuf an Frankreich gezwungen, und nun Tausende ausländische Soldaten im Land erdulden zu müssen – für den malischen Nationalstolz war all dies schwer erträglich. IBK versprach nicht nur einen Politikwechsel. Er versprach, Malis Ansehen wieder aufzurichten. »Mali über alles!«

Und die Menschen stürzten sich auf die Wahl, als wollten sie sich diese Demokratie, die nun eine strahlend neue werden sollte, endlich aneignen. Es war ein heißer Julisonntag. Ab sechs Uhr morgens strömten die Leute zu den Wahllokalen, Männer, Frauen, sogar Kinder. Oft kamen die Wähler, bevor die Urnen überhaupt angeliefert wurden. Tausende standen Schlange in brennender Sonne, ohne trinken zu können – es war Ramadan, der Fastenmonat. Chaotisch die Suche nach dem richtigen Wahllokal, viele irrten kreuz und quer durch die Stadt. Manchmal waren die Namen auf den Wählerlisten nicht einmal nach dem Alphabet geordnet. Doch nichts konnte die Leute verdrießen. Wo der Wind die Papierbahnen von den Wänden gerissen hatte, knieten die Wähler auf dem Boden, ihre Namen suchend.

Der Vater von Bourama konnte seit Langem nicht mehr laufen. Gewöhnlich verbrachte er seine Tage auf einem Stuhl vor dem Haus. Doch nun wollte er dabei sein, schleppte sich auf selbst gemachten groben Holzkrücken durch die Schlaglöcher der Lehmgassen zum Wahllokal. Dieser Mann, der seiner Gebrechlichkeit trotzte, um wählen zu können, war wie eine erneute Symbolgestalt in der langen historischen Kette derer, die sich stets hochstemmen, der Würde wegen.

Die Schule, wo er sich hinschleppte, war auch das Wahllokal des künftigen Präsidenten. Der Zufall wollte es, dass IBK gerade zugegen war, und er schüttelte diesem vorbildlichen gebrechlichen Alten die Hand. Ehre und Glück!

Vier Monate später war Bouramas Vater zu enttäuscht, um sich erneut zur Wahl zu schleppen. Von dem versprochenen Politikwechsel war nichts zu spüren. Nun wurde das Parlament gewählt – und alle, die zuvor versagt hatten, drängten wieder hinein. Die Arroganz der Politiker war ungebrochen

Immer noch die Schwärme belangloser Miniparteien, wie Fruchtfliegen umkreisten sie Pfründe und Posten. Personenklüngel, die auf Rendite hofften. Die Hinterzimmerverhandlungen vor den Wahlen waren diesmal besonders schmutzig gewesen. Abstruse Koalitionen wurden zusammengeschustert, und wer das meiste Geld hinlegte, wurde Kandidat. In der Bevölkerung waren viele angewidert.

Und so ging der Wahlkampf: Einem Pick-up mit dem Konterfei des Kandidaten folgte ein Schwarm von Mopedfahrern, die durch Hupen und Schreien eine enthusiastische Anhängerschaft simulierten. Die jungen Mopedfahrer bekamen dafür eine Tankfüllung oder Geld für ein paar Runden bittersüßen grünen Tee. Die Teerunden der arbeitslosen Jugend waren der bevorzugte Ort, um mit ein paar Scheinchen Wähler zu mobilisieren. Stimmenkauf war eine eingeübte Praxis aus zwei Jahrzehnten Fassadendemokratie. Nun, da nichts geschehen war, um das vorgeschossene Vertrauen zu rechtfertigen, wurde die Stimme wieder zur Handelsware.

Ich hatte mich oft gefragt, warum Menschen für das Äquivalent eines Tageslohns dann tatsächlich ihren Gönner wählten. Sie hätten das Geld doch einfach einstecken oder für jemand anderes stimmen können. Aber es gibt in Mali eine Treue zum *patron*; das Wahlvolk war ehrlich, es betrog nicht den betrügerischen Kandidaten. Außerdem zählte auch hier der Gemeinschaftsgeist: Am Wahlmorgen ging der Abgesandte eines Familienverbandes direkt zum Haus des Kandidaten, um das Geld für die zwei Dutzend Stimmen seiner Verwandten abzuholen.

Tausende von Wahlbeobachtern waren im Einsatz, nationale und internationale. Sie schienen vor allem darauf zu achten, dass die Wahllokale pünktlich öffneten und schlossen. Der oberste Wahlbeobachter der Europäischen Union, ein früherer belgischer Außenminister, hatte die Teilnahme an der Wahl zur »moralischen Pflicht« erklärt. Es war Pflicht, den Schmutz gutzuheißen, der die Bevölkerung anwiderte.

Bourama ging allein zum Wahllokal, ich begleitete ihn. Es war ruhig auf dem Schulhof, wo vor vier Monaten die Menschen Schlange gestanden hatten. Bourama war nervös. In seiner Teerunde war vereinbart worden: Wir wählen ungültig. Im Klassenzimmer, wo die Urne stand, sagte Bourama mit unsicherer Stimme: »Ich möchte ungültig wählen, aber ich weiß nicht, wie das geht.« Der Chef des Wahllokals gab mit einer mürrischen Kopfbewegung einer jungen Wahlhelferin die Anweisung: »Zeig ihm, wie das geht.« Die junge Frau trat zu Bourama hinter die halbhohe Pappwand, die das Wahlgeheimnis hüten sollte, und zeigte ihm, wie er seinen Finger mit der fälschungssicheren Tinte an die falsche Stelle setzen musste.

Bourama verließ die Schule erleichtert und mit dem Gefühl, das Richtige getan zu haben. Er hatte seine moralische Pflicht erfüllt.

Tiècoura Traoré, Eisenbahningenieur und Aktivist gegen Privatisierung

4.
Tiècoura
Leben gegen den Strom

Bei meiner ersten Reise durch Mali traf ich Tiècoura Traoré, einen Eisenbahningenieur. Wir wurden später für einige Jahre ein Paar, ein Paar auf zwei Kontinenten. Tiècoura, wie ich Mitte fünfzig, hatte in der Sowjetunion studiert und war lange ein leitender Kader der malischen Eisenbahn. Weil er sich deren Privatisierung widersetzte, wurde er entlassen – ein politischer Fall. Aus diesem Anlass lernten wir uns kennen, an einem stickig-heißen Julinachmittag auf dem Bahngelände von Bamako.

Die Bahnhofsuhr war stehen geblieben. Auch sonst schien alles wie aus der Zeit gefallen. Die Wartehalle verriegelt, der Platz vor dem Bahnhof öde und leer. Um die Schienen rankte sich Gras. Die Bahn, auf Drängen der Weltbank privatisiert, gehörte nun einem französisch-kanadischen Konsortium, und der neue Besitzer hatte den Betrieb auf die denkbar einfachste Weise saniert: Cargo ist profitabler als Mensch. Die Wartehalle des Bahnhofs wurde nur noch zweimal pro Woche für einige Stunden geöffnet, so unbedeutend war der Personenverkehr geworden, auf der Strecke des einst berühmten Dakar-Niger-Express. Sie verbindet über eine Länge von tausendzweihundertsechzig Kilometern die senegalesische Hauptstadt am Atlantik mit dem Niger-Hafen Koulikoro, nicht weit von Bamako entfernt.

Auf dem gespenstisch stillen Bahngelände fand ich Tiècoura zwischen umherstaksenden Ziegen. Er saß in Jeans und kariertem Hemd im Schatten eines Baums, auf dem Schoß einen Laptop; das Geschenk französischer Eisenbahner, nicht gerade das jüngste Modell.

Der neue Eigentümer der malischen Bahn hatte vor allem die Gewerkschafter entlassen; unter ihnen war Tiècoura der Prominenteste, der promovierte Kopf des Widerstands. Seine früheren Kollegen nannten ihn immer noch »den entlassenen Doktor«, wie mit frischem Erstaunen, dass ein leitender Angestellter aufseiten der Unterdrückten gelandet war.

Tiècoura rückte einen zweiten Stuhl in den Schatten und verschwand erst einmal, um für mich einen Fächer zu suchen, einen dieser grob geflochtenen Strohfächer, die man in Mali benutzt, so groß wie ein Aktendeckel am Stil. Ich versuchte ihm klarzumachen, dass ich das Ding nicht wollte, meine Hände waren mit Stift, Tonband und Papieren beschäftigt. Es war zwecklos. Diese leicht starrköpfige Fürsorglichkeit war typisch für ihn; das merkte ich später.

Die Eisenbahn war für ihn viel mehr als ein Arbeitsplatz – sie war ein soziales System, ein lebendiger Organismus, ein Stück Mali. Er hatte die Privatisierung bekämpft, weil er voraussah, was sie anrichten würde. Entlang der Schiene hatte sich ein Jahrhundert lang das Leben im Takt der Züge entwickelt. Nun wurden Bahnhöfe im Dutzend geschlossen, Dörfern ihre Lebensader genommen. Kleinhandel, Märkte, Gewerbe verkümmerten.

»Es gibt Familien, die ihre Kinder deswegen von der Schule nehmen müssen.« In seiner Stimme war Bitterkeit. Kinder blieben Analphabeten, weil die Bahn vom Profitdenken einer ausländischen Aktiengesellschaft gesteuert wurde – ließ sich ein ärgerer Rückschritt denken? Die Menschen, die entlang der Schiene lebten, waren keine Hinterwäldler; die Züge waren das 20. Jahrhundert hindurch immer eine Verbindung zur Außenwelt gewesen. Die Bauern dieser Region waren nicht zufällig unter den Ersten, die den Unabhängigkeitskampf gegen Frankreich unterstützten. Die Eisenbahn, das war Fortschritt, nicht nur in technischer Hinsicht. Müsste das heute nicht erst recht so sein? Ein Motor zur Entwicklung des Landes, ökologisch, nachhaltig?

Es war anders gekommen. Ein nationales Gut war ins Ausland verkauft worden »wie ein Sack Nüsse«. Die Bahn war regelrecht verramscht worden. Für Tiècoura war das unvereinbar mit der Souveränität seines Landes, mit dem Geist einer Republik. Wie konnte sich Mali so kleinmachen?

Tiècoura sprach Russisch fast wie seine Muttersprache, für Französisch galt dasselbe, außerdem ein holpriges Englisch und drei einheimische Sprachen. Er hatte Eisenbahner in verschiedenen Ländern ausgebildet, an einer Akademie in Brazzaville (Kongo) gelehrt, war mit europäischer Kultur und Geschichte vertraut. Und trotzdem brauchte man ihn nicht. In dem Land, das er liebte, hatte man ihm einfach den Stuhl vor die Tür gesetzt. Diese Kränkung war schwer zu verwinden. Gewiss, er hatte Unterstützer, in Mali und im Ausland; für die war er unbeugsam, kämpferisch, ein Held. Sein Foto wurde auf Demonstrationen getragen, es gab Solidaritätsaufrufe aus Europa, er wurde auf Konferenzen eingeladen, interviewt, gefilmt. Essentielle Gemeingüter zu schützen vor spekulativem Ausverkauf, das war ein internationales Thema, und Tiècoura war in dieser Debatte eine selbstbewusste Stimme des Südens.

Aber da war noch etwas anderes, etwas, wonach in den Interviews niemand fragte. Nämlich wie er seinen Absturz persönlich verkraftete. Hinter seiner harten Schale war Tiècoura ein tief verletzter Mensch. Er schloss diese Gefühle in sich ein, wie es malischer Kultur entspricht. Niemand trägt dort sein Herz auf der Zunge, erst recht nicht ein Mann, der seinen Status verloren hat.

Seine vier Kinder – sie lebten getrennt von ihm bei der Mutter – trugen nun Secondhand-Klamotten, er machte Bittgänge zum Direktor des Gymnasiums, damit das Schulgeld gestundet wurde. Abstiege sind in Mali nicht vorgesehen, jedenfalls nicht bei einem, der körperlich und geistig gesund ist. Wer einmal aufgestiegen ist aus der Armut, wer es geschafft hat in die Sphäre von festem Gehalt, Büro, Klimaanlage und Dienstwagen, der wird alles daran setzen, dort zu bleiben. Einige seiner Bekannten nannten Tiècoura jetzt *le fou*, den Verrückten.

Für andere war er ein Aufwiegler. Denn er versuchte, die Bevölkerung entlang der Schiene zu mobilisieren. Dazu hatte er eine Organisation gegründet, Cocidirail, in Langfassung »Collectif Citoyen pour la Restitution et le Développement Intégré du

Rail Malien« (»Bürgerkollektiv für die Rückgabe und die integrierte Entwicklung der Eisenbahn«). Der umständliche Name trug Tiècouras Handschrift: Es ging um Inhalte, nicht darum, chic zu sein! Konkret handelte es sich um ein Netzwerk entlang der Schiene, in dem Geschädigte, Entlassene und Erzürnte über eine Entwicklung beratschlagten, die sich am Menschen statt am Profit orientieren sollte. Eine soziale Bewegung neuen Typs, irgendwo zwischen Gewerkschaft und NGO. Zu den Mitgliedern zählten Ex-Eisenbahner, Dörfler, örtliche Radiosender, aber auch einige Intellektuelle, die den Konflikt um die Bahn als symbolisch für die weitere Orientierung des Landes betrachteten.

Cocidirail gehörte zu jenem radikalen Teil der Zivilgesellschaft, der sich von der Politik nicht kaufen ließ und von der Entwicklungshilfe nicht als förderungswürdig erachtet wurde. Das Kollektiv lebte allein von den geringfügigen Beiträgen, die seine Mitglieder aufbrachten.

Die »Rückgabe der Bahn an das Volk«, wie von Codicirail gefordert, sollte kein simples Zurück zum Staatsbesitz sein, der durch Misswirtschaft und Korruption geprägt war. Vielmehr entstand hier in vagen Umrissen die Utopie einer neuen Form öffentlicher Kontrolle: durch Bürgerkomitees, Beschäftigte der Bahn und die betroffene Bevölkerung.

Es gibt verschiedene Wege, wie Menschen ungeachtet ihrer Armut beginnen können, sich als Bürger zu begreifen. Ihnen Rechte zu geben ist der eine Weg. Sie ihrer Rechte zu berauben ein anderer. Wie die Eisenbahn privatisiert wurde, das war eine Lektion der zweiten Art. Die Bevölkerung entlang der Schiene sah sich im Stich gelassen von den Abgeordneten der Region, die zusammen immerhin ein Viertel der Nationalversammlung stellten. Sie hatten für die Privatisierung die Hand gehoben, ohne sich ausreichend mit der Materie zu befassen, und ohne zu fragen, ob Malis Verfassung diesen Verkauf überhaupt erlaubte. Für ihre künftige politische Karriere erschien es ihnen vorteilhafter, der Linie des Staatspräsidenten zu folgen, als auf die Stimmung an der Basis zu hören.

Auch die traditionellen Autoritäten hatten versagt. Die Dorfchefs nahmen die Entscheidungen der Obrigkeit zunächst ohne Widerspruch hin. Später sahen sie fassungslos, wie ihre Dörfer verarmten, als die Bahnhöfe geschlossen wurden. Mancher *Chef de Village* räumte ein, er habe sich geirrt. Das glich einer Mikrorevolution, denn malische Dorfchefs pflegen sich nicht zu irren. Tiècoura sah das als hoffnungsvolles Zeichen: Die Menschen würden anfangen zu begreifen, dass sie selbst Verantwortung für öffentliche Angelegenheiten übernehmen müssen. Nur so könne sich Demokratie entwickeln, durch Druck von unten. »Die Vorstellung, wir sollten auf einen Präsidenten warten, der alles besser macht, ist beleidigend.«

Ich begleitete Tiècoura auf einer Bahnfahrt von Bamako in die Stadt Kayes, wo sein Vater lebte. Das waren sechshundert Kilometer nach Westen, Kayes liegt nahe der Grenze zum Senegal. Wir bestiegen den Zug, ohne zu ahnen, dass wir an diesem Tag in eine bizarre Werbeveranstaltung der neuen Bahneigner geraten würden. Im Zug fuhr neben einer Delegation von Managern eine angeheuerte Musikgruppe mit, und an jedem der verbliebenen Bahnhöfe gab es ein Spektakel. Die Musik ließ sofort die Bevölkerung zusammenströmen, dann wurden Transparente entrollt, und die Redner der Bahngesellschaft verkündeten, was sich alles seit der Privatisierung verbessert habe. Wir waren Geiseln einer Werbetour, und mit uns alle anderen Passagiere.

Für Tiècoura war die Situation besonders unangenehm. Seine Anwesenheit in diesem Zug irritierte alle, die ihn kannten: War er umgefallen? Oder hatte er womöglich die Musikgruppe engagiert? Ich merkte, wie schnell bei einer Bevölkerung, die vergleichsweise gut informiert war, Irritationen aufkamen, Verwirrung und Missverständnisse. Viele Erwachsenen konnten die Transparente nicht lesen, hielten sie erst einmal für Zeichen des Protests. Und wer eine Musikband aus der Stadt in die Ereignislosigkeit eines malischen Dorfs bringt, der wird erst einmal mit Dankbarkeit empfangen.

Auf halber Strecke befand sich ein Ort, wo der Zug an gewöhnlichen Tagen eine Stunde stehen blieb, damit die Passagiere essen und beten konnten. Cocidirail hatte hier zahlreiche Unterstützer, und Tiècoura brachte mich zu einer Familie von Aktivisten. Wir saßen gerade vor einer Schüssel Reis mit Sauce, als der Zug mit gellendem Pfiff das Signal zur Abfahrt gab. Wir ließen den Reis stehen, verabschiedeten uns hastig und eilten im Laufschritt Richtung Zug. Um uns herum rannten die anderen Passagiere, und manche ließen, noch mit Fett an den Fingern, auf einem Stück Papier das Essen zurück, das sie eben auf dem Markt gekauft hatten. Die Waggons waren brütend heiß geworden, wir ließen uns auf die Plastiksitze fallen und warteten auf die Abfahrt. Nichts passierte.

Nach einiger Zeit sprach sich herum: Die mitreisende Delegation der Bahngesellschaft saß noch beim Essen. Man hatte uns gescheucht, um uns jetzt in den Waggons schmoren zu lassen. Draußen, vor dem Zugfenster, rief eine Frauenstimme nach Tiècoura; unsere Gastgeberin stand auf dem Bahnsteig und reichte uns unsere Schüssel Reis hinein. Sie hatte uns nicht hungrig fahren lassen wollen.

Wir aßen schnell, um die gute Frau nicht ihrer Schüssel zu berauben. Sie war längst wieder zu Hause, als endlich die Bahnoberen auftauchten und der Zug abfahren konnte. Mit welcher Geringschätzung die Passagiere behandelt wurden! Hatten sie nicht einen Fahrpreis bezahlt und damit Rechte erworben? Überall im Zug wurde gemurrt, doch war es ein leises Murren. Wer die Bahn benutzte, schien sich vorab mit Leidensbereitschaft und endloser Geduld gewappnet zu haben.

Wir erreichten Kayes mit sechsstündiger Verspätung nach insgesamt achtzehn Stunden. Die Stadt am Senegal-Fluss ist mit der Eisenbahn groß geworden; Ende des 19. Jahrhunderts regierten die Franzosen von hier aus sogar für einige Jahre ihre malische Kolonie. Die Überreste imposanter, mehrstöckiger Ziegelbauten mit Rundbögen über hohen Fenstern erinnerten noch daran. Im Hotel du Rail trugen die Kellner Livree und schlurften um Tische mit ehemals weißen Tischtüchern. Es gab kaum Gäste.

Tiècoura war früher Bahndirektor in Kayes gewesen. Jetzt brachte er mich zu einem Garten, nicht weit vom Bahnhof. Hier stand ein kleines Denkmal, er nannte es »Afrikas erstes Denkmal für die Opfer von Privatisierungen«. Eine Frau in leuchtend blauem Kleid, den schwangeren Bauch vorgestreckt, kniete auf einem roten Sockel, ihre Arme waren in einer klagenden Geste gegen Himmel gerichtet. Neben ihr ein Korb mit Gemüse und ein prall gefüllter Sack, jene Produkte symbolisierend, die sie nun vergebens an einem Bahnhof feilbot, wo kein Zug mehr hielt. Alles war in jenem farbenfrohen Realismus gehalten, der in Mali stets für Aufklärungszwecke benutzt wird.

Wer daran gewöhnt ist, dass politische Kunst mit Verfremdungen, Brüchen und ästhetischen Andeutungen spielt, der steht etwas ratlos vor dieser bunten Schulbuch-Direktheit. Ich sagte nichts – das Denkmal war nicht für meine Augen gedacht. Außerdem wusste ich, wie viel Mühe es gekostet hatte, das Geld dafür aufzubringen. Mit welchem Aufwand war in Deutschland, in Stuttgart, um den Neubau eines einzigen Bahnhofs gerungen worden! Und hier stand nun diese kleine schwangere blaue Betonfrau. Sie stand im Garten des Regionalbüros von Cocidirail. Dagegen konnten die Behörden, die aufseiten der Privatisierung standen, nicht vorgehen. Der Garten hatte einen Zaun aus rostigen Schienenstücken. Alles wirkte wie bei einem sehr behelfsmäßigen Polittheater.

Ich dachte in diesem Augenblick daran, was mir Tiècoura einmal auf die Frage geantwortet hatte, wie er sich fühle, wenn er zwischen Afrika und Europa pendelte: »Es ist intellektuell sehr bereichernd und emotional sehr schmerzlich.« Er kannte die Möglichkeiten anderswo und war trotzdem vom Wert der blauen Betonfrau überzeugt.

Wir fuhren zum Haus seines Vaters. Der Alte war über achtzig, ein ehemaliger Heizer, der auf den alten Dampflokomotiven quer durch die französische Kolonie gefahren war. Als Tiècoura wegen seiner politischen Haltung die Entlassung riskierte, stärkte sein Vater ihm den Rücken. Das hatte mich für ihn eingenommen: Wie viele Väter hätten so gehandelt? Der Alte hatte erlebt, wie sein Sohn zum leitenden Angestellten aufstieg, in eben jenem Metier, wo er selbst ein Handarbeiter war. Er hatte erlebt, wie der Sohn in Afrika umherreiste, in internationalen Kommissionen saß, gut verdiente. Und dann alles aufgeben? Mein Sohn, du hast recht, hatte der Vater gesagt, wir dürfen uns nicht alles gefallen lassen.

Wir betraten den ungepflasterten Hof seines Hauses; der Alte saß unter einem Mangobaum und hatte, um sich Kühlung zu verschaffen, sein grünes Gewand bis über die Knie hochgeschoben. Seine Statur war noch kräftig, man sah ihm das hohe Alter nicht an. Ich entschied mich spontan, ihn *Père*, Vater, zu nennen, denn so selbstverständlich, wie er in meiner Gegenwart weiter seine Beine kühlte, war der ganze Empfang. Seine Stimme war heiser, aber laut; er mobilisierte für mich ein rostiges Französisch und deklamierte eine Reihe von Willkommensgrüßen über den Hof. Dass ich seinen Sohn in dessen desolater Lage für liebenswert hielt, machte mich automatisch zum Mitglied eines verschworenen Bundes. Zur übrigen Familie bekam ich nicht viel Kontakt; Tiècouras Mutter war schon lange tot.

Pères offene Haltung hatte mit der Eisenbahn zu tun. Sie war Ausdruck einer Mentalität, die in Malis Geschichte des 20. Jahrhunderts eine wichtige Rolle gespielt hatte, und Pére war Teil dieser Geschichte.

Als die Bahn 1904 in Betrieb genommen wurde, diente sie der Kolonialmacht dazu, Rohstoffe aus dem Landesinneren zur Verschiffung an den Atlantik zu bringen. Wenn nötig wurden in umgekehrter Richtung Truppen herangeschafft, zur sogenannten Befriedung der Kolonie. Doch die Bahn war mehr als ein Transportmittel; sie brachte eine soziale Wirklichkeit hervor, ein politisch-soziales Milieu, das sich vom übrigen bäuerlichen Mali unterschied. Eisenbahn bedeutete organisierte Arbeit: 1947 arbeiteten entlang der gesamten Strecke des Dakar-Niger-Express achttausend Eisenbahner, und viele, darunter Père, waren gewerkschaftlich organisiert. Die Familie lebte damals in Thiès, einer Stadt im westlichsten Teil der Kolonie, dem heutigen Senegal. Thiès lag an der Kreuzung zweier Eisenbahnlinien, wurde früh Industriestadt und eine Gewerkschaftshochburg. Tiècoura kam in Thiès zur Welt. Er wurde in Verhältnisse hineingeboren, wo Kindern keine Amulette gegen böse Geister um den Hals geknotet wurden. Dafür lernten sie, Verstecke für politische Traktate zu suchen, die vor der Kolonialpolizei verborgen werden mussten.

Ich bat Père, vom großen Streik zu erzählen. Im Oktober 1947 traten die westafrikanischen Eisenbahner in den Ausstand, um gleichen Lohn für gleiche Arbeit zu fordern. Die weißen Bahnbeschäftigten verdienten damals ungleich mehr als ihre schwarzen Kollegen. Es wurde ein Arbeitskampf, der Geschichte schrieb. Der senegalesische Schriftsteller Ousmane Sembène verfasste darüber sein Heldenepos *Gottes Holzstücke*, ein Klassiker der afrikanischen Literatur.

»Zuerst«, begann Père, »musst du wissen, was vorher geschah. Viele Afrikaner hatten für Frankreich im Weltkrieg gekämpft. Ich selber nicht. Ich war zweiunddreißig Jahre alt und der einzige Ernährer meiner Familie, darum wurde ich vom Kriegsdienst freigestellt. Aber wir haben alle begriffen, welchen Beitrag die Afrikaner zur Verteidigung Frankreichs geleistet hatten. Und deshalb verlangten wir nun Respekt. Respekt und gleichen Lohn.«

Fünf Monate und zehn Tage wurde die Bahn lahmgelegt – fünf Monate und zehn Tage kein Lohn. Die Familien der Eisenbahner hungerten. Der Streik ließ sich nur aufrechterhalten, weil er aus der Bevölkerung unterstützt wurde. Und weil die Frauen das Rückgrat der Streikenden waren. »Ohne sie hätten wir niemals durchgehalten«, sagte Père. »Sie taten alles, um noch irgendetwas für den Kochtopf zu haben. Sie verkauften ihren letzten schönen Rock.«

Schließlich gab die französische Bahndirektion nach. Erstmals hatte die Auffassung triumphiert, dass Schwarze und Weiße gleiche Rechte haben. »In diesem Streik ist unsere Angst vor den Kolonialherren gestorben«, sagte Père. »Und damit begann die Befreiung von ihrer Herrschaft.« Ich verstand nun, warum er Tiècouras Kampf gegen die Privatisierung unterstützt hatte. Die Eisenbahn symbolisierte für ihn Malis Ringen um Selbstachtung, sie gehörte zum nationalen Erbe. Es war, als wäre seine Erinnerung an Ausländer verkauft worden.

»Übrigens gab es damals auch Streikbrecher«, sagte Père. »Schurken, die sich von den Franzosen bezahlen ließen. Wer dazugehörte, das ist bis heute unvergessen. Alle Eisenbahnerfamilien kennen ihre Namen.«

Père verließ seinen Hof nun kaum mehr. Er verbrachte die Tage auf einem Stuhl aus Plastikschnüren, die sich immer tiefer zur Erde senkten. Um ihn herum wurde gewirtschaftet und gekocht, er hatte also Abwechslung, ohne das Haus verlassen zu müssen. In diesem Hof haben Tiècoura und ich irgendwann geheiratet, in einer schlichten islamischen Zeremonie. Tiècoura war ein säkular geprägter Mensch, der sich ohne allzu große Strenge an die wichtigsten religiösen Regeln hielt – wenn die Umstände es zuließen, sie zu praktizieren. Als er das Bedürfnis äußerte, unsere Beziehung in Übereinstimmung mit seiner Religion zu bringen, sah ich keinen Grund, mich dagegenzustellen.

Als der Marabout den Hof betrat, schenkte ich ihm zunächst keine Beachtung: Der Mann war jung und so salopp gekleidet, dass ich ihn allenfalls für den Marabout-Assistenten hielt. Zum blaugelb gemusterten Bubu hatte er sich ein rotweißes Palästinensertuch um den Kopf gewickelt; seine Gebetskette schwenkte er wie einen Einkaufsbeutel. Alle anderen nahmen ihn ernst, sein Aussehen spielte keine Rolle. Der Marabout setzte sich auf eine Bodenmatte, vor ihn wurde eine zugeknotete schwarze Plastiktüte unbekannten Inhalts hingelegt. Auf der Tüte flatterte ein roter Tausend-Franc-Schein, sein Honorar. Meine Hochzeit war günstig, sie würde gerade anderthalb Euro kosten.

Tiècoura setzte sich neben den Marabout auf die Matte, ich rückte meinen durchhängenden Plastikschnürestuhl in ihre

Nähe, und Tiècoura übersetzte für mich, was der Marabout auf Bamanankan sagte: »Heirat bedeutet zusammenbleiben, bis der Tod euch scheidet. Aber wenn sich das Paar nicht mehr versteht, dann trennt es sich eben vorher.« Das war liberal. Der Marabout fuhr fort, an Tiècoura gewandt: »Hast du mit ihr über Konversion geredet?« Tiècoura antwortete ohne Umschweife: »Nein!« Der Marabout brummte gleichmütig: »Manche Dinge brauchen Zeit.«

Wann genau in den folgenden Minuten meine Hochzeit geschah, vermag ich nicht zu sagen, denn weder Tiècoura noch ich spielten dabei eine aktive Rolle; wir waren sozusagen das passive Objekt unserer Verheiratung. Die Männer murmelten Gebete, bis Père plötzlich laut mit den Fingern schnippte. Das war ein Verstärker für die guten Wünsche, lernte ich später. Nun wurde die schwarze Plastiktüte geöffnet und mir hingehalten: Sie war gefüllt mit roten und braunen Kolanüssen. Kolanüsse werden in Westafrika als zeremonielles Geschenk und zum Besiegeln von Freundschaft benutzt. Ich wählte eine rote Nuss, Tiècoura nahm gleichfalls eine; der Rest Nüsse ging an den jungen Marabout, als zweiter Teil seines Honorars. Er verließ, seine Gebetskette schwenkend, den Hof.

Was lässt sich noch nachtragen über diese afrikanisch-islamische Hinterhofhochzeit? Zwei Verwandte von Tiècoura, ein Onkel und ein Cousin, waren Trauzeugen. Und seine vier Kinder waren dabei; wir würden später, zur Feier des Tages, in einem gemieteten, fast schrottreifen Mercedes einen Ausflug machen. Ansonsten hatte an diesem Morgen im Hof von Père der Alltag seinen ganz gewöhnlichen Lauf genommen. Während in der einen Hälfte des Hofs geheiratet wurde, klapperten in der anderen Hofhälfte Tiècouras Schwestern, Schwägerinnen, Nichten mit Schüsseln und Kalebassen und gingen ihren üblichen Beschäftigungen nach. Sie waren weder unhöflich noch desinteressiert, aber ihre Anwesenheit war bei der Zeremonie nicht erforderlich, also beteiligten sie sich auch nicht. Außerdem: Irgendjemand musste schließlich kochen, und kochen dauert seine Zeit in Mali.

Mir gefiel diese gleichmütige Parallelität der Ereignisse, sie hatte etwas Entlastendes. Ich stand als Fremde nicht im Mittelpunkt.

Père hatte einen kleinen Enkel, der stets in seiner Nähe war und ihm half. Der Junge war kaum vier Jahre alt und erfüllte seine Pflichten mit größter Selbstverständlichkeit. Wenn Essenszeit war, brachte er dem Großvater seine Schüssel Reis und den Topf mit Sauce und aß gemeinsam mit ihm. Das Essen wird in einer malischen Familie in der Regel nach einer bestimmten Ordnung eingenommen, in der Alter und Geschlecht eine Rolle spielen. Es gibt eine Männerschüssel, eine Frauenschüssel, eine Kinderschüssel. In diesem Fall war der Junge aus der übrigen Kinderschar herausgelöst, er bildete ein festes Paar mit dem Alten.

Ihr Verhältnis war mehr als die gewöhnliche Zuneigung zwischen Großeltern und Enkeln. Es handelte sich vielmehr um eine weitere Facette im ausgeklügelten System sozialer Beziehungen. Wenn der Junge etwas älter war, würde er für den Rest der Familie als eine Art Türöffner zu dem Alten fungieren.

Ein *Chef de famille* bleibt das Oberhaupt einer Großfamilie, bis es stirbt; natürlich wird es mit steigendem Alter eigensinniger, es lebt in seiner eigenen Welt, berät sich nur mit anderen Alten – und hat doch weiter das letzte Wort in allen Angelegenheiten der Familie. Das führt zwangsläufig zu Konflikten, bei denen die Jüngeren aus Gründen des Respekts den Alten nicht direkt kritisieren können – mit Ausnahme des Lieblingsenkels. Sein Verhältnis zum Großvater ist von solchen Tabus befreit; ähnlich wie bei der Spaßverwandtschaft zwischen zwei Ethnien können auch in dieser Beziehung unangenehme Wahrheiten offen ausgesprochen werden. Der Alte wird nicht zürnen, wenn der Junge ihm von der Unzufriedenheit anderer Familienmitglieder erzählt. So kommt der Enkel nach und nach in die Rolle eines Boten oder Vermittlers; die Familie wird ihn einsetzen, um dem Alten schonend bestimmte Dinge beizubringen oder um ihn zu einer Änderung seiner Haltung zu bewegen. Auch Mädchen können diese Position einnehmen. Entscheidend ist das Verhältnis zum Alten, eine

Art Komplizenschaft, die durch beiderseitige Anziehung entsteht.

Père erlebte nicht mehr, wie sein Enkel in diese Rolle hineinwuchs. Der Alte verstarb ganz plötzlich, wegen eines relativ kleinen medizinischen Problems, das in einem Land mit besserem Gesundheitswesen leicht zu heilen gewesen wäre. Tiècoura war gerade im Ausland; er kam erst, als sein Vater schon unter der Erde lag. Muslime werden innerhalb von vierundzwanzig Stunden beerdigt – Tiècoura konnte sich nicht verabschieden von dem Menschen, dem er so nahestand und der ihn so sehr geprägt hatte.

Für einen Malier, der selbst schon im fortgeschrittenen Alter ist, bedeutet der Tod des Vaters über den emotionalen Verlust hinaus eine Neujustierung seiner eigenen Position im Leben. Als ich mich früher einmal darüber gewundert hatte, dass Tiècoura ständig so viele neue Dinge anfing, auch neue Ausbildungen, als würde er ewig leben, entgegnete er mir fröhlich: »Solange mein Vater lebt, bin ich jung.« Ich begriff erst später, was er meinte.

Der älteste Sohn von Père lebte schon seit Jahrzehnten in Frankreich; er hatte einen französischen Pass, war nie mehr zu Besuch gekommen, hatte sich von der Familie abgewandt. Auch so etwas kommt in afrikanischen Familien vor. Als neuer *Chef de famille* kam ein derart Abgefallener nicht infrage, also fiel Tiècoura als dem Zweitältesten die Aufgabe zu. Obwohl sein eigenes Leben unstet war und reich an Brüchen, zögerte er keinen Moment, die Verantwortung zu übernehmen.

Ich fragte ihn, wie ein solch althergebrachter Autoritätsbegriff zu seinen basisdemokratischen Überzeugungen passte. Wozu brauchte eine Familie einen Chef?

»Es muss jemanden geben, der dafür sorgt, dass es einen Raum für Einigungen gibt. Ich bin jetzt derjenige, auf den alle hören, wenn sie nicht einer Meinung sind. Es ist in unserer Gesellschaft nun einmal so, dass man auf den Ältesten hört, soweit er nicht seinen Kredit völlig verspielt hat. Wir sind eine hierarchische Gesellschaft, daran gibt es keinen Zweifel. Aber ich sehe mich nicht als Chef, der anderen etwas aufzwingt, eher als eine Art Friedensrichter.« Seine Großmutter, erzählte Tiècoura, sei zu ihrer Zeit *Chef de famille* gewesen, auch wenn die Tradition und sogar das malische Familienrecht diese Rolle einem Mann vorbehalten. »Es gibt daneben immer auch eine Realität des Lebens.«

Eine hierarchische Gesellschaft war Mali in der Tat. Musste deshalb nicht die Emanzipation von den allgegenwärtigen Autoritätsverhältnissen mit einer Revolution in der Familie beginnen – so wie bei uns der Aufstand gegen die väterliche Gewalt eine Vorbedingung vieler Reformen war?

Tiècoura war anderer Ansicht. »Es ist ja bereits so, dass Familien auseinanderfallen, weil sich die Menschen nicht mehr verstehen und jeder in eine andere Richtung rennt. Aber das hat für mich mehr Negatives als Positives. Weil dann die Solidarität zerbricht. Weil dann jemand, der schwer krank wird, auf der Straße landet. Solange sich die große Mehrheit der Malier keine Krankenversicherung leisten kann, garantiert nur die Familie das Überlebensminimum an Solidarität.«

Er fügte dann noch etwas hinzu, wonach ich nicht gefragt hatte. »Die Familie ist für mich das Mittel, mit den Vorfahren in Kontakt zu bleiben. Es ist nicht der Ort, der diese Verbindung möglich macht, nicht das Haus oder ein Friedhof. Sondern die Menschen schaffen gemeinsam einen Raum, in dem die Verbindung zu den Vorfahren lebt. Und das bedeutet mir sehr viel.«

Tiècoura hatte irgendwann einsehen müssen, dass seine Karriere als Eisenbahningenieur unwiderruflich zu Ende war. Er hatte vergeblich vor Malis oberstem Gericht geklagt, die Richter erklärten sich vorsichtshalber für nicht zuständig. Auch andere Türen blieb ihm, *le fou,* verschlossen. Also entschied er sich zu einem radikalen Schnitt: Er wurde Bauer. Das war ehrliche Arbeit, ohne den Zwang, sich mit korrupten Funktionären zu arrangieren, mit Politikern, die er verachtete. Er wählte einen Weg, der hart, aber sauber war.

Das schreibt sich leicht. Die Wirklichkeit war unheroisch und staubig. Ich verbrachte eine Weile auf dem Stück Land, wo

Tiècoura sich nun eine neue Existenz aufbaute, eine kleine Farm mit Hühnern, Ziegen, Obst und Gemüse.

Wir lebten anfangs behelfsmäßig auf dem Acker; zwei, drei Gebäude aus Lehm waren noch in Arbeit, die Ziegel wurden von Hand gemacht und trockneten in der Sonne. Es war März, April, im westlichen Sahel die heißeste Zeit. Kein Strom, keine Kühlung. Weit und breit kein Laden. Ein Dorf, zehn Minuten Fußweg entfernt, wo niemand Französisch sprach. Dies war das echte ländliche Mali.

Es gab Momente heiteren, stillen Glücks. Ein Nachmittag, der nicht so brennend heiß war wie die Tage zuvor. Vögel zwitscherten, Hähne krähten, das Licht lag golden auf den halbwüchsigen Bananenstauden. Tiècoura warf sich zum Gebet einen mokkabraunen Bubu über; in den Shorts, die er bei der Arbeit trug, könne er nicht beten, sagte er, das sei zu nackt. Noch während er das zerschlissene Gewand glatt strich, rief er laut »Allahu Akbar« übers Feld. Ungerührt pickten neben ihm die Hühner in den Pfützen herum, die gerade beim Bewässern der Paprikasträucher entstanden waren.

Doch wie mühevoll alles war! Die erste Pflanzung junger Papaya war durch Kaninchen vernichtet worden. Eine überraschend kalte Nacht hatte die erste Generation Küken dahingerafft. Die Tomaten litten an einer unbekannten Krankheit. Jeden Tag passierte etwas, selbst jede Fahrt nach Kayes, gut zwanzig Kilometer entfernt, barg Unwägbarkeiten. Das Moped verlor Benzin und musste repariert werden. Der Computer der Bank, wo eine Zahlung getätigt werden sollte, war schon wieder defekt. Ein kleiner Holztisch, Zugeständnis an meine Sitz- und Essgewohnheiten, wurde auf dem Rücksitz des Mopeds herangeschafft – beim Abladen war die schüttere Tischplatte schon zersplittert, so schlecht war die Holzqualität, so holperig die Straße.

Nach dem Gebet setzte sich Tiècoura auf die Erde, schlitzte mit einem Messer gebrauchte Plastiktütchen auf, um sie später mit Erde und Samen zu füllen. Die Tütchen waren kaum handtellergroß, er hatte sie vom Müll – das Recycling der Armen. Ich schlitzte mit. Die Tütchen waren klebrig und schmutzig. Welche Geduld man brauchte, allein für diese Aufschlitzerei! Am Ende wurde das der zweite Versuch einer Papayapflanzung.

Tomaten und Erdnüsse waren das Einzige, was es zwischen den gekochten Mahlzeiten zu knabbern gab. Knabbern war ein Wort aus einer anderen Welt. Man bekommt ein anderes Verhältnis zur Nahrung, wenn nichts fertig ist. Nichts war einfach da. Im ersten Morgengrauen kam eine Frau aus dem nahen Dorf und kochte für die kleine Farmbelegschaft das Frühstück, ein nahrhafter rosa Brei aus Hirse. Er wurde ewig lange gerührt und geklopft, bis er eine schöne Klumpigkeit erreichte. Es war dieses Klopfen, das ich als Erstes hörte, wenn ich aufwachte, noch erschöpft von der Hitze und den Geräuschen der Nacht.

Bis der Brei fertig war, machten Tiècoura und die drei Männer, die bei ihm arbeiteten, schon die erste Runde Landarbeit; es galt, die kühle Morgenstunde zu nutzen. Jeden Morgen der gleiche klumpige Brei; wenn er abkühlte, überzog er sich mit einer grauen Haut.

Wie viel Arbeit, wie viel Mühe für diesen eintönigen Lebensstil! Ein Leben in struktureller Armut muss in jenem Augenblick unerträglich werden, da die Geduld verloren geht. Die strukturelle Geduld. War ihr Verlust nicht auch eine Triebkraft der Migration?

Manchmal kamen am frühen Abend alte Männer auf die Farm, um sich bei Tiècoura Rat zu holen wegen eines landwirtschaftlichen Problems. Es waren dünne, abgearbeitete Gestalten, eine Hacke über der mageren Schulter und Müdigkeit in jeder Falte des Gesichts. Einer der Männer hatte eine gewaltige Geschwulst am Kopf. Eine Operation wäre möglich gewesen, aber sie war unerschwinglich. Die Alten kamen zu Tiècoura, weil sie wussten, dass er gebildet war. Sie waren Analphabeten, aber sie waren älter als er – das erforderte Sensibilität im Umgang miteinander. Tiècoura hörte die Alten an mit einem Ausdruck von Respekt, in dem sich Souveränität mit Bescheidenheit mischte.

Malier besitzen die Fähigkeit, Achtung auf eine ganz eigene Weise auszudrücken, durch Mimik, Gestik, Körperhaltung. Und manchmal wirkt der Respekt, der gezeigt wird, zurück auf den Urheber, wie ein verschönernder Glanz. Wenn ich Tiècouras Umgang mit den alten Bauern beobachtete, verstand ich für einen Moment, was die Malier meinen, wenn sie sagen: Persönlichkeit existiert nur in Beziehung zu anderen.

Vor Sonnenuntergang veranstalteten wir manchmal unser romantisches Abendspektakel: eine Ausfahrt im Eselskarren, über Stock und Stein holpernd. Die Dörfler starrten uns nach, als hätten wir den Verstand verloren. Im Eselskarren ohne Ladung!

Tagsüber war in dieser Jahreszeit die Hitze so enorm, dass ich die Stunden zwischen zwölf und vier Uhr nur im Schatten eines Mangobaumes aushalten konnte, lesend oder schreibend. Wenn Frauen aus dem nahen Dorf vorbeikamen, dachten sie vermutlich, ich sei das faulste weibliche Wesen, das diese Erde je hervorgebracht hat. Einmal rief mir eine Bäuerin über ein Feld hinweg zu: »Bück dich und pflanz was an!«

Nachts leuchteten die Sterne, wie sie nur in tiefer stromloser Dunkelheit leuchten können. Unsere batteriebetriebene Campinglampe warf ein kaltes Energiesparlicht. Trotzdem zog sie so viele Insekten an, dass man unter der Lampe unmöglich essen konnte. Wir aßen ein paar Meter entfernt im Dunkeln. Ich fand es schwer, etwas zu essen, was ich nicht sah, und leuchtete ab und an mit meiner Taschenlampe in die Blechschüssel. So viel Exzentrik hatte einen Preis: Ich lockte genau jene Insekten in mein Essen, die zu finden ich mich gefürchtet hatte.

Tiècoura war zu energiegeladen und zu ehrgeizig, um ein gewöhnlicher Bauer zu werden. Er experimentierte, wollte ein Modell schaffen, wollte zeigen, dass nachhaltige Landwirtschaft im Sahel möglich ist. Wo er ging und stand, sammelte er jetzt Samen, Kerne, Anbaumethoden, vernetzte sich mit Experten. Um die Montage von Solaranlagen zu lernen, stapfte er in einem schneidend kalten Winter als Praktikant auf französischen Dächern herum. Landwirtschaft wurde der neue Weg, für seine

Ziele zu kämpfen: gegen die Bevormundung durch die Institutionen des Nordens nicht nur protestieren, sondern einen eigenen Pfad der Entwicklung wirklich gehen!

Als Laiendarsteller hatte Tiècoura in *Bamako* mitgewirkt, jenem Film, in dem die malische Zivilgesellschaft Weltbank und Weltwährungsfond verklagte. Er spielte einen wortkargen, depressiven Arbeitslosen, der Hebräischvokabeln paukte: Für den Fall, dass Israel je eine Botschaft in Bamako eröffnen würde, wäre ihm der Job des Türstehers sicher. In der Realität glaubte Tiècoura an etwas, das manchen genauso abwegig erscheint wie Hebräisch lernen in Mali. Er glaubte an eine solidarische Ökonomie. An ein Zusammenleben und Zusammenwirtschaften, das nicht von den Regeln des Profits bestimmt wird.

»Bei uns hat kommunitäres Leben und Arbeiten eine lange Tradition«, sagte er. »Eine völlige Atomisierung der Gesellschaft wird sich hier nie durchsetzen können. Viele sehen den Kapitalismus als Import aus dem Westen.« Zum Beispiel das Ackerland: Es gehörte nicht einem Einzelnen, sondern der Gemeinschaft. Jeder konnte einen Teil bewirtschaften, aber er konnte dieses Land nicht einfach verkaufen. »Bei uns stehen die Chancen für eine solidarische Ökonomie viel besser als für eine private, individualistische Wirtschaft.«

Für Tiècoura waren die Ideale aus Malis sozialistischer Frühphase unter Präsident Modibo Keita weiter gültig: Aus der formellen Unabhängigkeit musste eine tatsächliche Souveränität werden, eine politische und wirtschaftliche Selbstbestimmung, verankert in einheimischen Werten. Seitdem waren fünfzig Jahre vergangen, Jahre, in denen es aus Tiècouras Sicht oft mehr Rückschritt als Fortschritt gegeben hatte. Der Stolz der Malier sei damals berechtigter gewesen als heute, sagte er. »Damals waren die Malier stolz auf ihre eigenen Taten, auf den Elan, das Land nach vorne zu bringen. Heute müssen sie auf das Mittelalter zurückgreifen. Das halte ich für einen leeren Stolz.«

Tiècouras Denken war eine Mischung aus sozialistischen Grundüberzeugungen, ökologischem Reformdenken und afrikanischem Wertkonservatismus – eine Trias, in der sich auch andere kritische Intellektuelle Afrikas bewegen. Tiècoura verstand sich als Weltbürger, aber sein persönlicher Absturz als Eisenbahningenieur und die zwei Jahrzehnte Erfahrungen mit einer westlich inspirierten, wirtschaftsliberalen Demokratie hatten ihn in gewisser Weise afrikanischer gemacht.

Als Student in der Sowjetunion war er von Leningrad quer durch Europa gefahren, um sich in West-Berlin einen neuen Anzug und die neuesten Schallplatten zu kaufen. Jetzt sagte er: »Nie mehr Anzug!«, und es bedrückte ihn, wenn er bei jungen Leuten erlebte, dass sie ihre eigene Kultur geringschätzten.

Tiècoura war überzeugt, dass Mali seine Bevölkerung selbstständig ernähren könnte, trotz ihres raschen Wachstums. Land gab es ja genug – wenn sogar große Flächen ausländischen Investoren überlassen wurden, damit sie dort Reis für wohlhabende arabische Länder anbauten. Der Sahel, sagte Tiècoura, muss keine Zone des Elends und der Hilfsbedürftigkeit sein. Seine eigene Farm nannte er »Die Ananas des Sahel«, als Denkanstoß für alle, die dieser Region eine naturgegebene Unergiebigkeit zuschreiben.

Aber um von Malis Erde in Würde leben zu können, dafür mussten die Ressourcen ganz anders genutzt und gebündelt werden. Tiècoura hatte schon länger von einer Kooperative geträumt, doch schien ihm die Zeit nicht reif. Und dann war sie plötzlich reif, als ich am allerwenigsten damit gerechnet hatte. Als Mali seine tiefste Krise durchlebte, als die Fassadendemokratie zusammenbrach und manche im Westen das Land plötzlich als ein unberechenbares »Sahelistan« ansahen, da sagten in Tiècouras Heimatregion Kayes ein paar Dutzend Leute: Jetzt oder nie.

Der Schock half, Zweifel zu überwinden. Ging es nicht um Malis Überleben? Darunter verstanden Tiècoura und seine Gefährten weder die Jagd auf Djihadisten noch die allerneuesten ausländischen Hilfsprogramme, sondern die Utopie des Machbaren: eine kluge Kombination von Landwirtschaft, Viehhaltung, Abfallverwertung, Sonnenenergie, Fischzucht.

Er selbst hatte mit Fischzucht auf seiner eigenen Farm experimentiert. Allein zur Beschaffung der großen Plastikplanen, mit denen die Teiche abgedichtet werden, hatte er bis nach Dakar fahren müssen. Die schweren Planen kamen dann auf dem Dach eines Überlandbusses nach Mali.

Würde eine Gruppe von Züchtern nicht ganz anders mit den Lieferanten verhandeln können? Die Kooperative hatte bald 93 Mitglieder, die sich auf verschiedene Dörfer verteilten; die Kooperative funktionierte als Netzwerk, und neben den Bauern traten auch Lehrer, Händler und Arbeiter bei.

Als Tiècoura die Kooperative unter dem Namen »Alternativen der Entwicklung für das Leben auf Erden« bei den Behörden anmeldete, lachten die Beamten ihn aus. Auf Erden!, höhnten sie, wo denn sonst? Vielleicht auf dem Mond? Hinter dem Namen stand für Tiècoura der Gedanke, das Leben auf Erden sei auf Ewigkeit angelegt und die Menschen müssten heute dementsprechend leben. »Wir wollten den Begriff ›nachhaltig‹ nicht benutzen. Er ist so häufig missbraucht worden, dass er keinerlei Bedeutung mehr hat.«

Seit unserer ersten Begegnung waren sechs Jahre vergangen. Tiècoura hatte nun seinen Weg gefunden, einen Weg, der es ihm nach einer Zeit des Ausgestoßenseins wieder erlaubte, seinem Land nützlich zu sein. Wie immer verbarg er seine Gefühle. So wenig er früher über seinen Gram gesprochen hatte, so wenig sprach er jetzt über Genugtuung. Ich spürte nur, wie er gravitätischer wurde: aus dem *fou,* dem Verrückten, war ein Mann mit einer Mission geworden. Die Kooperative, sagte er, trage zur »Bürgererziehung« bei, zum Sich-verantwortlich-fühlen für das Eigene. »Bald werden die Malier nicht mehr akzeptieren, dass Leute von außen kommen, um die Dinge bei uns zu regeln.« Schritt für Schritt, sagte er, gelte es, diesen Weg zu gehen und Stein auf Stein zu schichten. »Es gibt keine Abkürzung.«

Wenn Tiècoura mit seiner dunklen Stimme »Stein auf Stein« sagte, dachte ich unwillkürlich an die Zeile aus der malischen

Nationalhymne: »Der Weg ist hart, sehr hart.« Die düstere Langzeitprognose aus den doch eigentlich euphorischen Tagen nach der Unabhängigkeit. Der Verfasser der Hymne, der Schriftsteller Seydou Badian, muss gleichfalls geahnt haben, dass es auf diesem Weg keine Abkürzung gibt. Ein Wissen, das später verloren ging, im Taumel westlicher Ratschläge, aufgezwungener Modelle und pompöser Hilfsprogramme.

Manchmal erschien mir Tiècoura mit seinem erzieherischen Ernst als Gefangener seiner Rolle. Eine Gefangenschaft, die wir schwer nachvollziehen können, weil es sie nur in einem derart bitterarmen Land geben kann: Ein hochgebildeter, verantwortungsbewusster Mensch steht dort wie ein Baum zwischen Sträuchern, ständig umgeben von einer erdrückenden Menge an Unwissen. Eine Schlüsselszene spielte sich an jedem Busbahnhof ab: Vom heißen Hammel-Kotelett bis zum frischen Omelette-Sandwich wird alles in die Fetzen alter Zementsäcke gewickelt, die Papierstücke sind noch weiß von Zement. Tiècoura litt schweigend, wenn er sah, wie die Malier mit größtem Appetit ihr giftig bestäubtes Essen verspeisten.

Es liegt vielleicht nahe, anzunehmen, Tiècoura hätte mir viel von Mali gezeigt. Doch ich war meistens ohne ihn unterwegs. Gemeinsam eine Recherche zu unternehmen, das war nicht einfach. Tiècoura konnte nicht wie ein bezahlter Dolmetscher neben mir herlaufen. Aufgrund von Alter und Bildung gehörte er im ländlichen Mali automatisch zu den Honoratioren, bei unserer Ankunft wurde er erst mal von den Dorfältesten in Beschlag genommen. In solchen Momenten war nicht daran zu denken, dass er gleich meine Fragen übersetzte oder mein neugieriges Herumschnüffeln unterstützte.

So verstrichen wertvolle Stunden bis zum absehbaren Ende des Tageslichts, und ich bedauerte den Verlust meiner Autonomie. Begleitete mich ein junger Dolmetscher, dann war alles einfacher: Er wurde als mein Personal betrachtet, und es wurde ihm nachgesehen, wenn er sich nicht an örtliche Gepflogenheiten hielt.

Tiècoura und ich sahen Mali aus unterschiedlichen Perspektiven; das war so selbstverständlich, dass wir selten darüber sprachen. Wir billigten einander zu, Individuen zu sein – er repräsentierte nicht Mali oder Afrika, ich nicht Deutschland oder Europa. Der andere war immer »du«, nie »ihr«, auch wenn wir missgestimmt waren. Gleichwohl reiste ich auf einem ganz bestimmten Ticket, auch wenn ich es nicht willentlich gebucht hatte. Das Ticket hieß: europäische Definitionsmacht. Ich kam mit meinem scheinbar unschuldigen Bündel an politischen, kulturellen, ethnologischen Interessen, und später würde ich Deutungen in die Welt setzen, welche die Malier nicht korrigieren konnten. Weil ihnen die Mittel dazu fehlen. Weil ihre Zeitungen bei uns nicht gelesen werden, weil ihr Buchmarkt lächerlich ist im Vergleich zu unserem. Und weil ihre Historiker und Anthropologen allenfalls bei einer Handvoll Afrikanisten bekannt sind. Europäer kommen und interpretieren Afrika. Und dann soll Afrika sehen, wie es damit zurande kommt. So war es in der kolonialen Beziehung, und so ist es in der modernen Wissens- und Medienwelt.

Wie stark dieser Mechanismus war, das merkte ich, als ich Tiècoura überredete, mit mir ins Dogon-Land zu fahren. Ein Gebiet in Malis Südosten, nicht weit von Burkina Faso. Das *Pays Dogon*, benannt nach der Ethnie der Dogon, ist für europäische Reiseveranstalter die touristische Hauptattraktion des Landes, ein Weltkulturerbe verteilt auf rund dreihundert Dörfer. Seit mehr als einem Dreivierteljahrhundert haben die Dogon im europäischen Afrika-Bild einen herausgehobenen Status. Das hat seinen Ursprung in den Arbeiten des französischen Ethnologen Marcel Griaule. Er stieß erstmals in den frühen 1930er Jahren auf die Dogon und kehrte später immer wieder zurück.

Seine Berichte lösten einen regelrechten Dogon-Boom aus, porträtierten sie doch ein Volk, dessen komplexes mythisches Weltbild seine ganze Lebensweise prägte: von der Anzahl der Zwiebelfelder über das Schnitzwerk der Türen bis zur Form eines Hirsekorbs. Manches wurde durch spätere Forschungen korrigiert, und die Form des Hirsekorbs hatte letztendlich praktische

Gründe. Dennoch überlebte die Rund-um-Mystifizierung in allen populären Dogon-Darstellungen. Sie umgab dieses Volk mit einem geheimnisvollen, authentischen Afrikanertum.

Tiècoura kannte den Namen Griaule, aber er bedeutete ihm wenig. Die Dogon hatten für ihn nicht das Flair einer besonderen Exotik. Er kannte Dogon außerhalb des Dogon-Landes; über die Jahrzehnte waren viele den harschen Lebensbedingungen in der trocknen Felslandschaft des *Pays Dogon* zumindest zeitweise entflohen. In Bamako galten sie als hartleibige Händler. Für Tiècoura waren die Dogon eine von vielen malischen Ethnien, und mehr als für ihre Kosmogonie interessierte er sich dafür, wie sie als Bauern in ihrer regenarmen, steinigen Heimat überlebten.

Von seiner Farm aus war es eine Fahrt von mehr als tausenddreihundert Kilometern. Kein Zuckerschlecken in malischen Überlandbussen; wir fuhren in Etappen und hatten viel Zeit zum Reden. Die Dogon waren in eine privilegierte Spezialbeziehung zu den Europäern geraten, in dieser Hinsicht ähnelten sie den Tuareg. Ich hatte in Bamako erlebt, wie sich mir ein Taxifahrer mit den Worten »Ich bin Dogon!« anpries, als ließe sich allein dadurch bereits mein Vertrauen gewinnen. Tiècoura seufzte. Malier stellen üblicherweise ihre Ethnie nicht so heraus. Dass Europäer einzelne Ethnien für attraktiv erklärten, während andere anscheinend nichts zu bieten hatten, schien ihm hochverdächtig. Niemand kam auf die Idee, Mali zu besuchen, weil die Mande-Völker im 13. Jahrhundert bereits eine Menschenrechtscharta hatten. War das zu modern, um faszinieren zu können?

Für eine Wanderung durch die Felslandschaft des *Pays Dogon* würden wir uns einen Führer nehmen müssen, las ich aus einem Prospekt vor, das sei so Vorschrift – um, wie es hieß, zu verhindern, dass versehentlich heilige Orte betreten würden. Tiècoura erwiderte entrüstet, er als Malier werde in seinem eigenen Land ganz bestimmt keinen Touristenführer nehmen!

Bereits an den letzten Busstationen vor unserem Ziel führte mein Auftauchen als Weiße dazu, dass wir von Guides bestürmt wurden, die uns ihre echten oder gefälschten Ausweiskarten ins

Gesicht stießen und »Pays Dogon« brüllten. Tiècoura setzte jedes Mal an zu seinem Vortrag, er als Malier … Der Rest ging unter im Getümmel.

Im Ort Sangha, wo wir schließlich abstiegen, genauer gesagt in dessen Ortsteil Unter-Ogol, war das bekannteste Buch von Griaule entstanden, *Schwarze Genesis,* ein literarisch gestaltetes Protokoll seiner Gespräche mit einem blinden alten Jäger (das Buch war 1948 erschienen, unter dem Originaltitel *Dieu d'eau*). Er hatte dem Ethnologen in dreiunddreißig Tagen die Schöpfungslegende der Dogon nahegebracht.

Bei der Lektüre schauderte es mich ein wenig: Die Schöpfungslegende begann mit einer Vergewaltigung. Die Erde war das Weib, deren Klitoris als Zeichen von Männlichkeit abgeschlagen wurde wie ein im Weg stehender Termitenbau. Gott hatte eine Blutschuld wie eine Erbsünde in die Frauen hineingelegt; allmonatlich flutete das schlechte Blut aus ihr hervor, dann verließ die Dogon-Frau ihr Haus und verbrachte die Tage in einem nur dafür vorgesehenen Menstruationshaus. Zum Glück wurde das Menstruationshaus in Sangha jetzt nicht mehr benutzt. Viele Dogon bekannten sich nun zum Islam, und ich konnte in diesem Moment darin keinen Rückschritt erkennen.

Als Tiècoura von einem Spaziergang durch den Ort zurückkam, sagte er mir, er müsse schnell noch mal weg, denn er hätte den *Hogon* getroffen und kein Geld dabei gehabt. Der *Hogon* war das traditionelle spirituelle Oberhaupt der Dogon, eine Gestalt, die für die Touristen mit viel Geheimnis umgeben wurde. Ich wäre nicht auf die Idee gekommen, diesem Mann Geld in die Hand zu drücken, schließlich durfte man den *Hogon* angeblich nicht einmal berühren. Für Tiècoura verhielt sich das anders: Er war hier ein Malier aus der Stadt, von dem die Einheimischen annahmen, er habe Geld, denn wäre er sonst hier? »Und deshalb wird von mir erwartet, etwas zu geben.«

Sämtliche Würdenträger der Dogon saßen aufgereiht auf dem Dorfplatz. Wir hatten per Zufall einen besonderen Tag erwischt: Ein Prominenter von Sangha war gestorben, das war schon ein halbes Jahr her, aber heute erst wurde das Beerdigungsritual begangen. Es handelte sich um ein fünftägiges Fest; dafür hatte nach dem Todesfall erst einmal Geld angespart werden müssen. Fünftausend Liter Hirsebier waren gebraut worden, mit der Hilfe von zehn Großfamilien. Aus den umliegenden Dörfern strömte alles nach Sangha.

Die flachen Dächer der Lehmgebäude um den Dorfplatz dienten als Zuschauertribüne für die Fremden: außer uns beiden ein Dutzend Touristen und ein angereistes Filmteam. Später würde es noch eine Zeremonie bei Nacht geben, die wir nicht sehen durften. Nun begann bei Tageslicht ein Spektakel, das mit dem Wort Trauerfeier kaum zu erfassen war. Das Ritual theatralisierte das Leben des Verstorbenen und seinen Übergang ins Reich der Ahnen; eine Reise, die nach der Vorstellung der Dogon drei Jahre währt. Auf dieser Reise konnte ihm vieles zustoßen, weshalb zu seiner Verteidigung Kämpfe inszeniert wurden, die den Dorfplatz schnell in eine turbulente Szenerie verwandelten.

Wer gegen wen antrat, war schwer zu erkennen. Das Geschehen schien weniger klaren Regeln zu folgen als der puren Lust an Gefecht und Getöse. Aus uralten Gewehren krachten Salven in immer schnellerer Folge. Manche Karabiner versprühten bei der Zündung ein Feuerwerk an Funken. Wir hielten den Atem an; es glich einem Wunder, dass niemand verletzt wurde. Bald war der Platz in dichten Rauch gehüllt.

Wer kein Gewehr hatte, kämpfte mit Stöcken, Sicheln, Feldhacken oder Pfeil und Bogen. Mir fiel die islamische Kleidung eines besonders draufgängerischen Stockkämpfers auf; er trug eine lange schwarze Tunika und ein weißes Häkelmützchen. Das Ritual vereinte offensichtlich Dogon muslimischen, christlichen und traditionellen Glaubens. Oder war alles womöglich so weit Folklore geworden, dass der Glaube nur eine ganz untergeordnete Rolle spielte?

Der Tote lag als stummer Zeuge inmitten des Getümmels. Er wurde symbolisiert durch ein verschnürtes Bündel, das aus einer handgewebten Decke und einem nietenbeschlagenen Gewehr bestand – Grundausstattung für die Reise. Das Bündel war mit den krummen Ästen eines Baobab verschnürt; sie sahen von Weitem aus wie die Beine einer großen grauen Echse. Während die Männer kämpften, wiegten sich die Frauen in stundenlangem Tanz, viele hatten ein Kind auf dem Rücken. Jemand sagte mir später, die Reise einer Frau ins Reich der Ahnen dauere ein Jahr länger als die eines Mannes, und ich war nicht wirklich überrascht.

Wir teilten unser Lehmdach mit einer Gruppe von Dogon-Studenten aus Bamako; sie hatten es vorgezogen, die Rolle von Ortsfremden einzunehmen. Die jungen Leute gaben sich betont großstädtisch, spielten mit Handys und MP3-Playern und gaben vor, über Kopfhörer ihre Musik zu hören, während um uns herum die Salven krachten. Tiècoura beobachtete sie mit wachsendem Zorn. Die Riten, die dort unten aufgeführt wurden, waren ihm fremd, aber dass die jungen Dogon so ostentativ ihre Gleichgültigkeit zeigten, fand er schwer erträglich. Er erwartete von den Jungen zumindest Respekt für die Traditionen. Bevor die nächste Gewehrsalve krachte, drehte er sich zu mir um und sagte: »Ich frage mich wirklich, ob man jemanden mit Kopfhörern überhaupt zu einer Zeremonie zulassen sollte!«

Wir wanderten zwei Tage lang durch eine Landschaft von bizarrer, lebensfeindlicher Schönheit. Das *Pays Dogon* wird über hundertfünfzig Kilometer von einem Plateau aus Sandstein durchzogen; die Dörfer schmiegten sich wie schutzsuchend an die schroff abfallenden Felskanten. Lehmbauten und Sandstein bildeten eine perfekte farbliche Harmonie, und die winzigen Speicherhäuser mit aufgesetzter Strohhaube erweckten den Anschein, es handele sich um eine Siedlung von Hobbits. Die besonders pittoresken Dörfer in den hohen Lagen zeigten allerdings deutliche Anzeichen von Verfall und Abwanderung, waren oft kaum mehr als eine fotogene Fassade.

Wir hatten den Chef des Guide-Büros als Wanderführer bekommen. Ein älterer Herr in klassischer dunkelblauer Dogon-Tracht, eine handgewebte Tunika, dazu die charakteristisch mehrspitzige Kopfbedeckung, über der Schulter ein Lederbeutel. Tiècoura und er verstanden sich bald blendend, vergessen war aller Protest. Die beiden marschierten, ins Gespräch vertieft, als sei ich gar nicht da.

Für ihre Berühmtheit haben die Dogon einen hohen Preis gezahlt: Ihr kulturelles Erbe, soweit es anfassbar und transportierbar ist, wurde ihnen genommen. Die Meisterwerke der Dogon-Statuen stehen heute im Pariser Musée du quai Branly. Die Plünderung begann schon bei den Expeditionen von Marcel Griaule. Sein Mitarbeiter Michel Leiris beschrieb in seinen Tagebüchern, wie Griaule und er ohne Skrupel Kultgegenstände aus Heiligtümern entwendeten. Die Einheimischen, die den Forschern vertrauten, wurden mit plumpen Tricks hinters Licht geführt. So diente ein eingerollter großer grüner Sonnenschirm dazu, gestohlene Skulpturen abzutransportieren, während sich die nichtsahnenden Besitzer freundlich von den Dieben verabschiedeten.

Mir kam es vor, als gliche unsere Wanderung einem Gang durch ein Museum europäisch-afrikanischer Beziehungen.

Die Dogon hatten sich ursprünglich vermutlich auf ihr Felsplateau geflüchtet, um der Islamisierung zu entgehen. Das macht sie den Europäern sympathisch, heute noch mehr als früher. Bei der sogenannten Entdeckung der Dogon in der ersten Hälfte des 20. Jahrhunderts war der antiislamische Reflex in Europa noch nicht so ausgeprägt wie heutzutage. Primitive Kunst wurde damals chic, und ein gewisser Respekt für die Philosophie der Dogon, hilfsweise Animismus genannt, war vermutlich sogar ein Ausweis fortschrittlichen Geistes. Mittlerweile bekennen sich indes viele Dogon zum Islam. Das wird ihnen unter der Hand übelgenommen, und es schadet dem touristischen Geschäft.

Ich hörte, dass für die Touristen nun bestimmte Tänze und Gebräuche wiederbelebt wurden; sie werden aufgeführt, haben aber ihre ursprüngliche Bedeutung im Zusammenleben, ihre soziale und ethische Funktion verloren. Am Eingang mancher Dörfer bot man uns nachlässig geschnitzte Skulpturen an. Es waren schlechte Repliken jener Kunstwerke, die früher nur in rituellem Kontext benutzt wurden und die heute in den Galerien und Museen Europas stehen.

Ein Dogon erzählte uns von einem Konflikt unter Einheimischen: Ein alter Baum, der stets Früchte und Schatten gespendet hatte, war gefällt worden, um Holz für die Touristenschnitzereien zu haben. Und in einem Ort, wo es nur Muslime gab, war ein falscher *Hogon* aufgeboten wurden, um ihn den Touristen als Verkörperung des Animismus zu präsentieren.

Wir kamen an einer Moschee vorbei, die übergroß und mit hellgrünen Minaretten wie ein Fremdkörper in der Steinlandschaft stand. Das Dogon-Land war Schauplatz eines seltsamen Tauziehens: Für die westlichen Touristen wurde der Animismus reanimiert, während arabische Staaten Missionsmoscheen errichteten, die den Dogon einen reineren Islam nahebringen sollten. Angeblich wurden sie wenig genutzt. Aber wie schwer musste es sein, unter dem Ansturm all dieser Einflüsse einen eigenen Weg zu gehen.

Von unserer Wanderung blieben in meiner Erinnerung vor allem die Bilder der Frauen haften, die uns begegneten. Sie gingen in kleinen Gruppen, eine Frau hinter der anderen, manche waren alt. Klein, mager, mit deutlich sichtbaren Halsmuskeln trugen sie auf dem Kopf Brennholz und Marktware bergauf, bergab. Die Pfade ähnelten Felstreppen mit kräftezehrend überhohen Stufen. Die zierlichen Dogon-Frauen hielten ihre Plastiklatschen in den Händen und gingen barfuß leichten Schrittes mit ihrer schweren Last. Wenn sie uns begegneten, grüßten sie in der Sprache der Dogon, es klang wie »E sää-y-o«, ein singender, heiterer Klang in mehreren Tonstufen, er wurde zurückgeworfen von den Felswänden.

Es hatte etwas Heiles, so gegrüßt zu werden. Tiècoura gelang es schnell, diesen Ton nachzuahmen. »E sää-y-o.« Die Frauen lächelten ihm zu.

Im Dorf Sama zählt bei allem das kollektive Handeln.

5. Macht für alle!
Bauern und Hirten als Bürger

Über dem Marktplatz lag erwartungsvolles Schweigen. Eine Fernsehkamera lief, und wann passiert das schon mal in einem Städtchen irgendwo am Niger? Ein Tisch mit Mikrofon stand unter dem Schattendach eines Marktstandes, und ringsum saßen ein paar Hundert Bürger auf Matten und Stühlen. Bürger würden sie sein an diesem Tag, denn der Bürgermeister der Gemeinde legte vor ihnen Rechenschaft ab. Vor laufender Kamera wollte er erklären, was er mit dem Geld gemacht hatte, das ihm anvertraut worden war.

Issa Doumbia saß leicht gekrümmt vor dem Mikrofon, ein baumlanger Mensch. Der Schweiß lief in Strömen von seinem glattrasierten Schädel, als er sich durch den Haushalt der Gemeinde kämpfte. Die Leute vor ihm auf den Matten und Stühlen hörten schweigend zu. Aus den ernsten Gesichtern sprach Skepsis, doch war es schwer zu sagen, ob sie den vorgetragenen Zahlen galt. Vielleicht war abwartende Skepsis schlicht die Haltung, die den Bewohnern der Gemeinde Dioro angemessen zu sein schien, in dieser für alle neuartigen Situation. Später griffen einige den Bürgermeister an, mit dem wachen Misstrauen der Malier gegenüber allem, was Staat ist. Hatte er nicht vielleicht doch etwas gestohlen, der Doumbia?

Die Versammlung auf dem Marktplatz dauerte vom Morgen bis in den Nachmittag. Ein paar Tage später wurde die Aufzeichnung im staatlichen Fernsehen gesendet; die Leute von Dioro saßen in Gruppen beieinander, dort, wo es einen Fernseher gab und einen Generator, denn Dioro hatte ansonsten keinen Strom. Und alle, die sich an diesem Abend selbst im Fernsehen sahen, hatten das Gefühl, an etwas Wichtigem beteiligt gewesen zu sein.

Dioro war fünf Autostunden von der Hauptstadt entfernt, ein Marktflecken am Niger. Silberglänzend zog der Strom vorbei, so breit, dass ich die Inseln in der Flussmitte zunächst für das gegenüberliegende Ufer gehalten hatte. Dioro war eine von 703 ländlichen Kommunen, die in Mali Mitte der 1990er Jahre geschaffen worden waren.

Der bäuerlichen Basis Macht und Selbstbestimmung zu ermöglichen – das zählte zu den Visionen derer, die in Malis erstem demokratischen Frühling gegen die Diktatur gekämpft hatten. Lange genug hat sich die Hauptstadt gemästet, stets hat sie vom Land genommen, ihm selten gegeben. Erst die französische Kolonialmacht stülpte Malis ethnischer, sprachlicher und territorialer Vielfalt einen Zentralstaat über – er ist bis heute für die Masse der bäuerlichen Bevölkerung ein fremdes Ding geblieben, schon allein, weil fünfundachtzig Prozent der Malier nicht die Sprache beherrschen, in der sich der Zentralstaat äußert und in der das Parlament über Politik verhandelt – das Französische. Dezentralisierung soll den postkolonialen Zentralstaat umwandeln, soll ein neues Mali schaffen, »ein Mali der Territorien und der Vielfalt«. Die Kommunen bedecken heute, in sehr unterschiedlicher Größe, das ganze Land, mit Ausnahme der Wüste im Norden. Zwölftausend Gemeinderäte werden turnusmäßig gewählt. Die Kommunen sollen die Übel des Zentralstaats vermeiden, sollen Schauplatz einer besseren Regierungsführung sein.

Die Idee, das Vertrauen der Bürger von Dioro durch offensive Transparenz zu gewinnen, kam von einem jungen Juristen, einem malischen Berater im Dienst deutscher Entwicklungshilfe. Bürgermeister Doumbia begann damit zunächst im lokalen Rundfunk; am Ende jedes Monats machte er auf *Radio Jedugu* (»Radio Gemeinsam«) einen öffentlichen Kassensturz. Die Erfahrungen von Dioro wurden später zum Modell: Heute ist es allen malischen Gemeinden per Gesetz vorgeschrieben, ihre Finanzen einmal im Jahr auf einer großen Versammlung offenzulegen. Und Bürger, die der Verwaltung vertrauen, sind eher bereit, Steuern zu bezahlen. Sie betrachten die Privatisierung des Staates durch gierige Politiker nicht mehr als Naturgewalt.

Als ich mich mit Doumbia, dem Bürgermeister, unterhielt, war ich überrascht, wie offen und schroff er über den Zustand des Staates sprach. »Zu viele hohe Funktionäre in Mali sind Diebe. Deshalb glauben die Leute nur, was sie mit eigenen Augen sehen. Sie wollen Zeugen dessen sein, was passiert.« Die Dezentralisierung, sagte er, sei überhaupt die einzige Chance für Mali, sich zu entwickeln. »Auf nationaler Ebene ist der Staat schlicht verdorben.«

Doumbia, siebenundvierzig, war ein wohlhabender Reishändler; nebenbei betrieb er noch eine Apotheke. »Ich habe Politik nicht nötig«, sagte er, »das verleiht mir Unabhängigkeit.« Wo immer er auftrat, überragte er alle mit seiner langen Gestalt, doch machte ihn das eher ein wenig linkisch. Doumbia war ein nahbarer, unprätentiöser Mensch, und – in malischem Kontext – ein ganz normaler Mann: Als ich ihn besuchte, hatte der Vorzeigebürgermeister der deutschen Entwicklungshilfe gerade eine blutjunge Zweitfrau geheiratet. Nach örtlicher Sitte verbrachte er mit ihr sieben Tage in der Klausur eines sogenannten Hochzeitszimmers. Es handelte sich um ein Lehmhäuschen in der Ortsmitte, eine bedrückend dunkle Kammer, nahezu fensterlos. Für einen Moment durfte ich hinein; ich sah schemenhaft ein Moskitonetz, eine Matratze. Das Paar, beide in Weiß gehüllt, posierte für mich. Im Dämmerlicht glänzten die blanken Augen der Braut. Sie sei achtzehn, hieß es, andere sagten: fünfzehn. Sie ging in die achte Klasse, wie ein Sohn von Doumbia.

Das Mädchen durfte die Kammer sieben Tage lang nicht verlassen, der Bürgermeister empfing währenddessen seine Freunde im Hof. Ich wurde in die fröhliche Runde eingeladen; übergangslos wurden Witze erzählt und kommunale Probleme erörtert, und zwischendurch erhob ein Griot seine Stimme, um die edle Familie Doumbia zu preisen.

Nach der siebten Nacht verließ Doumbia die Kammer, noch ehe der Morgen graute. Es regnete wie aus Kübeln, doch er musste gehen, denn wenn der Mann nicht als Erster geht nach den sieben Nächten, wäre das ein Zeichen, dass die Frau ihn fortan dominiert. Es soll Paare geben, die mit allen Tricks um diesen symbolischen Moment kämpfen, mit heimlich abgestellten Weckern und versteckten Zimmerschlüsseln.

Da es in Dioro kein Hotel gab, war ich mit meinem Dolmetscher im geräumigen Haus des Bürgermeisters einquartiert worden. Als ich begriff, warum der Hausherr abwesend war, kam bei mir ein gewisses Unbehagen auf. Doumbias erste und bisher einzige Frau war eine füllige, resolute Krankenschwester. Sie trug ihr schönstes Gewand und verbarg stoisch ihre Gefühle. Sie hatte drei Kinder bekommen, nur drei Kinder, sagt man dazu in Mali. Das war dem Bürgermeister zu wenig. Hatte er nicht das Geld, einer größeren Zahl von Kindern Auskommen und Schulbildung zu bieten?

Doumbia schätzte das Engagement von Entwicklungshelfern in seiner Kommune, er hatte oft auf ihre Ratschläge gehört, doch was seinen persönlichen Lebensstil betraf, entzog er sich umstandslos westlichen Erwartungen. Nach der ersten Nacht mit zwei Frauen unter einem Dach betrat er ohne Arg sein Wohnzimmer in einem violettfarbenen Zweiteiler, dessen Stoff die Symbole und Slogans des Internationalen Frauentags zeigte.

Die Situation war bizarr, aber sie war auch lehrreich. Aus der Nähe zu erleben, wie akzeptiert die Polygamie war bei einem engagierten Repräsentanten der Demokratie, das war wie eine kleine Illustration zu einem größeren Thema. Die Malier verstanden ihre Kommune keineswegs als Kopie einer französischen oder deutschen Institution gleichen Namens. Sie wollten ihr Leben nach ihrer Fasson leben.

Dass die Polygamie vielerorts im Niedergang begriffen war, stand auf einem anderen Blatt: Die Männer der jüngeren Generation finden sie oft zu kostspielig und emotional zu kompliziert; auch diese Kriterien sind einheimischer Art und entsprechen nicht unbedingt einem westlichen Gender-equality-Katalog. Die kommunale Selbstverwaltung kann nur gelingen, wenn an der

Basis gemäß malischer Werte und malischer Vorstellungen verfahren wird. Wenn also das Fremdheitsgefühl, das die meisten Malier gegenüber dem Französisch sprechenden Zentralstaat empfinden, abgelöst wird durch ein Gefühl von Bei-sich-Sein, von Zu-Hause-Sein.

In Bamako hatte ich darüber mit Ousmane Sy gesprochen, einem Pionier der staatlichen Dezentralisierung. Sy war Politiker, Politikdozent und Gründer eines Institut du Local; er hatte die neue Politik in den ersten, entscheidenden Jahren geprägt und vorangetrieben.

Sy erzählte mir als Erstes folgende Anekdote: Als junger Entwicklungsökonom betrieb er in Mali Forschungen, warum die Landwirtschaft so schlecht vorankam. Von einem alten Bauern bekam er damals zu hören: »Mein Sohn, alle Schwierigkeiten hängen damit zusammen, dass wir unsere Fetische aufgegeben haben, um uns die der anderen zu borgen. Der Nachteil ist nur, dass wir nicht die Sprache der geborgten Fetische sprechen.« Damals, sagte Sy, habe er gelernt: »Afrika muss auf die Suche nach dem gehen, was es verloren oder aufgegeben hat: sein Selbst. Wir müssen aus unserem Erbe und unseren Traditionen heraus die Fragen beantworten, die die Moderne uns stellt. Und die Wurzeln unseres Selbst liegen im Lokalen.«

Als Sy dann mit der ersten Aufklärungsmission durch die Dörfer zog, um das sperrige Wort Dezentralisierung volksnah zu erklären, hörten die Bauern lange und höflich zu und sagten ihm dann, das alles sei doch nichts Neues. Sie übersetzten den Begriff mit »die Rückkehr der Verwaltung nach Hause«, und darunter verstanden sie Gepflogenheiten, die über Jahrhunderte den Alltag ihrer Vorfahren geprägt hatten.

Tatsächlich wurzeln die Grundsätze lokaler Selbstverwaltung im kulturellen Erbe der malischen Gemeinschaften. Die Stabilität der großen Reiche vor der kolonialen Eroberung beruhte nicht zuletzt darauf, dass die Herrscher den lokalen Institutionen eine große Autonomie ließen. Im Mali-Reich begann die Verwaltung, *Mara* genannt, ganz unten bei den Großfamilien, es folgten die

Ebenen von Dorf, Region, Staat und Reichsbund, eine Pyramide der Zuständigkeiten. Die höchste Instanz intervenierte nur, wenn die unteren Instanzen die Kontrolle verloren. Das würde man heute das Prinzip der Subsidiarität nennen.

Auf allen Ebenen gab es zusätzlich einen Rat der Weisen, dem die Ältesten der wichtigsten Gesellschaftsgruppen angehörten. Auch das Staatsbürgerrecht Alt-Malis war vergleichsweise modern: Besiegte und annektierte Völker hatten in dem multiethnischen Großreich dieselben Rechte wie die ursprünglichen Einwohner; selbst Kriegsgefangene konnten Vollbürger werden.

Manche Malier neigen heute dazu, die Vergangenheit zu idealisieren – als habe es im Mittelalter eine harmonische Ordnung der Dinge gegeben, zu der man heute nur zurückzukehren brauche. Das alte Mali war ein Feudalstaat, keine Demokratie, und seine Bevölkerungen, die viel kleiner waren als die heutigen, verteilten sich auf so riesige Räume, dass nur ein indirekter Stil des Regierens möglich war. Basisdemokratie im 21. Jahrhundert stellt Anforderungen, die sich nicht mit den Methoden des 13. oder 15. Jahrhunderts bewältigen lassen.

Und doch ist es wichtig, die Geschichte zu kennen. Mali war kein weißer Fleck auf der Landkarte, als die Europäer eintrafen. Im kollektiven Gedächtnis schichteten sich bereits die Erinnerungen an gerechte und ungerechte Formen von Herrschaft übereinander, und es gab, wie die Manuskripte von Timbuktu zeigten, einheimische Kriterien, das eine vom anderen zu unterscheiden. Die Tragik liegt darin, dass solche Traditionslinien abgerissen sind und die Malier von heute wie Erstklässler in die Good-governance-Schule der Entwicklungshelfer geschickt werden.

Die Kolonialverwaltung unterwarf die Gemeinwesen und ihr Gewohnheitsrecht. Die traditionellen Dorfräte wurden entmachtet zugunsten einer von oben eingesetzten, willfährigen *chefferie*. So kam erstmals die Erfahrung einer systematisch korrumpierten Macht in die Dörfer. Und trotzdem blieb die Struktur des malischen Dorfes selbst während dieser siebzigjährigen Epoche auf geheimnisvolle Weise nahezu unverändert: Immer war die kleinste Einheit nicht der Einzelne, sondern ein Familienverband. Auf dessen gemeinsamen Feldern wurde umschichtig gearbeitet, das Produkt dann aufgeteilt. Der Einzelne konnte sich seines Auskommens sicher sein – aber er musste sich auch begnügen mit dem, was ihm zugeteilt wurde, konnte nicht ehrgeizig vorpreschen. Als in den sozialistischen 1960er Jahren junge Bauern nach einer Pionierausbildung mit neuen Ideen und neuen Werkzeugen zurück in die Dörfer kamen, zerschellte ihr Modernisierungselan häufig an der Macht des Althergebrachten und an der Dickköpfigkeit der Alten.

Ido-ikolola, »Halte dich aufrecht aus eigener Kraft!« – auch so lässt sich das sperrige Wort Dezentralisierung auf Bamanankan umschreiben. Aber woher kommt die Kraft, in den Kommunen der Gegenwart?

Die Regierung hat großzügig Aufgaben und Zuständigkeiten nach unten delegiert, die Gemeinden sind nun verantwortlich für Grundschulen, Wasser und Abfall, sie sollen Gesundheitsstationen betreiben, Straßen und Märkte instand halten. Sogar die Energieversorgung ist Sache der Kommunen, in einem Land, wo außerhalb der Städte neun von zehn Maliern keinen Zugang zu Strom haben.

Nur das Geld, das soll in Bamako bleiben, denn wo das Geld ist, da ist die Macht. Während alle Regierungen der vergangenen zwei Jahrzehnte Lippenbekenntnisse zur Dezentralisierung abgaben, blieb der Widerstand in den Bürokratien der Hauptstadt immens: Es galt, die Fleischtöpfe zu verteidigen, die Quellen der Korruption. Und wie viel leichter fällt es einem Funktionär in Bamako, unbemerkt Gelder zu hinterziehen. Ein Beamter auf dem Land steht hingegen unter direkter Beobachtung, jeder sieht seinen Lebensstil.

Immer noch werden also gut neunzig Prozent aller Ausgaben durch den Zentralstaat getätigt. Dabei müssten, sagen malische Experten, dreißig Prozent der Budgets an die Kommunen gehen, damit sie ihren Aufgaben gerecht werden können. Es fehlt vor Ort auch an Personal; zwei Drittel aller staatlich Beschäftigten hocken in Bamako. Hinter dieser Zahl verbirgt sich ein gewaltiger Kampf: ein Kampf der Hauptstadt gegen den Rest des Landes, ein Kampf der städtischen Eliten gegen die verachteten Bauern, ein Kampf der Wenigen gegen die Vielen. Nirgendwo ist Mali so arm wie an seiner Basis.

Was also tun? Regelmäßig marschieren die Bürgermeister der 703 Kommunen, also etwa siebenhundert Männer und zwei, drei Frauen, nach Bamako, um Geld zu fordern und andere Haushaltsgesetze. Regelmäßig kehren sie ohne Erfolg nach Hause zurück. Folglich können die Gemeinden nur die wenigen Ressourcen mobilisieren, über die sie selbst verfügen.

Dioros wichtigste Ressource war der Markt. Viertausend Händler, vor allem Händlerinnen, strömten hier jede Woche zusammen, viele kamen von weit her, manche sogar aus der Hauptstadt. In Dioro kreuzten sich Wege, die unsere Augen nicht sehen, die Handels- und Konsumwege einer ländlichen Gesellschaft, in der die Suche nach Kundschaft mit allergrößter Bereitschaft zur Mobilität verbunden ist. Und in Dioro gab es nahezu alles, wovon man nur träumen konnte, sogar solche Verrücktheiten wie Stereoanlagen und echte Lederfußbälle.

Früher war der Markt schmutzig und brachte der Kommune nichts ein. Beides hatte sich geändert, dank einer basisdemokratischen Struktur. Sich darauf zu einigen, war nicht leicht gewesen: Ein Jahr lang hatten die einzelnen Branchengruppen der Händler immer wieder debattiert. Nun wählte die Vollversammlung jeder Händlersparte einen Delegierten, und die Delegierten wählten für ein Jahr ein Komitee, das den Markt leitete.

Am Markttag drängelten sich Gebühreneintreiber mit winzigen Quittungen durch das Gewühl: Umgerechnet acht Cent waren für einen Eselskarren zu entrichten, siebzehn Cent für einen regulären Stand. Die Quittungen bloß nicht wegwerfen!, das hatten alle im Radio gehört – damit es keinen Missbrauch gäbe. Die acht Cent könnten ja sonst zweimal kassiert werden. Dreiviertel der Einnahmen wanderten in den Gemeindehaushalt, mit dem restlichen Viertel wurde der Markt instand gehalten.

Das Marktkomitee tagte im schattigen Durchgang zwischen zwei Lagerräumen. Der Sekretär des Komitees notierte akribisch in einem Schulheft, was der Gebührenchef ihm seinerseits aus einem Schulheft vorlas. Das Schulheft ist in Mali ein Erkennungszeichen von Basisdemokratie: Auf seinen Linien werden die kleinen Münzen der Partizipation verzeichnet, mit so viel Akkuratesse und Hingabe, als würde die großkalibrige Korruption andernorts gar nicht existieren.

Die Debatte im Marktkomitee erhitzte sich rasch. Der Markt war zu nass, die Abwasserbeseitigung funktionierte nicht richtig; das sei die Schuld des Bürgermeisters: Er gebe dafür nicht genug Geld frei! Wenn Malier und Malierinnen debattieren, wirkt es oft so, als stünden sie auf einer Bühne. Sie lieben Pathos, Rhetorik und leidenschaftliche Geste, so war es auch in diesem schattigen Durchgang zwischen zwei Lagerräumen. Ohne meinen Dolmetscher hätte ich gewiss angenommen, hier würde nicht die Pfütze auf dem Markt, sondern das Drama der Nation verhandelt. Die Vizepräsidentin deklamierte stehend, ihr kanariengelbes Gewand kam ins Rutschen, legte eine Schulter frei, sie ignorierte das. »Wir müssen eine Versammlung einberufen und das Radio mobilisieren!« Dann trennten sich die Mitglieder des Komitees in grimmiger Hochstimmung. Die Einnahmen aus dem Markt blieben vor Ort, ein kleines Zeichen finanzieller Autonomie. Doch die Kommune musste auch dem Zentralstaat zuarbeiten und Steuern eintreiben, von denen sie nur einen Teil später zurückbekam. Im kleinen Rathaus von Dioro fand ich ein junges dreiköpfiges Team, das sich der Aufgabe enthusiastisch, doch ohne Illusionen stellte. Wie konnte man arme Malier dazu bewegen, etwas an den Staat zu geben, der so wenig für sie tat?

Zu der moralischen Herausforderung gesellte sich eine logistische: Die achtundvierzigtausend Einwohner der Gemeinde Dioro verteilten sich auf dreißig Dörfer. Im Rathaus hing eine handgemalte Karte, sie zeigte ein Gewirr gestrichelter Pisten; die Punkte, zu denen keine Striche führten, waren jene Dörfer, die während der Regenzeit praktisch nicht zu erreichen waren.

Wenn sich Issa Sidibé, der Buchhalter der Gemeinde, auf sein Moped setzte, um Steuern einzutreiben, trug er ein makellos gebügeltes Hemd und frisch geputzte Lederschuhe. Die Kleidung, sagte der Dreißigjährige, unterstreiche »die Seriosität des Amts«. So fuhr er mit seinem feinen Aufzug durch Matsch und durch Staub. In jedes der dreißig Dörfer fuhr er zweimal, denn so gering die jährlichen Steuern aus unserer Sicht sein mögen, niemand konnte sie auf einen Schlag bezahlen. Acht Cent pro Schaf, sechzehn Cent pro Esel, vierzig für eine Kuh, drei Euro für einen arbeitsfähigen Erwachsenen.

Die Rindersteuer kam mir sehr hoch vor: Wie konnte der Besitzer einer größeren Herde sie aufbringen? Sidibé lächelte. Ich hatte für einen Moment vergessen, dass jede Regel in Mali Gegenstand eines Aushandlungsprozesses ist. Wenn du für zehn Rinder die Steuer entrichtest, ist der Staat zufrieden und sieht den Rest deiner Herde nicht.

Wenn der Buchhalter seine Touren machte, saß hinten auf seinem Moped ein Polizist, um den Geldtransport zu bewachen. Den Polizisten musste sich die Gemeinde eigens für jede dieser Touren ausleihen, bei einer höheren Behörde.

Um die Dorfgemeinschaften zu einer guten Steuermoral zu ermuntern, hatte die Gemeinde eine Art Wettbewerb ausgeschrieben: Das Dorf mit dem höchsten Prozentsatz an Steuerzahlern bekam einen Preis, zum Beispiel Radiogeräte und einige Säcke Reis. Man muss an dieser Stelle wissen, dass gerade die Kopfsteuer bei Maliern böse Erinnerungen wachruft. In der Kolonialzeit war sie ein Instrument, um die Bauern zu einem bestimmten Verhalten zu zwingen: Sie mussten, ungeachtet der eigenen Versorgung, für den Handel geeignete Agrarprodukte wie etwa Erdnüsse anbauen, die dann von den Kolonialgesellschaften aufgekauft wurden – und so dem Bauern erst das Zahlen der Steuer ermöglichten. Wer sich weigerte, musste mit dem Schlimmsten rechnen, mit dem Niederbrennen seiner Behausung, mit Enteignung oder Plünderung. Junge Leute waren gezwungen, in der Stadt Arbeit zu suchen und ihren Verdienst dann aufs Dorf zu schicken, damit die Eltern ihre Steuerschuld begleichen konnten.

Auch das Wort »Partizipation« hat eine unselige Geschichte: In der Spätphase der französischen Herrschaft dienten sogenannte Dorfgruppen dazu, die Bauern auf bestimmte Leistungen zu verpflichten; wenn Einzelne nicht »partizipieren« wollten, wurde die ganze Dorfgruppe bestraft. Jahrzehnte später kam die westliche Entwicklungshilfe mit der *participation* als neuem Modewort zu den Sahelbauern. Eigentlich ist dieser Ausdruck herablassend: Du darfst dich beteiligen, aber die Eigentümer sind andere.

Issa Sidibé, der korrekt gekleidete Buchhalter, hatte mir erzählt, wer den letztjährigen Wettbewerb in Steuermoral gewonnen hatte. Das Dorf hieß Sama; ich wollte die properen Steuerbürger kennenlernen.

Sama, das waren tausendsechshundert Menschen, drei Familiennamen, hundert Prozent Steuerzahler. Vielleicht lag es am goldenen Licht des Nachmittags, aber dieses Fischerdorf blieb in meiner Erinnerung als Inbegriff von Harmonie. Alles war flach hier, einstöckig und aus Lehm, das Dorf schmiegte sich eng an das sandige Ufer des Niger. Nichts störte das Auge, nichts schien scharfe Kanten zu haben. Die Konturen der Lehmhäuser waren weich, wie gerundet. Sama war ein Dorf der Bozo; sie gelten als eine der ältesten Zivilisationen des Sahel, jedenfalls als älteste Anwohner des Niger. Dadurch hat ihre Beziehung zum Fluss eine besondere, auch spirituelle Qualität, die von allen Maliern anerkannt wird.

In der langen Tradition der Lehmarchitektur am Niger gelten die Bozo als besonders geschickte Baumeister, und die Moschee von Sama bestätigte diesen Ruf. Sie überragte als einziges Gebäude die einstöckigen Häuser des Dorfes. Ihre ausgewogenen Proportionen faszinierten mich, noch bevor ich verstanden hatte, welche unsichtbare Verbindung zwischen der Moschee und dem eigentlichen Grund meines Besuches bestand. Angedeutete vertikale Pfeiler ließen das Bauwerk höher erscheinen, als es tatsächlich war. Die Ostseite, Mekka zugewandt, bestand aus einem Triptychon von drei stämmigen Türmen. Sie waren gleichmäßig mit Holzstöcken gespickt, die das Hochklettern erleichtern, wenn der Lehm einmal im Jahr erneuert wird. Als ästhetischen Nebeneffekt zaubern die Stöcke je nach Sonnenstand ein Schattenmuster auf die Mauern.

In ihrem Baustil, der über die Jahrhunderte nur wenig verändert wurde, hatte die Moschee von Sama etwas majestätisch Zeitloses. Tatsächlich war sie erst vor Kurzem gebaut worden, eine Gemeinschaftsarbeit der Frauen und Männer des Dorfes von fünfzig Tagen Dauer. Allein die Herstellung der Lehmziegel war harte Arbeit gewesen. Die Mauern leuchteten in einem besonders warmen Ocker; der Lehm war zur Ehre Gottes und zur besseren Haltbarkeit mit Karité-Butter (auch Shea-Butter genannt) verrührt worden. Die äußere Lehmhaut zeigte die Wischspuren jener Hände, die den letzten Verputz aufgetragen hatten; die Spuren verliefen in schönen, parallelen Bögen.

Als ich fragte, ob sich für ein Foto einige der am Bau Beteiligten vor die Moschee stellen könnten, kamen zu meiner Überraschung zwei Dutzend ältere Männer und Frauen. Die Frauen hatten sich schnell einen weißen Gebetsschal übergeworfen, und die meisten hielten für das Foto ihre Gebetskette hoch. Ich mag dieses Foto sehr, weil es mit seinen kleinen Details zeigt, wie Malier sich gemäß ihrem Verständnis von Würde inszenieren. Meine westliche Idee, das Bild der Moschee mit ein paar (jungen) Baubeteiligten aufzulockern, hatten sie nicht kritisiert, sondern stillschweigend korrigiert: Nun repräsentierten die Älteren, ehrenvoll aufgereiht, die kollektive Frömmigkeit des Dorfes.

Auch sonst machten die Bewohner von Sama das meiste gemeinsam. Wenn Wahlen anstanden, dann wählte das ganze Dorf denselben Kandidaten; so wurde es mir erzählt, im Tonfall größter Selbstverständlichkeit. Indem alle unisono wählten, glichen die Fischer gewissermaßen aus, was sie als Nachteil dieser Art von Demokratie empfanden: dass alle Stimmen den gleichen Wert besaßen und die Stimme einer unverheirateten jungen Frau, auf die im Normalfall niemand hören würde, genauso viel wog wie die Stimme des Imams oder des Dorfchefs. Und natürlich gaben Letztere vor, was das Dorf wählte. Sama hatte sich, wie andere Dörfer Malis, seine eigene Kombination aus moderner Wahldemokratie und althergebrachtem Konsenssystem geschaffen.

Dabei hing alles von der moralischen Qualität und dem Wissensstand derer ab, deren Ansichten das größte Gewicht hatten. Wenn es abweichende Meinungen gab, wurden sie angehört; das malische Dorf ist keine Diktatur, und man lässt sich Zeit für Beratungen. Als eine Dauereinrichtung sind Dissidenz und Opposition indes nicht vorgesehen, sie haben keinen Wert an sich. Auf höherer Ebene, in Bamako, erstickt genau dies, nämlich die Geringschätzung oppositioneller Politik, den Geist des Parlaments.

Gleichwohl hatten die Fischer von Sama ein präzises Verständnis von demokratischem Fair Play: den Sieger akzeptieren, auch wenn sie diesen Kandidaten nicht gewählt hatten. Denn so war es in diesem Fall tatsächlich gewesen: Sie hatten nicht für den Bürgermeister Doumbia gestimmt, sondern für dessen Konkurrenten. Und zahlten nun trotzdem so mustergültig Steuern.

Der Dorfchef holte fünf Schulhefte, das waren die Steuerakten von Sama. Darin hatten die fünf Mitglieder seines Dorfrates alle Familiennamen aufgezeichnet, in arabischer Schrift, denn die dörflichen Honoratioren hatten in ihrer Jugend nur die Koranschule besucht. Wie klein die Raten sein durften, in denen die Fischer ihrer Steuer entrichteten, das war Verhandlungssache. »Wir müssen uns untereinander arrangieren«, sagte der Dorfchef entschuldigend. Die Bürger bekamen eine Quittung für jede Rate, ein kleines weißes Kärtchen von einem winzigen perforierten Block; es handelte sich um einen ausrangierten Spendenblock vom letzten Fußball-Afrika-Cup. Das tat der Seriosität keinen Abbruch. In Mali wie in anderen armen Ländern Afrikas zahlen viele Menschen einen kleinen Obolus, damit die Nationalmannschaft zu Turnieren fliegen kann.

Es war nicht leicht, in Sama ein guter Steuerzahler zu sein. Issa Sidibé, der Buchhalter, wusste das nur zu gut. Es gab Tage, da drehte er auf seinem Moped unverrichteter Dinge wieder ab, denn er traf nur Frauen und Kinder an. Alle Männer waren weg, denn so wie es Wanderarbeiter gibt, gibt es auch Wanderfischer. Die Männer von Sama waren gezwungen, den saisonalen Fischgründen zu folgen, den Niger hinab bis ins große Binnendelta des Flusses.

Die Bürger von Sama waren also keineswegs wohlhabend – und gewiss nicht wohlhabender als andere; sie waren als Steuerzahler nur disziplinierter, aufgrund der strikten Kollektivität, in der sie lebten.

Als ich aus Sama zurückkam, ging ich noch einmal ins Rathaus. Issa Sidibé hatte darauf bestanden. Er wollte mir unbedingt Quittungen zeigen. Wenn die Dorfchefs ihm die Steuern ihres Dorfes übergaben, dann bekamen sie von Sidibé eine Quittung. Er behielt einen Durchschlag. Und wenn er dann das Geld in der nächsten größeren Stadt zur Staatskasse brachte, wurde die Übergabe handschriftlich auf der Rückseite dieser Durchschläge quittiert. Dem jungen Buchhalter lag viel daran, dass ich sah, wie korrekt alles verlief. Er stammte aus Bamako, er war ein Stadtjunge; er wusste, wie es dort zuging, und er wollte, dass ich sah: Es gibt noch ein anderes Mali.

Kann es tatsächlich gelingen, auf diese Weise, also von unten, einen besseren, einen sauberen Staat aufzubauen? Die Hoffnungen sind groß. Doch es gibt auch Kommunen, die sich wie ein schlechter Staat in Miniaturformat aufführen. Wo Bürgermeister und Gemeinderäte einander die besten Grundstücke zuschanzen – wie in einigen Teilen Bamakos. Viele der lokal Gewählten gehören der Partei Adema an, die auf nationaler Ebene für den Niedergang von Malis Demokratie verantwortlich gemacht wurde. Und mancherorts fanden sich auf den Listen für Kommunalwahlen Frauen, die nicht einmal gefragt worden waren, ob sie kandidieren wollten – es wurde schlicht nach dem Motto verfahren: Wo Frauennamen stehen, fließt Entwicklungshilfe hin.

Wie statusversessen junge Leute sein können, die sich im bloßen Umfeld von Politikern bewegen, zeigte das Beispiel eines

Fanclubs der Abgeordneten Aichata Haidara. Eine ehrgeizige, bestens vernetzte Geschäftsfrau, die unter ihrem Spitznamen Chato landesweit bekannt ist und auch schon Präsidentschaftskandidatin war. Chatos Wahlkreis ist das nordmalische Städtchen Bourem. Dort gründeten dreißig ihrer Anhänger besagten Fanclub und erfanden dabei zwanzig Posten, bis zum »stellvertretenden Sekretär für auswärtige Beziehungen«. Die Liste, selbstbewusst im Internet präsentiert, liest sich wie Satire, zumal sich die Aktivitäten des Clubs vorerst im Ausfegen der Höfe von Rathaus und Moschee erschöpften. Unbewusst hatten die jungen Fanclubgründer ein Verhalten imitiert, das ihnen vorgelebt wurde: Wer Zugang zum politischen Geschäft und dessen Pfründen bekommen will, braucht als Erstes einen hübschen Posten.

Nach mehr als zwei Jahrzehnten Demokratie ist auf dem Land vielerorts nicht ausgemacht, wer mehr Legitimität besitzt: der gewählte Vertreter der modernen Demokratie oder die traditionellen Autoritäten, die ihre Ämter von Großvater und Vater erbten oder von einer Runde dörflicher Familienoberhäupter verliehen bekamen. Auch in Dioro hatte es lange gedauert, bis Bürgermeister Doumbia Anerkennung errang. In einer Gemeinde von der Größe Dioros verfügen die traditionellen Autoritäten über eine beträchtliche Mannstärke: die Chefs der dreißig Dörfern, jeweils mit drei Beiräten, dazu sieben Quartierchefs im Zentralort, auch jeweils mit Beiräten. Weil sie Machtverlust fürchteten, hatten sich alle zunächst gegen den Bürgermeister zusammengetan.

Mittlerweile waren die Querelen Vergangenheit, und es schien eine stillschweigende Übereinkunft, eine Art Doppelherrschaft zu geben.

Ich traf mich mit den traditionellen Honoratioren von Dioro im Hof des blinden Ortschefs. Er war so alt und gebrechlich, dass ich fürchtete, er werde im nächsten Moment sterbend von seinem Bambusstuhl zu Boden sinken. Auch seine Söhne waren schon betagt, sie bestimmten einen achtundvierzigjährigen Enkel zum Sprecher. Der Mann überraschte mich: Er war kundig, geistig rege und eloquent, ein Bauer mit Abitur, der zur Scholle zurückgekehrt war. Er verkörperte eine neue Generation im traditionellen Amt, sah sich nicht als Gegenspieler des Bürgermeisters, sondern »als Vermittler« zwischen der Basis der Bürger und der politischen Kommune. Er benutzte nicht das Wort »Kontrolle«, deutete jedoch in diese Richtung: Jene, die von alters her das Vertrauen der Bürger genießen, schauen den Gewählten auf die Finger.

Als wir über die Korruption in der Hauptstadt sprachen, drängte es plötzlich die Alten, selbst zu sprechen. Sogar der Greis, den ich schon sterbend wähnte, straffte sich für einen Moment auf seinem Bambusstuhl und krächzte: »Diese Beamten leben von unserem Blut! Wenn es nach uns ginge, wir würden sie erschlagen!« Offensichtlich hatten alle in Dioro denselben Hauptfeind.

Die ersten Kommunen sind in den 1990er Jahren im unruhigen Norden des Landes entstanden, im Raum Timbuktu, Gao, Kidal. Die örtliche Selbstverwaltung sollte dort einen Beitrag zu einem dauerhaften Frieden leisten. Das ist gescheitert – nicht weil die Idee schlecht, sondern die Praxis überaus mangelhaft war.

Das lag nicht zuletzt an widerstreitenden Konzepten für die Sicherheit der Region: Ein Friedensabkommen mit den Tuareg sah vor, dass sich der Zentralstaat militärisch zurückzieht. Andererseits drängte die Europäische Union darauf, Nordmali gegen die vordringenden Kräfte von Al Qaida abzusichern. Im Endeffekt wurde der dünn besiedelte Norden dem Recht des Stärkeren überlassen. Nicht die Bürger wurden ermächtigt, sondern mafiöse Gruppen, Drogenhändler, Milizen, unter der Patronage von Regierenden in Bamako.

Im Norden wird nun ein neuer Anlauf unternommen, und es stellen sich dort Fragen, die auch für andere Krisengebiete Bedeutung haben: Wie kann eine dezentrale, basisnahe Sicherheitspolitik aussehen? Wie kann die Bevölkerung in die Lage versetzt werden, sich selbst zum Beispiel gegen das Eindringen von Djihadisten zu wappnen?

Als ich in Bamako mit Ousmane Sy sprach, dem Pionier der kommunalen Selbstverwaltung, fragte ich ihn, was er von der Vorstellung vieler ausländischer Beobachter hielt, dass sich die Lage in Malis Norden vom Rest des Landes grundsätzlich unterscheide.

Ousmane Sy widersprach heftig: »Andere Regionen des Landes können sich mit gleichem Recht vernachlässigt fühlen. Der Unterschied ist nur, dass dort nicht zu den Waffen gegriffen wird, weil das nicht Teil der lokalen Kultur ist. Die Probleme des Nordens sind die Probleme aller Regionen. Wir müssen diesen Typ von Staat ändern, sonst werden wir keine Stabilität finden.«

Ich fragte Sy, warum es in Mali so schwer sei, zu einem anderen Verständnis von Staat zu gelangen.

»In unseren Köpfen ist immer noch zu viel koloniales Denken; unser Erziehungssystem favorisiert das. Viele Funktionäre halten die Bevölkerung vor Ort schlicht für ignorant; sie trauen ihr nicht einmal zu, das eigene Terrain zu kennen. Diese Leute müssen ihre Wahrnehmung des Landes ändern, sie müssen reisen, sie müssen Mali überhaupt erst einmal kennenlernen. Viele Funktionäre machen mit ihren Kindern lieber Urlaub im Ausland als ihnen die Vielfalt des eigenen Landes zu zeigen.«

Wie grün die Sahelzone sein kann! Wenn es geregnet hat, überzieht sich die Landschaft der Trockensavanne mit einem hellgrünen Firnis. Ein Wiesenteppich – von Weitem betrachtet ist er täuschend dicht, von Nahem dünn und löcherig. Niedrige, krumme Bäume tragen nun gelbe Blüten. In wenigen Monaten würde in den weiten Räumen nördlich des Niger alles wieder ausgedörrt sein, die Bäume wie abgestorben, die Vögel geflohen. Nun standen Kamele vor grüner Kulisse, ein seltsamer Anblick.

Ich war unterwegs zu einem Dorf, das selbst Malier für abgelegen halten. Ich wollte sehen, wie eine Basisjustiz funktioniert, die traditionelle und moderne Ansätze verbindet.

Der Rhythmus, in dem ich mich dem Abgelegenen näherte, war am allmählichen Verschwinden der Straße zu erkennen: erst noch Asphalt, dann eine Piste aus roter Erde, und schließlich ein weicher Sandweg. Er zog sich mit sanften Kurven durch den grünen Wiesenteppich, markiert nur von den Reifen der Eselskarren. Der Eselskarren war von nun an das Maß der Dinge.

Zehn Dörfer und kein einziges Auto, das war die Gemeinde Bellen. Eine sogenannte Buschgemeinde. Von Nord nach Süd zwei Tagesreisen im Eselskarren. Drei Tage Eselskarren bis zur nächsten größeren Stadt. Anderthalb Tage bis zu einem Krankenhaus. Kein Strom, kein Telefon. Kein Polizist. Wer hier lebte, schlief mit dem rostigen Schrei der Esel ein und wachte damit auf. Fünftausend Menschen, verteilt auf dreitausend Quadratkilometer, da ist genug Platz für jeden, könnte man meinen. Und doch war die Ruhe in dieser Einöde trügerisch. Es hatte Verteilungskämpfe gegeben, sogar Tote.

Wenn der Sahel, das Wüstenufer, ergrünt, dann kommen die Herden; große Herden, manche sind tausend Rinder stark. Sie kommen von der südlichen Seite des Niger, und auf der Suche nach Nahrung ziehen sie monatelang durch die weiten Räume bis hinauf zur Grenze mit Mauretanien. Die Zeit der Herden ist die Zeit der Konflikte, der Konflikte zwischen Bauern und Hirten um das Grün, um das Land, um das Wasser. Am Wüstenufer wirft der Klimawandel die Menschen gegeneinander, und es macht die Sache nicht leichter, dass Hirten und Viehhalter zur Ethnie der Peulh und zu den Mauren zählen, die Bauern hingegen zu den Bamanan. Ethnische Zugehörigkeit ist nicht die Ursache der Konflikte, aber sie erschwert die Verständigung.

Wie mit Tusche gezeichnet standen die langen dünnen Gestalten der Peulh-Hirten jetzt in der flachen Landschaft. Sie trugen den charakteristischen, nur den Peulh vorbehaltenen kegelförmigen Hut aus Ziegenleder und geflochtenem Stroh, der ihrer Silhouette von Weitem eine asiatische Anmutung verlieh. Mit einer langen Stange und bizarren tänzerischen Bewegungen dirigierten sie ihre Herden.

Die Peulh, auch Fulbe genannt, sind ein großes halbnomadisches Volk, das sich auf ganz Mali und auf zahlreiche Nachbarländer verteilt. Seit Menschengedenken sind sie im Sahel die Viehzüchter und die Viehhalter. Woher die Peulh ursprünglich einmal gekommen sind, ist immer noch ein Geheimnis; ein etwas hellerer Teint und ihre Gesichtszüge lassen eine Herkunft im äthiopischen Raum vermuten. Die Peulh-Frauen gelten in Mali oft als große Schönheiten.

Die zweite Gruppe der Hirten in dieser Buschgemeinde ist zahlenmäßig kleiner: Die Mauren können aus dem heutigen Mauretanien stammen oder auch schon lange in Mali ansässig sein. Manche sind arabisch-hellhäutig, andere sind dunkelhäutig – Migration, Eheschließungen und eine lange grenzübergreifende gemeinsame Geschichte haben mehr Wirklichkeiten hervorgebracht, als im ethnologischen Lehrbuch vorgesehen sind.

In dieser Einöde also, wo es keinen Polizisten und keinen Richter gab, hatten sich zehn Dörfer ein eigenes Recht gegeben, ein Ortsrecht. Es war festgehalten in einer sogenannten »lokalen Konvention«, einem zwölfseitigen Papier, das eine Vollversammlung der Dörfer beschlossen hatte. Das Ortsrecht diente dem Schutz der natürlichen Ressourcen und sah ein Prozedere für Konflikte zwischen Hirten und Bauern vor. Ihm unterlag, wer in der Gemeinde wohnte, wer seine Tiere auf ihrem Gebiet grasen ließ oder wer von auswärts kam, um Brennholz zu schlagen – ein chronisches Problem in einem Land, wo nahezu alle mit Holzkohle kochten.

Jedes der zehn Dörfer hatte nun ein sogenanntes Ressourcenkomitee, das die Bewachung des Waldes organisierte, Holzdiebe zur Verantwortung zog und Streitfälle mit den Hirten regelte. Und die Gemeinde durfte jede Herde, die nicht nur auf Transit vorbeikam, mit einer Steuer belegen.

Als ich in Toïma ankam, einem Vierhundert-Seelen-Dorf, sprangen die Kinder wie erschrockene Ziegen zur Seite und schrien: »Ein Auto! Ein Auto!« Ich ging zuerst zum Dorfchef, um ihm meine Aufwartung zu machen; so verlangen es die Sitten auf dem Land. Der Mann war nicht da, das ließ mich Schlimmes fürchten, denn ohne den Segen des Dorfchefs konnte ich in

Toïma nicht einmal umhergehen; ich war praktisch nicht angekommen. Zum Glück gab es einen Bruder, der zur Vertretung bereit war. Er sagte »Bismillah!« und wischte sich zur Bekräftigung mit beiden Händen über sein Gesicht. *Bismillah* heißt im Arabischen eigentlich »im Namen Gottes«. In Mali ist es ein Willkommensgruß.

Nun wetzte jemand ein Messer und griff ein Huhn, kurz darauf wurde mein Mittagessen kopflos vorbeigetragen, Widerspruch war zwecklos. Die Regeln von Sozialität und Autorität sind ehern in einem malischen Dorf; ohne sie zu berücksichtigen, konnte auch die Basisjustiz nicht funktionieren. Und so war bei der neuen Aufgabe, die Experten schnittig »Ressourcen-Management« nennen, in Toïma eine ganz traditionelle Gruppe führend: die Jäger. Nicht nur weil sie den Busch am besten kannten. Ein malischer Jäger gilt als zuverlässig, diszipliniert und kundig, er ist Bewahrer von Kultur und Hüter spirituellen Wissens.

In Toïma war der betagte Chef der Jäger arg schwerhörig. Seine formelle Stellung im Ressourcenkomitee berührte das nicht, nur führte ein anderer für ihn das Wort. Auch der war alt, Morike Konaré, ein zierlicher Mann mit sparsamen Bewegungen und zurückhaltendem Wesen. Er fungierte als eine Art Friedensschlichter im Dorf.

Konaré zeigte mir zuerst das Tiergefängnis, ein sorgsam abgeschlossener Kral. Wenn eine durchziehende Herde ein Feld beschädigte, wurden die Übeltäter hier festgehalten, bis der Besitzer den Schaden beglichen hatte. Gegenwärtig war das Gefängnis leer, zum Glück! Alle fürchteten die Konflikte zwischen Hirten und Bauern.

Konaré, der Schlichter, erzählte von Toïmas letztem großen Fall: Zwanzig Kühe hatten Hirsefelder ruiniert, sie kamen ins Tiergefängnis, bis ihr Besitzer aufgetrieben war. Dann ging eine Abordnung des Ressourcenkomitees den Schaden an Ort und Stelle begutachten, gemeinsam mit dem Besitzer des Felds, dem Besitzer der Kühe sowie Zeugen. Auch ein Schreibkundiger musste dabei sein, um ein Protokoll zu verfassen. Auf dem Acker wurde verhandelt, bis Einigkeit erzielt war, wie viel der Viehhalter für den Schaden am Feld und für das Futter im Tiergefängnis bezahlen sollte. In diesem Fall waren es vierzig Euro. Eine Riesensumme! Die Männer des Komitees brachen in schrilles Gelächter aus, als ich sie fragte, ob jemand von ihnen so viel Geld zu Hause liegen hätte.

Auf dem Acker war eine bedeutende Sache geregelt worden: Als wäre in einer deutschen Kleinstadt ein Mercedes in ein Porzellangeschäft gefahren, und die Beteiligten hätten sich ohne Polizei geeinigt.

Um den Landfrieden und den Landfriedensbruch korrekt beurteilen zu können, war zuvor ein Wanderwegenetz für die Viehherden festgelegt worden. Es hatte eine Länge von vierhundertfünfzig Kilometern. Die sogenannten Weidekorridore, wo sich die Herden legal aufhalten konnten, waren bis zu zweieinhalb Kilometer breit. Für das Viehwegenetz gab es gemalte Hinweistafeln und regelrechte Verkehrsschilder – eine Premiere in Mali. Experten im Auftrag deutscher Entwicklungshilfe hatten die Ausarbeitung des Netzes mit GPS-Technik unterstützt. Typisch deutsch, dachte ich im ersten Moment, alles überreguliert.

Tatsächlich aber gab es einen Bedarf an neuen, präzisen Regeln – Regeln, die es auch der nächsten Generation erlauben würden, im Lebensraum Sahel friedlich miteinander auszukommen. In früheren Zeiten waren die Hirten auf den immer gleichen Routen durch den Sahel gezogen, und kein Bauer wäre auf die Idee gekommen, auf einer dieser bekannten Viehrouten ein Feld anzulegen. Heute aber suchten die Hirten nach neuen Strecken, zum Beispiel weil ein Wasserloch versiegt war. Und die Bauern wurden durch das Wachstum der Bevölkerung gezwungen, ihr Ackerland immer weiter auszudehnen, auch in Weideland hinein.

Um eine Vorstellung zu haben, was dies für die Zukunft bedeutet: Bis zum Jahr 2050 wird die Bevölkerung der drei Sahel-Länder Mali, Niger und Burkina Faso von heute etwa 44 Millionen Einwohnern auf dann 125 Millionen gestiegen sein.

Es geht also für Hirten und Bauern um tiefgreifende strukturelle Konflikte, nicht um das schlechte Benehmen Einzelner. Der Vergleich mit Mercedes und Porzellangeschäft trifft deshalb nur bedingt. Bei uns ist schließlich Platz für beides, und weder der Mercedes noch das Porzellan entscheiden über Verhungern oder Überleben.

In der Gemeinde Bellen war monatelang über das Viehwegenetz verhandelt worden. Es gab Familien, deren Felder auf den künftigen Weidekorridoren lagen; sie ließen sich überzeugen, die Felder aufzugeben, um der Friedensregelung willen. Sie bekamen Ersatz, und ihr neues Land wurde durch einen Kollektiveinsatz des ganzen Dorfes gerodet und für die erste Saat vorbereitet.

Das Ortsrecht dieser abgelegenen Sahel-Gemeinde sollte noch in anderer Hinsicht ein Baustein für eine bessere Demokratie sein. Möglichst viel Rechtskompetenz an die Basis zu verlagern, das kann der Korruption in Malis Justizwesen Nahrung entziehen. Ein Bauer, der drei Tage im Eselskarren unterwegs ist, um eine Klage vorzubringen, ist korrupten Beamten ein leichtes Opfer. Alle Nutzer eines Gebiets und seiner Ressourcen durch einen Vertrag zusammenzubringen, das berührt aber noch viel weitergehende Fragen, nämlich nach dem Charakter von Recht und Besitz. Die Lokalkonvention folgt dem Prinzip »Nutzung geht vor Eigentum«, das ist ein urafrikanisches Prinzip.

In Alt-Mali wurde der erste Ankömmling, der ein Stück Erde urbar machte – meist eine Familie oder ein Klan –, zum Herrn dieses Landes. Es handelte sich um das kollektive Besitztum einer neu entstehenden Gemeinschaft. Spirituell betrachtet hatte der Urahn, der als Erster den Boden nutzte, mit der Erde einen Vertrag geschlossen. Wenn er nun als Dorfvorsteher Land an Neuankömmlinge vergab, tat er das kraft dieses Vertrags und nicht etwa, weil das Land ihm persönlich gehört hätte. Noch heute leben selbst in Bamako viele Malier auf einer Parzelle, die ihnen der Dorf- oder Quartierchef zugewiesen hat, nach der Übergabe von Kolanüssen, dem rituellen Geschenk, das einen Pakt besiegelt.

Boden kann niemals absolutes Eigentum von irgendjemanden sein: Das sagen viele Malier, die auf dem Vorrang eigener, afrikanischer Werte bestehen. Doch schon die Kolonialherrschaft missachtete das Gewohnheitsrecht. Die örtliche Bevölkerung hatte kein Recht mehr an ihrem Boden, sobald der Staat Anspruch auf dieses Stück Land erhob. Nach der Unabhängigkeit war die sozialistisch orientierte Regierung noch radikaler: Alles Land gehört dem Staat!, hieß es lapidar. Unter den späteren demokratischen Regierungen wurden Grundstücke staatlich akquiriert, wenn es dem sogenannten öffentlichen Interesse diente. Das kann der Fall sei, wenn ein ausländischer Investor nach Gold graben will oder Platz für großflächigen Anbau braucht.

An der Bodenfrage sieht man, so sagt der malische Soziologe Cheibane Coulibaly, dass es unterschiedliche kulturelle Werte gäbe »zwischen unseren Völkern und denen, die die Prinzipien und Regeln der liberalen Demokratie ausgearbeitet haben«. Der Professor, der in Mali eine private Universität für Entwicklungsfragen gründete, nennt vier Hauptunterschiede: ob das Bodenrecht Individuum oder Familie in den Mittelpunkt stellt; ob es sich um Privateigentum oder Kollektiveigentum handelt; ob der Boden der Marktlogik unterliegt oder der eigenen Subsistenz dient; und ob es nur ein einziges Recht geben darf oder eine Pluralität lokaler Regeln möglich ist.

Im Fall der lokalen Konvention der Gemeinde Bellen war in allen vier Punkten nach afrikanischen Werten entschieden worden. Vielleicht ist das leichter, wenn alle Beteiligten ohnehin dieser Tradition verbunden sind. Sobald ein Großinvestor auftritt, kommt es zum Zusammenstoß der Kulturen.

Unter dem Druck der Globalisierung und des Marktdenkens werde den örtlichen Gemeinschaften immer häufiger die Kontrolle über ihren Boden entzogen, sagt Coulibaly, und damit die Kontrolle über ihre Lebensbedingungen. Der Soziologe setzt dagegen auf ein Verständnis von »Bodenerbe«, im Sinne von Kulturerbe. »Boden ist ein gemeinsames Gut, kein öffentliches

Gut. Boden ist national, nicht staatlich.« So ähnlich hatte mein Freund, der Ingenieur Tiècoura Traoré, über die Eisenbahn gesprochen, wenn es darum ging, wie deren Privatisierung rückgängig gemacht werden konnte. Wer die Vorherrschaft kapitalistischen Besitzdenkens ablehnt, denkt heute in Mali keineswegs nur an das Staatseigentum alten Stils mit seinem Hang zu Bürokratismus und Korruption.

So abgelegen und karg die Buschgemeinde Bellen sein mochte: Hier wurden Fragen aufgeworfen, die sich in prächtigerer Hülle auch anderswo stellen. Was ist gemeinsames Erbe, was ist Eigentum, und wer darf begrenzte Ressourcen wie nutzen?

Obwohl das Ortsrecht der Gemeinde afrikanischen Werten folgte, war seine Form gleichwohl ein Kompromiss. Der Vertrag trug zehn Fingerabdrücke und zwei Unterschriften mit Stempeln. Die zehn Dorfchefs, von denen keiner zur Schule gegangen war, verliehen der Konvention mit ihrem Daumenabdruck die Autorität der örtlichen Gemeinschaft. Aber auch der gewählte Gemeindebürgermeister und der Präfekt hatten unterzeichnet: Erst damit wurde die Konvention staatliches Recht.

Eine Basisjustiz, fern von staatlicher Stempelgewalt, hatte es in den Dörfern früher immer gegeben. Die Malier sind berühmt für ihre Kultur des Ausgleichs und des Verhandelns. Im Landesteil der Dogon bewundern Touristen altertümliche Versammlungsbauten, deren Höhe bis zum Dach nur einen Meter zwanzig messen: Niemand kann hier in Erregung aufspringen. Stilgerecht hielt das Ressourcenkomitee von Toïma seine Sitzungen unter einem Palaverbaum ab, einem Mahagoni, in dessen Laub eine Nachtigall nistete.

Die Dörfler hatten die neuen Methoden der Lokalkonvention mit ihren althergebrachten Sitten gleichsam eingesponnen. Entscheidend waren die Alten, die Männer. Die beiden Frauen, die dem Komitee von Toïma zumindest auf dem Papier angehörten, wurden erst auf meine Nachfrage hin geholt. Niemand fand es der Mühe wert, sie vorzustellen, und irgendwann waren sie unbemerkt wieder verschwunden.

Für ein Gespräch mit mir war das große Sitzpodest unter dem Palaverbaum zu formell. Ein Teil des Komitees versammelte sich im offenen Lehmgehöft einer Großfamilie. Die Männer saßen auf Bodenmatten, und während ich meine Fragen stellte, denen der Dolmetscher in dreifacher Länge eine sozial akzeptable und verständliche Form gab, ging der dörfliche Alltag mit seiner alles verschlingenden Macht einfach weiter. Ein Komiteemitglied säbelte mit einem großen Messer an seinem Daumennagel herum, ein Esel ging durch die Szene, ein dösender Hund streckte sich, taumelte ein paar Schritte und schlief weiter. Zwischen uns gackerten die Hühner, und es kam mir vor, als gackerten sie besonders laut, wenn ich redete. Die Männer hörten mir nur aus Höflichkeit zu.

Das Quaken der Frösche wies mir später den Weg zum Dorfteich. Aus dem Tümpel ragten abgestorbene Bäume, und im braunen Wasser schimmerten die braunen Rücken von Kaimanen. Sie waren vor mehr als zwanzig Jahren gekommen, hieß es, »mit dem Regen«, sagten manche, »mit der Demokratie«, sagten andere, und ich wusste nicht, ob das eine Anspielung war oder nur eine zeitliche Maßeinheit. Jedenfalls hatte es eine Bedeutung, dass die Kaimane plötzlich da waren. Das Dorf betrachtete sie seitdem als mythische Schutztiere, gab ihnen ab von den knappen Fleischvorräten. Dafür konnten die Kinder unbesorgt im Weiher baden. Auch dies war eine lokale Konvention, eine Vereinbarung von der Art, wie Entwicklungshelfer sie nicht kannten.

Die Sendungen des staatlichen Radios waren in dieser Einöde nicht zu empfangen, aber es gab neuerdings eine lokale Radiostation, einen solargetriebenen Landfunk für einige Stunden am Tag. Das Radio spielte eine entscheidende Rolle dabei, den Frieden im Sahel zu wahren. Die Moderatoren entstammten drei Ethnien, einer war Bauer, die beiden anderen Hirten, und so erfuhren Peulh, Mauren und Bamanan jeweils in ihrer Sprache, wie sie Kämpfe um Land und Wasser vermeiden konnten.

Wenn es Insassen im Tiergefängnis gab, musste das an fünf Tagen mindestens drei Mal täglich im Radio vermeldet werden, in allen drei Sprachen. Der Besitzer hatte dann acht Tage Zeit, sein Tier auszulösen. Die dünnen Peulh-Hirten, die mit ihren spitzen Hüten so pittoresk in der Landschaft standen, waren jedoch meist nicht die Besitzer, sondern nur deren Gehilfen mit nichts in der Tasche. Die Peulh teilten sich in zwei Klassen: mittellose Hirten, wohlhabende Viehzüchter. Im Zweifelsfall musste also der Besitzer anreisen oder einen Boten mit Geld schicken. Übrigens hatte er nachträglich auch die Meldungen im Radio zu bezahlen, der Sender lebte von solchen Gebühren.

Ich bezahlte dafür, dass mein Wunsch bekanntgeben wurde, am nächsten Tag einen Hirten-Moderator an einer bestimmten Stelle zu treffen. »Eine Delegation ist unterwegs«, so klang das auf Sendung, zwischen Meldungen über Hochzeiten und Sterbefälle.

Wieder ging es über den Wiesenteppich, durch die weichen Kurven der Sandwege. Vorbei an mannshohen Termitenhügeln; sie wirkten wie Pilze aus dem Reich der Riesen. Eine verwunschene Landschaft. Alles sah gleich aus, in alle Richtungen, im Dunkeln wäre man hier verloren. Ein Erdnussbauer hatte mir erzählt, wie er zum Markt fuhr: Abfahrt nach dem Abendessen, die ganze Nacht durch im Eselskarren, unten am Karren baumelte eine Öllampe, das reichte dem Bauern, die weichen Kurven im Sand zu erkennen. Bei Sonnenaufgang kam er im Marktflecken an; der Esel konnte sich ausruhen, der Bauer verkaufte seine Nüsse. Nach dem Mittagsgebet ging es zurück, abends gegen zehn Uhr waren Bauer und Esel wieder zu Hause.

Zeit hatte hier ein anderes Maß, aber trotzdem spürten die Menschen, dass sich ihre Welt veränderte, und jeder machte sich darauf seinen eigenen Reim. Auf meine Frage, was Demokratie bedeute, gab mir ein alter Jäger diese Antwort: »Das Leben wird schneller, die Menschen sprechen sogar schneller. Eine Frau, die früher Difa hieß, wird heute Fa genannt.«

Cheikhna Dicko, Maure und Moderator, fand ich schließlich bei seinen Ziegen. Schwarze Regenwolken zogen auf, Windböen trieben uns den Sand des Sahel in die Augen. Dicko stand in der sich verdüsternden Landschaft, ein dünner Mann in einem abgetragenen schwarzen Flattergewand. Der Hirte ging barfuß, er hatte schlechte Zähne, und das Flattergewand wurde nur von einem alten himmelblauen Patronengurt zusammengehalten. Der Unterstand seiner Familie bestand aus wenig mehr als ein paar Stöcken und Matten, bedeckt mit einer Plastikplane, an der nun gefährlich der Wind zerrte.

Der Mann sah aus wie die Verkörperung afrikanischer Armseligkeit. Doch er hatte den Blick eines stolzen Menschen. Cheikhna Dicko war ein Analphabet, der drei Sprachen sprach und seine Bekanntheit genoss. Wenn er im Studio gebraucht wurde, gaben sie das im Radio bekannt, und der Hirte machte sich auf den Weg, mit dem schnellen, leichten Schritt des Vielgehers. Und dann wusste jeder im Umkreis von zwei Eselskarren-Tagesreisen, dass dieser Hirte ein wichtiger Mann war. Ein Mann, der half, die Konflikte zu vermeiden, vor denen alle Angst hatten.

Cheikhna Dicko trug sein Radio stets bei sich, es war ein ziemlich großes Ding in einer kaputten Schultertasche. Der Regen setzte ein; wir verabschiedeten uns schnell. Die Silhouette des dürren Mannes im Flattergewand nahm ich noch lange mit.

Modellversuch: Erstklässler lernen in ihrer Muttersprache.

6.
Wo Kinder Fremde werden
Über Schule, Sprache und Scham

Um zu erleben, wie Kinder in ihrer Muttersprache unterrichtet werden, würde ich in Europa in die Schule an der nächsten Ecke gehen. Nicht so in Mali. Was das Natürlichste auf der Welt zu sein scheint, ist in Mali ein Experiment.

Es war acht Uhr morgens, ich saß in der ersten Klasse einer kleinen, ländlichen Schule. Die grünen Eisenlamellen vor den Fenstern waren zur Hälfte geschlossen; Streifen von Morgensonne fielen in den dämmrigen Raum. An den Wänden hingen Papierbahnen, bemalt und beschriftet, manche hingen an Wäscheleinen, schon ein wenig schief und zerrissen. Sie machten den Raum wohnlich, trotz seiner kargen Ausstattung. Boden und Wände waren aus nacktem Beton. Auf einer etwas unbeholfenen Skizze des menschlichen Körpers standen die Worte für die wichtigsten Körperteile. Und vorne in der Ecke, neben dem Eimer für das Tafelwischwasser, stand wie in jeder malischen Schule ein zugedeckter zweiter Eimer: Trinkwasser.

Das Wichtigste allerdings war nicht so wie in jeder beliebigen Schule: die Sprache. Auf den Papierbahnen an den Wänden, auf der Skizze des menschlichen Körpers war kein Wort Französisch zu lesen.

An drei Tischgruppen saßen dreiundzwanzig Kinder auf Holzbänken, fast zu gleichen Teilen Mädchen und Jungen. Die Schule gehörte nicht dem Staat, sondern der Dorfgemeinschaft; die ersten Gebäude hatten die Eltern ganz ohne Unterstützung selbst gebaut. Wir befanden uns nördlich des Städtchens Niono, in der Region Segou; hier wurde Reisanbau betrieben, auf bewässerten Feldern. Rund zweihundertdreißig Kinder besuchten nun die Schule, und von den sieben Lehrerinnen wurden einige vom Staat bezahlt.

In der Klasse, die ich besuchte, unterrichtete die junge Rektorin Aminata Dembélé. Im gedämpften Licht des Klassenzimmers leuchtete ihr zartgelbes Baumwollkleid, farblich passend trug sie dazu den Kopfputz der verheirateten Frau. Obwohl sie die Schulleiterin war, hatte Frau Dembélé mich mit einem kleinen Knicks begrüßt – so verlangte es die Tradition für Frauen auf dem Lande, wenn sie ihr Gegenüber für höher stehend halten. Eine Geste, die mich stets beschämt. Frau Dembélé hatte nicht studiert, sie hatte nur einen Kursus für Hilfslehrer besucht.

Die Klasse nahm die Wochentage durch, die meisten Kinder beteiligten sich wie wild, ständig waren die Finger oben, jede Frage löste einen Chor »nè, nè, nè!«, »ich, ich, ich!« aus. Einige blieben vor Aufregung gleich stehen, auf dem Rücken trugen sie einen Stoffbeutel, aus dem sie später ihre Schiefertafeln holten. Der Beutel hatte eine dünne Schnur, einige Kinder hatten sich die Schnur über Stirn und Ohren gelegt. So waren sie zur Schule gekommen, und in der Klasse hatten sie den Beutel anbehalten wie eine Schuluniform. Später schrieben sie auf ihre Tafeln mit winzigen Kreidestummeln, die man bei uns längst weggeworfen hätte.

Ein kleiner Junge schaute immerzu in die falsche Richtung, auf die anderen Kinder statt zur Lehrerin; er sei geistig behindert, hörte ich später. Der Junge saß schweigend da, sein Blick ruhte unverwandt auf seinen Altersgenossen, sie waren sein Bezug, auch wenn er dem, was sie taten, nicht folgen konnte. Niemand dachte daran, ihn hinauszuwerfen.

Es ging ungezwungen zu in dieser Klasse, der Unterricht war dicht am Leben außerhalb der Schule, und die Kinder waren so natürlich-fröhlich und neugierig wie Erstklässler bei uns. Und doch war das, was ich sah, keineswegs malische Normalität, sondern eine pädagogische Idylle. Ein Modellversuch.

An den meisten Schulen Malis wird immer noch wie in der Kolonialzeit unterrichtet: ausschließlich auf Französisch. Die Klassen sind groß, Bücher immer zu knapp, deshalb wird vor allem lautstark memoriert und von der Tafel abgeschrieben. Viele

Kinder scheitern in diesem System: Sie bleiben sitzen, brechen ab – oder können am Ende kaum mehr als ihren Namen schreiben. In manchen Jahren schafft nur jeder fünfte den Hauptschulabschluss. Und selbst bei denen, die bis in die Oberstufe, ins *lycée*, gelangen, kommt am Ende nur eine Minderheit durch: Das Abitur bestanden zuletzt dreizehn Prozent der Gymnasiasten.

Und da viele eine Schule wiederum gar nicht oder nur viel zu kurz besuchen, kommt es zu diesem verheerenden Gesamtbild: In Mali kann nicht einmal jeder Zweite lesen und schreiben. Die Rate der Analphabeten wird oft mit sechzig Prozent angegeben, bei den Frauen ist sie wesentlich höher, manche Schätzungen gehen bis zu achtundachtzig Prozent. Und trotzdem ist Französisch die Amtssprache – eine Amtssprache, die nur fünfzehn Prozent der Malier beherrschen.

An der Gemeindeschule von Frau Dembélé begann das Schulleben nicht mit Vokabelqual und Frustration. Im Modellversuch sprechen und schreiben die Kinder im ersten Schuljahr ausschließlich ihre Muttersprache. Im zweiten Jahr kommt spielerisch ein bisschen mündliches Französisch dazu, erst ab der dritten Klasse werden französische Worte geschrieben, dann erhöht sich der Anteil schrittweise bis zur sechsten Klasse. Und auch der Stil des Unterrichts ist anders: Die Kinder werden weniger diszipliniert, sie dürfen lärmen, sollen aktiv sein.

Die Region Segou ist ein Schwerpunkt für die Erprobung dieses Modells. Die Voraussetzungen sind hier günstig: In diesem Kernland der Bamanan-Kultur teilt eine überwältigend große Mehrheit eine einzige Muttersprache, Bamanankan. Viele Kinder genießen hier das Glück eines unbeschwerten Schulbeginns. So weit ist es im ganzen Land noch lange nicht.

Das Ringen um die Schulsprache währt bereits ein halbes Jahrhundert – und es berührt Grundsatzfragen der Zukunft: Wie westlich oder wie afrikanisch will Mali sein? Welche Art Bildung ist am nötigsten – und für wen?

Als kurz nach der Unabhängigkeit Malis die Kulturpioniere auszogen, um Erwachsenen auf dem Land Lesen und Schreiben beizubringen, wurde erstmals die Alphabetisierung in den Muttersprachen erprobt – mit guten Erfolgen. Trotzdem zögerte der Staat lange, das Modell auf die Schulen zu übertragen. Als man endlich damit begann, wurde das Unterrichtsmaterial allerdings aus dem Französischen übersetzt – etwas widersinnig.

1987 begann dann eine zweite Etappe: die sogenannte *pédagogie convergente*, eine Reformpädagogik, inspiriert von einem belgischen Linguisten. Nicht nur die Sprache der Kinder, sondern die Kinder selbst sollten nun im Mittelpunkt stehen; der Lehrer sollte ihr Partner sein, nicht der unantastbare Meister. Das war für Malis patriarchale Kultur ein gewaltiger Schritt – die Methode blieb umstritten, genauso wie die Anwendung der Muttersprache.

Auch an der Gemeindeschule von Aminata Dembélé gab es bei einem Teil der Eltern bis heute Widerstand. Die Lehrerin erzählte mir davon, als wir nach dem Unterricht zusammen im Pausenhof saßen. Von manchen Eltern hörte sie: »Das ist doch unsere Sprache, wieso soll man die auf der Schule lernen?« Viele Eltern sind selbst Analphabeten und haben von dem, was an der Schule geschieht, nur eine ungefähre Vorstellung. Französisch ist für sie die Sprache der Macht und des potentiellen Aufstiegs. Ein Bild, das noch aus der Kolonialzeit stammt: Die Franzosen richteten damals Schulen nicht für die Allgemeinheit ein, sondern zum ausschließlichen Zweck, Staatsdiener heranzuziehen – gefügige, subalterne Beamte, angepasst an die Sitten der Weißen.

Die Vorstellung, die Schule lehre etwas Fremdartiges, das mit dem Zuhause der Kinder wenig zu tun habe, kann abschrecken oder anlocken. Manche Eltern wollen die Entfremdung der Kinder vermeiden und behalten sie lieber zu Hause. Für andere macht gerade der Abstand zur eigenen Kultur den Wert der sogenannten »französischen Schule« aus.

Eine Illustration dieser Haltung entdeckte ich bei einem Mann in meiner nächsten Umgebung. Agib hatte mich in der Region Segou herumgefahren; er war lange Busfahrer gewesen, hatte sich dann mit einem alten Ford selbstständig gemacht. Agib war nur in eine Koranschule gegangen, er schrieb seinen Namen in arabischer Schrift und hatte sich später selbst ein notdürftiges Französisch beigebracht. Ohnehin wortkarg bestritt er mit einem bekräftigenden »Bong!« weitgehend unsere Kommunikation.

Agib hatte mit mir den Unterricht in der Modellschule beobachtet. Als ich ihn danach um seine Meinung bat, sagte er nichts und verzog sich ins Auto. Ich glaubte, er sei vielleicht wehmütig, weil er selbst einen so schönen Unterricht nie erlebt hatte. Weit gefehlt. Als ich später bei seiner Familie saß, in der Hand einen Teller Reis mit Sauce, und seine drei Kinder kennenlernte, erfuhr ich: Die Familie legte sich krumm, um die älteste Tochter, sie war sieben, auf eine Privatschule zu schicken. Das kostete im Monat umgerechnet neun Euro, für einen malischen Fahrer viel Geld. Und warum? Weil die Privatschule eben gerade nicht in der Muttersprache unterrichtete. »Bamanankan können wir doch schon!«, rief Agip ungehalten. »Was soll so was denn an der Schule? So ein Quatsch!« Was mir so gut gefiel, hatte ihn erzürnt.

Im Centre Animation Pédagogique, einer lokalen Schulbehörde, war das eisig klimatisierte Büro des Direktors leer. Der Chef war nicht da, was vermutlich mein Glück war, denn so landete ich gleich bei Kundu Coulibaly, einem kleinen, beleibten Beamten, der die Luft in seinem stickigen Zimmerchen durch seinen Enthusiasmus auf noch höhere Temperaturen zu treiben schien. Coulibaly war ein leidenschaftlicher Anwalt des muttersprachlichen Unterrichts und schien nur darauf gewartet zu haben, dass jemand käme, um ihm Fragen zu stellen.

»Wir haben Komplexe«, sagte er, »die Intellektuellen genauso wie die Bauern. Wir schämen uns, unsere eigene Sprache zu sprechen. Wir, meine Generation, wir haben das Französische unter dem Stock gelernt. Viele Leute haben als Erwachsene immer noch Angst, sich falsch auszudrücken.« Mir fiel in diesem Moment ein, dass ich in der Hauptstadt einen Mann kannte, den ich zunächst für einen Stotterer gehalten hatte. Aber er stotterte nur in Französisch.

»Unterricht in der Muttersprache«, fuhr Coulibaly fort, »ist der einzige Weg, um Wissen zu demystifizieren, um es zu einer

Sache für jedermann zu machen.« Im klassischen Konzept der französischsprachigen Schule würden die Eltern völlig ausgegrenzt. »Der Unterricht entfremdet uns von den Eltern im Dorf. Und später haben sie kein Vertrauen mehr zu uns. Wir sind zu Angehörigen einer Schicht geworden, der sie misstrauen.«

Coulibaly überraschte mich durch seinen Freimut und seinen weiten Horizont; ein Kleinstadtbeamter, der wie ein Intellektueller sprach. Coulibaly hatte mit dem Thema Nationalsprachen schon auf diversen Posten zu tun gehabt – vielleicht war er wegen seines eindeutigen Engagements nicht höher aufgestiegen? Ich wollte ihm eine so persönliche Frage nicht stellen. Aber er machte keinen Hehl aus den Differenzen im malischen Bildungsapparat. »Ein Teil unserer Funktionäre will die malischen Sprachen nur als Schulfach; das ist ein ganz anderer Ansatz. Für mich verbirgt sich dahinter die Frage: Blicken wir von außen, wie Ausländer, auf unsere Kultur und unsere Sprache? Oder von innen, weil wir in ihr zu Hause sind?«

Zu Hause sein in der eigenen Sprache – diesen Gedanken nahm ich mit, als ich zurück in die Hauptstadt fuhr. Er schien mir zentral für alles, wonach so viele Malier suchten: Identität, Selbstbestimmung, Teilhabe. Wie oft fühlten sie sich als Fremdlinge, als Besucher oder Statisten in einem politischen System, das ihnen schon deshalb nicht gehören konnte, weil es sich in einer Sprache ausdrückte, welche die meisten nicht verstanden.

Yusuf Haidara arbeitete in Bamako für ein Programm, das die Lesefähigkeit der malischen Kinder verbessern sollte. Solche Programme entstehen und vergehen in Mali, je nachdem was ausländische Entwicklungshilfe gerade sponsert. Haidara war nicht mit dem Manuskriptebesitzer gleichen Namens in Timbuktu verwandt, obwohl er gleichfalls aus dem Norden stammte. Er war ein Songhai, so hieß auch seine Muttersprache.

Die Songhai-Familien stehen im Ruf, ihre Sprache besonders zu pflegen und in den eigenen vier Wänden keine andere zuzulassen. Um diese Erziehungsregel zu verstehen, muss man wissen, dass die meisten malischen Kinder von klein auf mit mehreren Sprachen in Kontakt kommen und sie nach und nach durch Nachahmung lernen. Viele Erwachsene sprechen drei, manche sogar fünf lokale Sprachen.

Haidara griff nach einem verknitterten Stück Papier, strich es glatt und ordnete darauf Malis linguistische Vielfalt: Es gibt dreizehn nationale Sprachen, davon werden gegenwärtig elf an den Modellschulen verwandt. Dazu gehört auch Tamashek, die Sprache der Tuareg. Wollte jemand das ganze Territorium Malis bereisen und sich dabei nur in afrikanischen Sprachen bewegen, dann müsste er dafür jedoch nicht dreizehn Dolmetscher mitnehmen. Drei Sprachen decken große Teile des Landes ab, weil sie in entscheidenden Phasen der Geschichte jeweils die Sprache eines Reiches waren. Für Haidaras Muttersprache war dies das Songhai-Reich, der Nachfolger von Alt-Mali.

So vielsprachig zu sein, das hält Malis Gesellschaft durchaus auch zusammen. Die Sprachen sind Teil des sozialen Geflechts, sie dienen nicht als ethnische Waffe. Ausgrenzend ist allein das Französische. Wo es gesprochen wird, darf nichts anderes hin – in Malis Parlament ist es untersagt, sich in einer einheimischen Sprache zu äußern.

Warum ist das immer noch so? Haidara lachte einen Moment in sich hinein. Es war die Art von Lachen, die gegen den Rest der Welt hilft, vor allem in einer Bürokratie, wo, wie Haidara erzählte, ein einziger unwilliger Direktor dafür sorgen konnte, dass sich jahrelang nichts bewegte. »Es gibt eine psychologische Blockade«, sagte Haidara aufgeräumt, »und ich erkläre sie mir damit, dass wir bereits eine lange Geschichte von Geheimsprachen haben. Zuerst die afrikanische Tradition mit ihrer Praxis der Initiationen, deren Regeln nur Eingeweihte kannten. Dann kam das Arabische, das nur die Elite verstand; den Koran verstehen bis heute die meisten nicht. Und schließlich das Französische, das wiederum die meisten nicht verstehen.«

Um zu illustrieren, wie malische Kinder durch den rein französischen Unterricht von sich selbst entfremdet werden, schilderte Haidara eine Episode, die sich Jahr für Jahr in den Biologieprüfungen wiederhole. In der Rubrik Naturbeobachtung wird verlangt, einen Mangobaum zu schildern; große, mächtige Mangobäume sind in Mali allgegenwärtig, in ihrem Schatten wird geplaudert, gearbeitet, geschlafen. Aber die Schüler schreiben zu diesem Baum, der ihnen so innig vertraut ist, die vier sterilen Sätze auf, die in ihrem französischen Lehrbuch stehen: »Der Mangobaum steht in den Tropen …«

Haidara schlug sich an den Kopf: »Ist das nicht absurd? Unsere Schüler, die unter Mangobäumen aufwachsen, lernen auswendig, was sie über diesen Baum sagen können!«

Gegenwärtig praktizieren in Mali zweitausendfünfhundert Schulen das Reformmodell. Etwa zweihundertsechsundvierzigtausend Kinder kommen in den Genuss, zumindest die ersten Bildungsschritte in ihrer Muttersprache tun zu können – das ist weniger als ein Fünftel der Grundschüler. Schon lange ist geplant, viel mehr Schulen in das Programm aufzunehmen. Aber es gibt zu wenig Ausbilder, die den Lehrern, die selbst in Französisch gedrillt wurden, einen anderen Unterrichtsstil beibringen. Und es fehlt an Geld. So bitter ist die Realität: Die Sprachen des Landes zu fördern, selbst das geht nicht ohne Mittel von außen. Die Emanzipation im Klassenzimmer hängt am Tropf der reichen Länder.

Dabei ist die Politik, die Mali in den vergangenen Jahrzehnten von diesen Ländern aufgezwungen wurde, mitverantwortlich für die Misere an den Schulen. Die Weltbank zwang Mali, seinen öffentlichen Dienst drastisch zu verkleinern. Die Folge: Neue Lehrer durften nicht eingestellt werden, obwohl im geburtenreichen Mali die Zahl der Schulpflichtigen unaufhörlich wächst. Sogar Institute zur Ausbildung von Lehrern wurden geschlossen. Und dies zu einer Zeit, als »Bildung für alle« die Parole der jungen Demokratie wurde. »In jedes Dorf ein Lehrer!«, das war die Vision von 1991. Mehr als zwei Jahrzehnte später ist Mali von der Erfüllung dieses Traums weit entfernt.

Vielerorts haben sich die Eltern selbst geholfen, so wie in der Gemeinschaftsschule von Niono. Sie haben dafür Hilfslehrer angeworben, die auf wenig anderes als die Erinnerung an ihren eigenen Schulunterricht zugreifen können. Und sogar der Staat hat Tausende unausgebildete Lehrer rekrutiert, zu Mindestlöhnen, um den gröbsten Mangel zu lindern. Eine erschreckende Zahl: Jeder zweite Lehrer, der heute in Mali vor einer Klasse steht, hat für seinen Job keinerlei spezifische Qualifikation. Ein afrikanisches Land im 21. Jahrhundert – Mali ist arm, aber es wurde auch arm gemacht.

Ein Afrika, das europäische Sprachen spricht, ist einfacher für uns. Mehr noch: Unser Afrika-Bild, mit all seinen Stereotypen, beruht geradezu auf dem Umstand, dass die ganze kulturelle Vielfalt des Kontinents sich gleichsam raffen lässt in drei Sprachzonen: frankophon, anglophon und lusophon (portugiesischsprachig). Denn nur so ist es möglich, dass ein einzelner Korrespondent, mit Sitz in Nairobi oder Johannesburg, über die neunundvierzig Länder südlich der Sahara berichtet. Nur wenige Afrika-Berichterstatter beherrschen eine einheimische Sprache des Kontinents. Aber ist, was einfacher für uns ist, auch gut für die Afrikaner?

Es waren zwei Erlebnisse, die mich veranlassten, über den Horizont meiner eigenen Bequemlichkeit hinauszudenken. Die erste Szene spielte in Kamerun, in einem Waldgebiet im Süden des Landes. Ich war dort für eine Recherche über Korruption in der Forstwirtschaft. Als mich jemand fragte, ob ich die örtliche Schule sehen wollte, folgte ich dankbar dieser Einladung. Der Klassenraum lag im Halbdunkeln, die Kinder saßen dicht gedrängt auf den Holzbänken. Wie viele waren es? Siebzig? Achtzig? Kaum ein Kind hatte ein Heft oder ein Buch. Und was wurde gelernt in dieser schwülheißen Morgenstunde an einem Waldrand in Zentralafrika? Das Wort »Apostroph«!

Gewiss, wer Französisch lernt, kommt um dieses Strichlein nicht herum, kann sonst nicht einmal schreiben »J'ai faim«, »Ich habe Hunger«. Der Lehrer schrieb das Wortungetüm also an die Tafel, ließ es nachsprechen im Chor, und der Klassenraum füllte sich mit einem diffusen »A-o-oh«. Dann ging es erst richtig los:

Jedes einzelne dieser meist barfüßigen Kinder musste aufstehen und dieses komische Wort auszusprechen versuchen. Die Kühnsten kamen bis »Apo…« und retteten sich in ein wildes Kichern, die Schüchternen stammelten etwas nahezu Unhörbares und versteckten ihren Blick. Zwei, drei Jungen meisterten die Aufgabe auf Anhieb, und der Lehrer forderte die Klasse auf, diesen Glücklichen zu applaudieren. Jedes andere Kind hatte sich wieder auf seine Bank gesetzt mit dem Gefühl, versagt zu haben.

Der Lehrer war nach der Stunde schweißnass; er hatte alles gegeben. Allein siebzig, achtzig Kinder ruhig zu halten, war Schwerstarbeit. Ihnen dabei auch noch einzutrichtern, dass ein Kreidefleck auf der Tafel auf einen griechischen Namen hört … Wann immer ich später an diesen Klassenraum dachte, spürte ich einen Stich, einen kleinen Schmerz. Was würde übrig bleiben von der fröhlichen Lernenergie der Kinder, wenn sie durch solche Nadelöhre muss? Wie viele aus dieser Klasse würden später noch Lust auf Lernen haben? Und wie viel sinnvoller hätte sich die Einsatzfreude des Lehrers nutzen lassen!

Ein zweites Erlebnis, diesmal in Mali und weitab von einer Schule. Ich saß allein am Feldrand auf der kleinen Farm meines Freundes Tiècoura. Es war Nachmittag, und nach und nach sammelten sich in meiner Nähe Kinder aus dem nächsten Dorf, neugierig auf die fremde Weiße. Sie schlichen erst in gebührendem Abstand vorbei, als seien sie nur zufällig da, machten dann Mutproben im Näherkommen und setzten sich schließlich alle vor mich hin, erwartungsvoll wie Publikum im Theater. Mit Französisch war nichts zu machen; wie also konnte ich sie unterhalten?

Ich hatte ein Büchlein zum Erlernen von Bamanankan dabei, Genre Reise-Kauderwelsch. Also begann ich, daraus ein paar Worte vorzulesen. Die Wirkung war verblüffend: Die Kinder redeten aufgeregt durcheinander, sie fanden es anscheinend unglaublich, dass jemand ein Buch in ihrer Sprache hatte. Wo doch jeder weiß, dass Bücher immer auf Französisch sind! Das älteste Mädchen trat zu mir hin und zog, alle Schüchternheit vergessend, an meinem kleinen Buch, um es besser sehen zu können;

in ihrem Gesicht stand der Verdacht: Du schwindelst uns doch hier etwas vor!

Wir einigten uns schließlich darauf, dass ich weiter Worte vorlas und sie im Chor meine Aussprache verbesserten. Wir hatten Spaß, aber nicht lange. Aus dem Dorf kam ein Alter, er sah die Kinder bei mir sitzen, herrschte sie an und jagte sie mit einem Fuchteln seines Stockes davon. Der Alte hatte einen schönen Moment zerstört, weil er ihn nicht verstanden hatte. Dass Kinder einen Erwachsenen korrigieren können, lag jenseits seiner Vorstellung.

Natürlich ist das, was mir auffiel, in Mali und anderswo, längst anderen aufgefallen. Quer über den Kontinent versuchen afrikanische Forscher, die Aufmerksamkeit ihrer Politiker auf einige unbestrittene Fakten zu lenken: Wer in den ersten Schuljahren in seiner Muttersprache lernt, kommt später schneller voran, hat mehr Kompetenz für die rasche Aufnahme von Wissen, auch für das Erlernen von Fremdsprachen. Der südafrikanische Soziologe Kwesi Kwaa Prah, Direktor des Centre for Advanced Studies of African Society in Kapstadt, ist ein herausragender Vertreter dieses Anliegens. Bei ihm finde ich meine Vermutungen bestätigt: In welcher Sprache die Kinder die Welt des Wissens betreten, das ist von immenser psychologischer Bedeutung – nicht nur für den Einzelnen, sondern für die Zukunft Afrikas.

»Die Unterrichtssprache ist in jeder Gesellschaft auch die Sprache der Hegemonie und der Macht«, schreibt Prah. »Es ist das Medium, in dem Wissen verbreitet und gespeichert wird. Wenn Muttersprache und Schulsprache übereinstimmen, entsteht daraus das Vertrauen in die eigene kulturelle Ausstattung. Wenn den Leuten aber alles in der Sprache ihrer früheren Kolonialmacht beigebracht wird, dann zerstört dies das Vertrauen in die eigene Kultur und die der Eltern.« Prah fährt fort: »In freien Gesellschaften findet Wissenstransfer deshalb in der Sprache der Massen statt. Kulturelle Freiheit und afrikanische Emanzipation können sich nicht entwickeln, solange sich die Unterrichtssprache von dem unterscheidet, was die Menschen in ihrem Alltag sprechen.«

Aber herrscht in Afrika nicht ein babylonischer Sprachenwirrwarr? Ein Mythos, sagt Prah, geschürt unter anderem von Missionaren, die bei ihrem rastlosen Unterfangen, eine attraktive Bibelübersetzung in jedes Dorf zu bringen, oftmals Dialekte zu einer eigenen Sprache erhoben. Diese Fragmentierung rückgängig zu machen und eine einheitliche Orthographie zu finden, daran arbeitet ein großes Netzwerk von Linguisten, koordiniert von Prahs Institut in Kapstadt. Dessen Forschung zufolge sprechen fünfundachtzig Prozent der Afrikaner zwölf bis fünfzehn Kernsprachen – von europäischen Verhältnissen ist das nicht so weit entfernt.

Eine solche Kernsprache ist in Mali die Gruppe der Mande-Sprachen, die grenzüberschreitend von mehr als zwanzig Millionen Menschen gesprochen werden. Wie konnte es dazu kommen, dass sich eine so starke Sprache nicht als Schriftsprache verbreitet, dass sie kaum Literatur hervorgebracht hat? Hätte Westafrika im kolonialen Einflussbereich der Briten gelegen, wäre manches vielleicht anders gekommen; die Briten gaben den heimischen Sprachen mehr Raum. Frankreich indes verfolgte eine Politik der kulturellen Assimilation: Neben dem Französischen sollte es nichts anderes geben. Und in keiner anderen unterworfenen Weltregion war der Bruch mit aller vorkolonialer Bildung so hart wie in Französisch-Westafrika: Die mündliche Wissensvermittlung, praktiziert über Jahrhunderte, wurde ebenso ignoriert wie die Gelehrsamkeit, die sich arabischer Schrift bediente.

Ein Malier, der die arabische Schrift beherrscht, aber nicht die lateinische, gilt heute in den meisten Erhebungen schlicht als Analphabet. Das ist auch deshalb bemerkenswert, weil das einheimische Wort für Schule arabische Wurzeln hat. *Kalanso* wird eine einfache Schule genannt, »Lernort«, darin steckt das arabische *qalam*, Schreibgerät, Stift. Die Universität wird *Kalansoba* genannt, »großer Lernort«. Viele benutzen diese Begriffe, ohne sich des arabischen Erbes bewusst zu sein.

Das gilt übrigens auch für ein Wort, das jeder Tourist in Westafrika hört, weil es ihm von Kindern oft nachgerufen wird:

Toubabu! Es wird als Synonym für »Weißer« benutzt, nur waren die ersten Weißen in Afrika eben keine Europäer. Das Wort kommt von *Tabib*, arabisch für Arzt. Im Mittelalter gab es in der islamischen Kultur, wie die Manuskripte von Timbuktu zeigen, eine Affinität zwischen Religion und Naturwissenschaften; religiöse Gelehrte hatten oft medizinische Kenntnisse. Doch auch hier hat die Kolonialzeit für eine krasse Umwertung gesorgt: Der *Toubabu* von heute ist ein Europäer, idealtypisch ein Franzose. Und *Toubabukan* ist das Französische (*kan* heißt »Sprache«), sozusagen die Weißen-Sprache an sich.

Sprache formt den Weltblick. Malier mit wenig Schulbildung waren manchmal erstaunt, wenn sie von mir hörten, dass nicht ganz Europa *Toubabukan* spricht.

Auf die Kolonialzeit zu verweisen, das ist keine Entschuldigung. Für alles, was danach geschah, tragen die Afrikaner selbst die Verantwortung. Aber die koloniale Erziehung hat eine Kluft unter den Einheimischen aufgerissen, an der die malische Gesellschaft heute noch leidet.

Ihre ersten Schulen in Westafrika nannten die Franzosen unverblümt *école des otages*, »Geiselschule«. Deren Schüler waren die Söhne von örtlichen Herrschern und Notabeln, die den Eltern regelrecht entrissen wurden. Auf diese Weise wollte die Verwaltung die lokale Elite an sich binden, sie zur Kooperation zwingen. Nicht einmal in der Pause durften die Schüler in ihrer Muttersprache reden. Die erste Geiselschule stand in Kayes, im Westen Malis. Als 1908 die Hauptstadt der Kolonie nach Bamako verlegt wurde, zog auch die Geiselschule um. In zwei Jahren wurden hier die unteren, also einheimischen Verwaltungskräfte ausgebildet: Hilfslehrer, Schreibkräfte, Krankenpfleger. Die Abschlussurkunde zeigte die Farben der französischen Trikolore und glich einem Zauberschlüssel für Posten im Dienste der Franzosen.

Die Geiselschule in Bamako, später als Gymnasium mehrfach umbenannt, steht heute noch: ein schmiedeeisernes Tor, dahinter alte Gebäude und die Mangobäume, unter denen es verboten war, eine malische Sprache zu sprechen.

Man muss sich die Kolonialzeit so vorstellen, dass eine geringe Zahl von Franzosen über enorm große Gebiete herrschte und über Bevölkerungen, von denen sie kaum etwas wusste. Die despotische Macht, welche die Kolonialherren rein theoretisch besaßen, konnten sie nur mithilfe bezahlter afrikanischer Untergebener ausüben. Niemand hat das so hintersinnig geschildert wie der malische Schriftsteller Amadou Hampâté Bâ, der selbst die Geiselschule besuchte. Bâ, 1900 im Hochland der Dogon-Region geboren, setzte viele Jahre daran, orale Überlieferungen zu sammeln und daraus die Geschichte seines Landes zu schreiben.

In *Das seltsame Schicksal des Wangrin* machte er einen Absolventen der Geiselschule zum Helden eines Schlüsselromans über die Kolonialzeit. Wangrin ist zunächst Hilfslehrer, macht dann Karriere als Dolmetscher des Bezirkskommandanten. Er spricht außer seiner Muttersprache Bamanankan sieben weitere lokale Sprachen. Der Bezirkskommandant ist die französische Obrigkeit im Kleinformat, der Dolmetscher sein Mund und sein Ohr.

Wangrin trägt wie die Kolonialherren einen Tropenhelm, und er bekommt von seinen Landsleuten, die selbst auf dem Boden sitzen, einen Stuhl hingestellt. Man erhebt sich, wenn er eintritt, und er schnäuzt sich, ganz wie die Weißen, in ein Taschentuch. Den Tropenhelm tragen, das bedeutete ein »Weiß-Schwarzer« zu sein, schreibt Bâ, mit exklusivem Zugang zu den »Weiß-Weißen«. »Wenn ein Mann mit einem Tropenhelm auftauchte – und mochte Letzterer auch noch so alt und schmutzig und verbeult sein –, hatte man nur einen Gedanken: schnellstens Hühner, Eier, Butter und Milch zu holen, um sie Monsieur Helmträger darzubringen als Opfergabe, um alle Unannehmlichkeiten abzuwenden, die sich aus seiner Anwesenheit ergeben können.«

Wangrin ist der Aufsteiger par excellence. Klug, skrupellos und gierig nutzt er die gewaltige Kluft zwischen der Kolonialverwaltung und den Einheimischen, spinnt seine Intrigen, beschenkt und besticht, lässt Freund und Feind durch Agenten überwachen. Zuletzt ist er sagenhaft reich und so hoch aufgestiegen wie kein »Weiß-Schwarzer« vor ihm. Aber dann stirbt er eines sehr afrikanischen Todes. Nachdem Wangrins weiße Geliebte versehentlich seinen wertvollsten Fetisch in den Müll geworfen hat, steht ihm der sichere Niedergang vor Augen. Er verfällt dem Alkohol, stürzt betrunken in einen Graben und ersäuft.

Der Roman wirkt heute noch aktuell, wenn man ihn als Fallstudie zum Thema Sprache und Macht liest. Die »Weiß-Schwarzen«, das ist ein böses Wort; es steht einem afrikanischen Schriftsteller eher zu als uns. Aber zweifellos hat ein Schulsystem, das in der Kolonialzeit installiert und danach zu wenig verändert wurde, eine Schicht hervorgebracht, die sich über den Rest der Landsleute erhob. Ihre Machtposition beruhte auf westlicher, französischsprachiger Bildung, während der traditionellen muslimischen Gelehrsamkeit nie ein vergleichbarer Aufstieg in die moderne Elite gelang. Französisch zu sprechen war die Eintrittskarte in eine bessere Gesellschaft, in der man körperlicher Arbeit enthoben war und mit der bäuerlichen Mehrheit immer weniger teilte. Es war auch eine dezidiert städtische Gesellschaft, die den Rest des Landes schließlich so sah und so nannte wie die Franzosen: *brousse,* der Busch. Wer in einem System reüssiert, wird es verteidigen. Viele afrikanische Akademiker plädierten im ersten Jahrzehnt nach der Unabhängigkeit, als die Weichen in die Zukunft gestellt wurden, für die Beibehaltung der Kolonialsprachen. Heute weiß man: Das hat dem Bildungsniveau auf dem Kontinent und auch der akademischen Leistungsfähigkeit massiv geschadet. Aber es nützte dem Machterhalt jener Eliten, die sich auf diese Weise selbst reproduzierten. Sie reservieren für sich den Zugang zu politischen und wirtschaftlichen Machtstellungen und schicken ihre Kinder zum Studium nach Paris, London oder Montreal – Ausgaben, die sich ein Afrikaner ohne Zugang zu den Einnahmequellen der Korruption kaum leisten kann.

Bei einem Besuch in Tansania erlebte ich eine andere, eine egalitäre Sprachenwelt. Es war gerade Wahlkampfzeit. Reden, Kundgebungen, die meisten Zeitungsartikel waren für jeden Tansanier zu verstehen: alles in Kisuaheli. Anders als die meisten Kinder Afrikas lernen Tansanias Kinder in den ersten sieben

Schuljahren alles in einer afrikanischen Sprache – und zwar in einer einzigen. Kisuaheli hält heute eine Nation von enormer ethnischer Vielfalt zusammen, niedergerissen sind die Sprachbarrieren zwischen hundertdreißig Volksgruppen. Kisuaheli ist die Sprache des Parlaments, der Regierung, der meisten Medien. Der Weg dorthin war allerdings lang.

Kisuaheli, darin steckt erneut das arabische Wort *Sahel*, die Küste, das Ufer. Gemeint war diesmal die Küste Ostafrikas, wo arabische und persische Händler schon im 10. Jahrhundert eintrafen. Kisuaheli, reich an arabischen Vokabeln, war ursprünglich die Sprache der Muslime an der Küste. Diese Suaheli waren gebildete, weltoffene Kaufleute, sie hatten eine Literatur (in arabischer Schrift), lange bevor die Bewohner des Landesinnern ans Schreiben dachten. Die deutschen Kolonialherren nahmen Suaheli deshalb ab 1890 als Verwaltungsgehilfen mit in andere Landesteile und machten Kisuaheli bald zur Amtssprache der gesamten Kolonie Tanganjika. Dieser Entscheidung lag allerdings auch ein gewisser Dünkel aufseiten der Deutschen zugrunde: Sie glaubten, Afrikaner seien ohnehin nicht in der Lage, das ehrenwerte Deutsch gut genug zu erlernen.

Als Großbritannien nach dem Ersten Weltkrieg die Kolonie übernahm, wurde Englisch zwar die Sprache der neuen Missionsschulen, aber aus den Ämtern der Verwaltung ließ sich Kisuaheli nicht mehr vertreiben.Und als 1953 das Ringen um Unabhängigkeit begann, war Kisuaheli bereits die Sprache der Emanzipation, die Sprache des Kampfes gegen die Briten. 1962 hielt Julius Nyerere, der erste Präsident, vor dem Parlament eine Rede auf Kisuaheli – eine historische Premiere. Nyerere übersetzte sogar demonstrativ zwei Stücke von Shakespeare. Wenig später zog Kisuaheli an den Schulen ein, und heute sprechen es viele Kinder wie eine zweite Muttersprache.

Diese Erfolge waren möglich durch eine resolute Politik der nationalen Selbstbestimmung. Heute sind sie indes gefährdet. Auf Druck von Weltbank und Internationalem Währungsfond musste Tansania sein Bildungswesen privaten Investoren öffnen. Seitdem sprießen private englischsprachige Grundschulen für die Oberschicht aus dem Boden; die Eltern geben dafür viel Geld aus, im Glauben, ihre Kinder durch einen solchen Unterricht besser für eine globalisierte Welt zu rüsten. Sie verstehen Globalisierung als Verwestlichung. Es gibt aber auch gegenläufige Tendenzen: Einige Akademiker verfassten ihre Bücher demonstrativ in Kisuaheli statt in Englisch.

Kisuaheli wird heute von mehr als achtzig Millionen Menschen in vierzehn Nationen Ost- und Zentralafrikas gesprochen, es wird an afrikanischen und europäischen Universitäten gelehrt. Unter den fünf Offizialsprachen der Afrikanischen Union ist Kisuaheli die einzige Sprache des subsaharischen Afrika, neben Englisch, Französisch, Portugiesisch und Arabisch. Und doch ist es in Mali leichter, Deutsch zu lernen als die große Sprache Ostafrikas. An keinem Gymnasium wird, soweit mir bekannt, Kisuaheli als Fremdsprache angeboten. Das sogenannte frankophone und das sogenannte anglophone Afrika sind voneinander immer noch durch eine Wahrnehmungsgrenze getrennt. Eine Spaltung, die an einem Tisch in der Berliner Wilhelmstraße bei der Kongo-Konferenz von 1884 beschlossen wurde, ist heute noch wirksam.

Sprache ist ein Speicher für Erinnerung. Die westafrikanischen Sklaven in Nordamerika wurden hart bestraft, wenn sie es wagten, ihre Sprachen und ihre eigentlichen Namen zu benutzen. So wurde ihnen jegliche Erinnerung an ihre Herkunft genommen. Der afroamerikanische Autor Alex Haley konnte in seinem monumentalen Werk *Roots* die Versklavung seiner Vorfahren rekonstruieren, weil sie von Generation zu Generation ein Set an Worten und Beschreibungen wie eine heimliche, kostbare Erbschaft weitergegeben hatten. Damit gelang es ihm, zweihundert Jahre später jenes Dorf in Gambia zu finden, aus dem sein Vorfahr 1767 verschleppt worden war.

»In der Ära des Sklavenhandels wurden Sprachen ermordet, in den Kolonien hingegen wurden sie langsam ausgehungert«, sagt der kenianische Schriftsteller Ngugi wa Thiong'o: »Den afrikanischen Sprachen wurde Essen, Wasser, Licht und das Oxygen des Denkens entzogen ... Sie wurden zu Gespenstern, die aus Gräbern aufstiegen, über denen die europäischen Pflanzungen angelegt wurden.« Ngugi wa Thiong'o, als Bauernsohn 1938 geboren, stand immer wieder auf der Liste der Nobelpreisverdächtigen; er schreibt heute jedes Buch zuerst in seiner Muttersprache Gikuyu, dann erst in Englisch. Das ist Teil seiner Mission, die er als »Dekolonisierung des afrikanischen Geistes und der afrikanischen Erinnerung« bezeichnet.

Ich fand in seinen Schriften einen Hinweis, der mich sofort faszinierte, weil er eine Frage berührt, die ich mir oft gestellt habe: Warum ist das Prestige europäischer Sprachen, speziell der Kolonialsprachen, in Afrika so hoch? Ngugi wa Thiong'o hat folgende Antwort: Die afrikanische Elite habe ein unheilbares Bedürfnis nach der permanenten Identifikation mit dem Westen, weil sie versuche, so einem Trauma zu entfliehen, nämlich der Schande der Niederlage, kolonisiert worden zu sein. Statt einer »Kultur der Niederlage« anzugehören, schaffe sie sich eine neue Identität in der »Sprache der Sieger«. »Es handelt sich um ein symbolisches Sich-weiß-Waschen durch Sprache«, schreibt Ngugi wa Thiong'o.

In Mali wählen die Journalisten der Printmedien, auch wenn sie sich nicht zu einer derartigen Elite rechnen wollen, ihre Vergleiche und Metaphern fast ausschließlich aus dem Bezugssystem französischer Geschichte: Als seien die Texte für einen Essay-Wettbewerb in Paris gedacht, wurde ein Premierminister zum Beispiel beständig als »Talleyrand der malischen Politik« bezeichnet. Mit der Sprache ist ein Denk- und Bildungskorridor verbunden; er passt längst nicht mehr zur afrikanischen Realität des 21. Jahrhunderts, in der Länder wie China und Brasilien immer wichtiger werden. Gerade deswegen gibt Frankreich viel Geld für die sogenannte Frankophonie aus: um seinen Einfluss in Afrika zu wahren. Denn Sprache ist Macht.

Die radikalste Weise, sich von der Fixierung auf das Französische zu lösen, begegnete mir in Mali bei der Nko-Vereinigung. *Nko* bedeutet wörtlich »ich spreche« und ist der Name einer Schrift, eines afrikanischen Alphabets für die Nationalsprache

Bamanankan und andere Sprachen der Mande-Gruppe. Erfunden wurde die Schrift 1949 von einem Forscher aus Guinea mit malischen Wurzeln. Aus der Ferne sieht Nko ein wenig wie ein eckiges Arabisch aus, von Nahem hat es eine leicht indische Anmutung. Tatsächlich ist es eine Schrift mit siebenundzwanzig Buchstaben, Konsonanten und Vokalen, die von rechts nach links geschrieben wird. Sie wurde erfunden, weil die lateinischen Buchstaben die nasalen Töne der Mande-Sprachen, ihre unterschiedlichen Tonhöhen und Vokallängen nur ungenügend ausdrücken.

Das war keine intellektuelle Spinnerei, wie ich zunächst gedacht hatte. In Mali war die Nko-Vereinigung eine ernsthafte kulturelle Bewegung. Einer ihrer Gründer war der Bildhauer Ismail Diabaté: Er hatte das Märtyrerdenkmal in Bamako geschaffen, das an die Schüler erinnerte, die 1991 für die Demokratie gestorben waren. Diabaté hatte die Deformierung der malischen Demokratie früh kritisiert und war als Künstler daraufhin kaltgestellt worden.

Ich traf ihn im Vereinslokal von Nko, einem schlichten Raum mit einer Afrika-Karte, die alle Landesnamen in Nko zeigte, und vier Computern. Sie hatten die entsprechende Software, um das Alphabet zu benutzen. »Auf Windows 8 ist Nko jetzt normmäßig drauf«, erklärte Diabaté routiniert. Der Bildhauer war klein, trug ein ungefärbtes Gewand und hatte mit seinem kahlen Kopf und seiner großen Nase eine entfernte Ähnlichkeit mit Picasso. In Mali war Diabaté bekannt als ein Mann, der für die Erneuerung der einheimischen Kultur eintrat und dies mit radikaler Kritik an den Verhältnissen verband.

»Mit Nko ist das Lernen viel leichter, weil die Schrift und der Klang der Worte übereinstimmen«, erklärte er mir. »Das Französische ist wegen seiner Wirkung in Afrika eine internationale Katastrophe. Am Ende der Schulzeit können die Schüler nichts außer Französisch sprechen. Und seit der Staat ihnen keine Posten mehr geben kann, sitzen sie auf der Straße und trinken Tee. Jeder sieht, dass wir mit unserem Bildungssystem in die falsche Richtung gehen. Und trotzdem gehen wir immer weiter.«

An staatlichen Schulen durfte Nko nicht unterrichtet werden, aber viele private, religiös orientierte Schulen hatten die Schrift eingeführt. Die Vereinigung hatte auch ein Programm beruflicher Bildung aufgelegt, das Nko für Instruktionen benutzte, und machte zweimal wöchentlich Radiosendungen, natürlich in der Nationalsprache Bamanankan. In den Sendungen erklärte Diabaté zum Beispiel, wie malische Namen und Bezeichnungen in der Kolonialzeit und noch danach deformiert worden waren: In einer schlechten, an französischer Phonetik orientierten Transkription ging oft die Wurzel des Wortes, seine inhaltliche Bedeutung verloren. Es gab Dörfer, die ihren deformierten Namen nur im Kontakt mit der Verwaltung benutzten und sich daneben einen eigenen, authentischen Dorfnamen bewahrt hatten.

Für Diabaté bedeutete dies alles eine Entfremdung und eine Degradierung. »Die Demokratie in Mali ist ein intellektueller Schwindel, denn es handelt sich um einen Mikrokosmos der Französischsprechenden.« Erbittert fuhr er fort: »Wir waren eine große Kultur, und jetzt sind wir die Klassenletzten. Wir wollen den Maliern ihre Würde zurückgeben. Das wahre Mali erkennt sich nicht wieder in dem, was die frankophone Oligarchie aus unserem Land gemacht hat. Wir trauern, denn wir Malier sind nicht so, wie wir nun dastehen, so mies und korrupt.«

Nachdem ich mich an das Schriftbild von Nko gewöhnt hatte, entdeckte ich es im Straßenbild von Bamako immer öfter: auf der Werbetafel eines Eisenwarenhändlers, an einer Moschee, auf einem mit Passagieren vollgestopften Kleinbus, auf dem Pappschild bei einer Demonstration. Ich entdeckte es auch auf einem Foto, das ich früher gemacht hatte: Nko-Buchstaben hatten auf einer Tafel gestanden, als ich mich in Bamako mit der Union für die Rechte der Rechtlosen traf, den Opfern von Vertreibungen durch Profitgier.

Nko war ein Symbol. Ein Alphabet der Würde.

Im Innenhof der Moschee von Niono

7.
Der Wulibali
Sufis, Wahhabiten und die Frage der Gleichheit

Seine Stimme war ungewöhnlich tief, dabei weich und melodisch. Ich hatte sie oft gehört, an einer Straßenecke, irgendwo auf einem Markt, wo eine Kassette mit seinen Predigten lief. Selbst aus einem krächzenden Lautsprecher war die Stimme unverkennbar. Man konnte spüren, welche Kraft in ihr lag, ohne die Sprache Bamanankan zu verstehen. Die Stimme trug neben der religiösen auch eine kulturelle Botschaft. Ousmane Madani Haidara sprach ohne all jene französischen Einsprengsel, die sonst in Reden auftauchen. Sein Bamanankan war rein und reich an Vokabular.

Es reizte mich, den Mann hinter dieser Stimme kennenzulernen. Aber wie trifft man eine Verabredung mit dem populärsten Prediger des Landes?

In Bamako konnte Haidara leicht ein Sportstadion füllen. Er griff Machtmissbrauch, soziale Ungerechtigkeit und Korruption offen an. *Wulibali* wurde er deshalb genannt, »der Mann, der die Wahrheit sagt«. Ich versuchte über einen Imam, der Haidara nahezustehen schien, einen Kontakt herzustellen. Doch die Auskünfte blieben immer vage, aus Gründen, die sich mir entzogen. Also machte ich es schließlich so, wie es ein Malier machen würde: Ich fuhr eines Morgens zu Haidaras Haus, um durch geduldiges Warten eine Audienz zu erzwingen.

Er wohnte in Bankoni; das war alles, was ich wusste. Bankoni ist ein weitläufiger Stadtteil von Bamako, ein Quartier, das ohne Planung entstanden ist. Meine stille Sorge, ich würde Haidaras Haus nicht finden, erwies sich als lächerlich unbegründet. Sogar die Kinder konnten mir den Weg zeigen. Und alle nannten die Straße, die zum Anwesen des Predigers führte, »Rue Haidara«.

Schließlich stand ich vor einem Bauwerk, das in der ärmlichen Umgebung unangemessen fürstlich wirkte. Eine hohe weißgekachelte Moschee mit sechs grünen Kuppeln und aufragendem Minarett war über einen Hof mit einem mehrstöckigen Privathaus verbunden. Ein schmiedeeisernes Gitter mit Goldverzierung umgab das Anwesen, Neureichenkitsch. Alles wirkte peinlich sauber. Vor dem Haus saßen junge Männer – der Prediger hatte seinen eigenen Sicherheitsdienst.

Als ich nach einer moderaten Wartezeit hineingerufen wurde, sah ich auch im Inneren des Hauses zunächst nichts, was zu der sonoren Stimme, zu meiner Erwartung afrikanischer Kultiviertheit gepasst hätte. Man führte mich in einen dämmerigen Salon von beachtlichem Ausmaß; Sitzgruppen und Sofas aus weißem Kunstleder, auch die Teppiche weiß, vor den Fenstern geraffte goldbraune Volants, eisiger Wind aus einer Klimaanlage. Das hätte irgendwo in einem Golfstaat sein können.

Aber dann kam Haidara. Er betrat den Salon mit schnellem, fast sportlichem Schritt und streckte mir die Hand entgegen, ohne die übliche Distanz, die viele muslimische Religionsführer gegenüber einer Frau wahren. Er schwang sich in eine Sofaecke und sortierte gleich die Kissen um, damit ich einen guten Platz für mein Aufnahmegerät fand. Für einen Mann, der seine Anhängerschaft auf mehr als zwei Millionen Menschen beziffert, war Haidara erstaunlich unprätentiös.

Seiner Körpersprache war anzumerken, dass er nicht aus einer Dynastie von Religiösen stammte, auch wenn er, wie alle Haidaras, den Propheten Mohammed für seinen Urahn hielt. Seine Eltern waren Kleinhändler, er hatte schon als Kind hart gearbeitet. Ein altes Foto zeigte ihn als jungen Mann, auf einem Esel reitend. So verließ er damals sein Heimatdorf am Niger, mit nichts als seinem religiösen Wissen und seiner markanten Stimme. Nun stand draußen eine Porsche-Limousine, senfmetallic.

Haidara war ein Selfmademan, und das strahlte er aus. Mit siebenundfünfzig Jahren steuerte er nun durchaus lustvoll ein

Imperium. Seine Organisation hieß Ançar Dine, »die Verteidiger der Religion«, und war in ganz Westafrika bekannt. Wenige Gehminuten von seiner Residenz entfernt stand ein Krankenhaus, das er mit dem Geld seiner Anhänger hatte bauen lassen. Arme wurden kostenlos behandelt. Ich sah einen großen Andrang von Müttern mit Kleinkindern, die Wartebänke reichten nicht aus, viele saßen auf dem Boden. Krankenschwestern hantierten mit gelben Impfpässen; der Andrang galt der Polioimpfung.

Ançar Dine besaß auch Ländereien und ein Zentrum für Pilger. Auf jedem größeren Markt wurden Kassetten mit Haidaras Ansprachen verkauft, und für die Zukunft war von einem eigenen Fernsehkanal die Rede. Wo Haidara auf seinen Reisen abstieg, wurde ihm ein Haus zur Verfügung gestellt – oder vorher gebaut. Er lehnte es ab, in einem Hotel zu schlafen. Jeder bei Ançar Dine hatte eine Mitgliedkarte und zahlte Beitrag; bei zwei Millionen Mitgliedern kamen im Monat umgerechnet drei Millionen Euro zusammen. Die enormen Geldmittel erlaubten Haidara einen Handlungsspielraum, über den sonst nur ausländische Akteure verfügten: Er konnte kurzfristig humanitäre Hilfe leisten, Tonnen von Lebensmitteln verteilen oder einen Schwerkranken zur Operation ins Ausland fliegen lassen. All dies erhöhte wiederum sein Prestige.

Auf einem Wandkalender mit großem Haidara-Porträt standen Telefonnummern von Ançar Dine in 24 Ländern der malischen Diaspora, bis nach China. Der Mann, der vor mir auf dem weißen Kunstledersofa saß, steuerte eine Massenorganisation ganz eigenen Gepräges. Das waren keine Muslimbrüder, das war nichts aus dem arabischen Raum Entlehntes, sondern ein eigenes afrikanisches Gewächs. Was die Millionen in seinem Gefolge verband, war die Liebe zu einem charismatischen Führer – und ein Gelübde, *Baya* genannt, ein Begriff aus dem Koran. Mit diesem Gelübde verpflichtete sich ein neues Mitglied zur Einhaltung von sechs Geboten. Außer dem Glauben an den einen Gott und die Treue zum Propheten gehörte dazu auch: nicht betrügen, nicht stehlen, nicht ehebrechen.

Es handelte sich offensichtlich um eine Art Wiedertaufe für Menschen, die bereits als Muslime geboren waren. War das womöglich nur ein Geschäftsmodell – um den Leuten eine Schnellstraße zum Paradies zu verkaufen, ähnlich wie bei manchen afrikanischen Pfingstkirchen? Ich fragte Haidara, warum es nötig sei, Muslime auf Gebote zu verpflichten, die im Islam ohnehin enthalten sind.

»Viele Muslime hier beten, und anschließend stehlen sie, begehen Ehebruch oder hinterziehen öffentliches Eigentum. Das ist kein Islam!«, sagte er. »Viele glauben, wer zur Moschee geht, sei bereits ein Muslim, aber das ist falsch! Ich kann tausendmal gebetet haben – wenn ich dann mit der Frau eines anderen schlafe oder korrupt bin, dann bin ich kein Muslim.« Für Haidara war der Islam gleichbedeutend mit einer Erziehung. »Ich rufe die Menschen zur Wahrheit des Islam«, sagte er.

Ich fragte ihn, ob er damit einverstanden sei, ein Sufi genannt zu werden. »Warum nicht?«, antwortete Haidara amüsiert. »Eigentlich sind alle Muslime Sufis. So ist der Islam entstanden.« Sufismus war für ihn also nicht eine Spielart, eine Variante von Muslim-Sein, sondern ihr Kern. Weil er Islam eher als eine innere Haltung ansah und weniger als äußerliche Befolgung von Regeln.

Allerdings war sein Sufismus wie alles bei ihm eine Selfmade-Version. Mit Malis traditionellen Sufi-Bruderschaften, die das religiöse Leben seit dem 18. Jahrhundert dominierten, hatte Haidara oft über Kreuz gelegen. Diese althergebrachten Bruderschaften in Westafrika verbanden zwar unter der Führung frommer Sheikhs gleichfalls spirituelle und soziale Motive, doch griffen sie die politisch Mächtigen meistens nicht an. Da war Haidara anders. Mit politischen Provokationen hatte sein Aufstieg begonnen.

Als er mit neunundzwanzig Jahren nach Bamako kam, herrschte noch die Militärdiktatur. Durch Eloquenz und Courage machte der junge Haidara rasch auf sich aufmerksam; die Militärs drangsalierten ihn, verboten ihm schließlich sogar, im eigenen Haus zu predigen. Damals, 1984, entstand Ançar Dine, um

Haidara eine Plattform zu geben und ihn zu schützen. Die Verteidigung der Religion war auch eine Verteidigung politischen Freimuts.

Drei Jahrzehnte später war es noch populärer geworden, den Islam als eine Morallehre zu verstehen, die eheliche Untreue ebenso geißelt wie die Veruntreuung öffentlicher Gelder. Ançar Dine verstand sich als Kraft moralischer Erneuerung – das mochte auch der Grund dafür sein, dass sich unter Haidaras Gefolgsleuten auffallend viele Frauen fanden. Ich war auf diesen Umstand eher zufällig gestoßen. Als ich in Salianbugu, einem Weiler in der Nähe der Farm meines Freundes Tiècoura, einen Mann fragte, ob es hier vielleicht Leute von Ançar Dine gäbe, antwortete er: »Na, die ganzen Frauen.«

Ich bat um ein Treffen, und es kamen zwei Dutzend Bäuerinnen. Wir trafen uns am späten Nachmittag, der einzigen Tageszeit, wo die Frauen zwischen Kochen, Waschen und ihrer Arbeit auf den Gemüsefeldern einen Moment Ruhe hatten. Wir setzten uns in den Schatten von Nimesbäumen auf den Boden, und während der nächsten Stunde antwortete nur Tigida, die Chefin der Gruppe, auf meine Fragen. Sie war Mitte sechzig und sprach ruhig und entschieden, mit unabweisbarer Autorität. In ihrem Schoß saß eine Enkelin.

»Wir haben vor drei Jahren angefangen. Die Gruppe besteht jetzt aus dreißig Frauen und vier Männern. Die Männer dienen als Boten, wenn die Frauen keine Zeit haben, selbst irgendwo hinzugehen. Darum ist es wichtig, die Männer zu haben. Ich bin auch die Chefin der Männer.«

Der Monatsbeitrag betrug tausend westafrikanische Franc, anderthalb Euro – jener obligate zerknitterte hellrote Schein, den jemand in der Stadt einer Griotin in die Hand drückt oder mit dem Verkauf einer Wählerstimme verdient. Je nach Lebensumstand bedeuteten tausend Franc mehr oder weniger: Die Frauen von Salianbugu mussten diesen Betrag vom Erlös ihres Gemüseverkaufs abzweigen, das war nicht immer leicht. Zusätzlich bestellten sie ein Gemeinschaftsfeld für Haidara, eine Art Kollekte.

»Wenn es im Dorf moralische Probleme gibt, werden wir als Gruppe aktiv«, fuhr Tigida fort. »Wir gehen dann zu der betreffenden Person und reden mit ihr, als Ançar Dine.« Ein Beispiel? Tigida wehrte ab. Das ging Fremde nichts an. Ihre Diskretion war eisern. Ich erfuhr auf anderem Wege, dass auch in diesem kleinen Weiler manchmal unverheiratete Mädchen schwanger wurden. Die alte Ordnung, die äußerlich intakt schien, weil die Menschen wie eh und je mit der Hacke aufs Feld gingen, war von innen her in Auflösung begriffen. Manche Männer lebten dauerhaft als Migranten im Ausland. Abends hörte die Jugend auf dem Dorfplatz lieber laute Popmusik, als die alten Lieder zu singen. In einer Welt, die immer unsicherer wurde, war Ançar Dine für diese Bäuerinnen vermutlich wie ein Haltegriff. Und mit dem berühmten Prediger verbunden zu sein, das verlieh ihnen zusätzlichen Status.

Ich konnte nur erahnen, dass es im Dorf deswegen auch Konflikte gab. »Wir feiern keine gemischten Feste mehr, mit Männern und Frauen zusammen«, sagte Tigida, »aber wenn andere gemischte Feste machen, gehen wir aus Höflichkeit hin.« Es schien eine ausgefeilte Diplomatie zwischen dem Ançar-Dine-Teil des Dorfes und dem Nicht-Ançar-Dine-Teil zu geben.

Als ich keine Fragen mehr stellte und aus Sicht der Frauen damit der offizielle Teil der Versammlung zu Ende war, war auch die Sprecherinrolle von Tigida beendet. Alle entspannten sich und redeten durcheinander. Die meisten von ihnen hatten Haidara schon einmal gesehen. Sie nannten ihn »das Licht«. Jemand holte ein Plakat; es zeigte den Prediger in einer Fotomontage, von Rosen umgeben. Eine Frau begann sanft zu singen.

Wie viele Kinder mochte Haidara haben? Die Bäuerinnen lachten und überboten sich in Mutmaßungen. Er hatte viele, das musste so sein, bei einem Prediger, einem starken Mann. Einundzwanzig Kinder könnten es wohl sein, natürlich von vier Ehefrauen.

Bei meinem Besuch in Haidaras Haus wollte ich dieses Ratespiel nicht fortsetzen. Vermutlich fürchtete ich mich vor seiner

Antwort. Außerdem war die politische Lage in diesem Moment wichtiger. Der Norden Malis war gerade in der Hand radikalislamischer Gruppen, und eine von ihnen hatte sich des Namens Ançar Dine bemächtigt. Das war natürlich kein Zufall. Der Anführer dieser Gruppe war ein bekannter malischer Tuareg namens Iyad Ag Ghali. Er hatte früher als säkularer Rebell gekämpft, dann einen diplomatischen Posten in Saudi-Arabien bekleidet und fungierte nun mit seiner neuen Formation als Scharnier zwischen Al Qaida und weltlichen Sezessionisten. Ein undurchsichtiges Spiel mit wechselnden Fronten und brüchigen Allianzen. Das Religionsverständnis der Leute um Iyad Ag Ghali mochte zwar archaisch wirken, doch so neuzeitlich wie ihre Satellitentelefone waren ihre Methoden öffentlicher Einflussnahme. Einen populären Namen einfach entwenden und sich zu eigen machen, das gehörte dazu.

Die Malier ließen sich dadurch nicht verwirren, anders als manche westlichen Journalisten. Aber das Ganze war natürlich eine Kampfansage an Haidara, und er nahm sie an. Frühzeitig und laut distanzierte er sich von der fanatischen Weise, wie nun in Nordmali islamisches Recht verhängt wurde. »Wir sind seit Jahrhunderten Muslime, wir brauchen deren Sharia nicht.« Damit gab er der Ablehnung des Extremismus eine dezidiert einheimische, malische Stimme, selbstbewusst und dem Ungebildetsten verständlich. Später verschärfte er den Ton: »Das sind Banditen, und was sie tun, ist ein Angriff auf alle malischen Muslime!« Hinter der Zerstörung der Mausoleen in Timbuktu sah Haidara den Versuch, die Vorfahren, die Erbauer dieser Grabstätten, als Heiden zu diskreditieren. »Sie wollen, dass wir denken, unsere Großväter und Urgroßväter seien Ungläubige gewesen.«

Haidara war nicht der Einzige, der den religiösen Extremismus als Bevormundung verstand, als jüngstes Kapitel in einer langen Geschichte von Belehrungen, die stets den Vorwurf enthielten, die Afrikaner würden keinen echten, korrekten Islam praktizieren. Haidara wusste, dass neben Algeriern, Mauretaniern und anderen auch Malier aufseiten der Djihadisten kämpften, aber er ging darüber hinweg. Ihm gefiel es, die ganze Sache als einen arabischen (oder zumindest arabisch finanzierten) Einmischungsversuch anzusehen und dagegen die afrikanische Selbstbehauptung zu mobilisieren.

Ich fragte ihn, ob der Islam traditionelle afrikanische Gebräuche einschließe. »Natürlich!«, antwortete Haidara. »Ich bin Muslim, ich bin kein Araber! Ich praktiziere meine Kultur, meine Sitten, wenn sie nicht ausdrücklich islamisch verboten sind. Wir leben hier als Muslime, als Christen und als Ungläubige zusammen – die Erde, der Boden, ist für alle da, denn er ist von Gott.« Beten, sagte Haidara seinen Leuten, könnt ihr auch in eurer eigenen Sprache, es ist nämlich nicht so, dass Gott nur Arabisch versteht. Und wenn ein Atheist sich von der Existenz Gottes nicht überzeugen lässt, dann soll man ihn eben lassen.

Die Djihadisten schickten ihm Morddrohungen.

Aber es gab auch eine unsichtbare Gemeinsamkeit zwischen den Extremisten im Norden und diesem Selfmade-Sufi: So wie die Besetzung des Nordens im Handstreich nur möglich war, weil sich der Staat dort mit mafiösen Strukturen gemein gemacht hatte, so spiegelte sich auch in Haidaras Popularität die Krise der malischen Demokratie. Das Scheitern der Fassadendemokratie und der Überdruss an deren politischer Klasse ließen ihm ein Vertrauen zufließen, das anderswo keine Heimat mehr fand. Haidara profitierte vom Bruch mit dem Staat. Und dass die meisten Malier den Französisch sprechenden Zentralstaat ohnehin als fern und fremd empfinden, das verstärkt die Liebe zu einem Mann, der so dezidiert malisch auftritt und selbst nur ein einziges Jahr auf der Bank einer staatlichen Schule verbracht hat. Auch andere Religiöse stehen nun auf Malis politscher Bühne, und manchmal scheint es, als würden überhaupt nur sie noch Respekt genießen.

Malis Einwohner sind zu neunzig Prozent muslimisch, dennoch gibt es keine Staatsreligion. Das Land versteht sich per Verfassung als säkular, religiöse Parteien sind verboten. Das alles ist nach westlichen Demokratielehrbüchern vorbildlich. Doch in der Realität hat Malis Laizität die Demokratie keineswegs besser gemacht. Es war eine säkulare Fassadendemokratie, mit korrupten säkularen Parteien und mit einer gierigen Elite, die ihre Kinder nicht in schmuddelige Koranschulen schickt, sondern auf feine Universitäten in Paris oder Montreal.

Westliche Beobachter neigen dazu, Korruption in Afrika für unvermeidlich zu halten, für kulturell bedingt. Sie schrecken hingegen auf, sobald die Laizität in Gefahr zu sein scheint. In Mali sieht man: Afrikaner können von Korruption so angewidert sein, dass sie sich zu den Religiösen flüchten.

Vielleicht müssen wir lernen, das alles neu zu denken: Wie sich Religion und politische Partizipation zueinander verhalten, das ist nicht in Stein gemeißelt, und es ist nicht in jeder Epoche und in jeder Kultur gleich. Die entscheidende Frage ist: Wer ermächtigt die Bürger und wer entmündigt sie? Die Antworten auf diese Frage sind keineswegs so leicht, wie man zunächst glauben möchte.

Unter Malis Muslimen gibt es heutzutage drei bedeutende Strömungen: erstens die althergebrachten Sufi-Bruderschaften; zweitens die wachsende Anhängerschaft neuartiger Prediger, unter ihnen Haidara als der Bekannteste. Zählt man diese beiden Strömungen zusammen, dann stellen sie die große Mehrheit der Gläubigen. Daneben gibt es drittens die Wahhabiten, eine stabile Minderheit, die auf fünfzehn Prozent geschätzt wird. Der Begriff steht heute meist für einen dogmatischen, intoleranten Islam. Der Ursprung des Wortes geht auf einen Gelehrten des 18. Jahrhunderts zurück, Muhammad Abd al-Wahhab, dessen Ideologie später den saudi-arabischen Islam prägte. Mit der Lehre dieses Mannes verbreitete sich ein unseliger, innermuslimischer Kampf gegen Andersdenkende.

Was nun die Vereinbarkeit mit der Demokratie betrifft, so glaubt man im Westen gern, dass dies noch am ehesten mit einem sufistischen Islam möglich ist; er gilt als soft, flexibel, unpolitisch. Es war Haidara, der Wulibali, der mich darauf stieß, dass die Dinge so einfach nicht liegen. Als ich ihn fragte, was der größte Unterschied zwischen ihm und den Wahhabiten sei, überraschte er mich mit dieser Antwort: »Die Wahhabiten sagen, alle Menschen seien gleich. Aber die Menschen sind nicht gleich. Gott erhebt manche, und durch sie können sich die anderen Gott nähern.«

Wie zur Illustration trat ein alter Mann heran, griff nach Haidaras Hand und küsste sie. Auf dem Prediger lag *Baraka*, göttlicher Segen. Er war ein Auserwählter. So sehen ihn jedenfalls jene, die ihm folgen. In sein Heimatdorf Tamani am Niger kommt einmal im Jahr ein gewaltiger Pilgerzug, zweiundfünfzigtausend waren es beim letzten Mal. Sie kommen zu einer sogenannten *Ziarah*; darunter ist eigentlich ein Besuch zu verstehen, mit dem der Besuchte geehrt wird. Haidaras Anhänger glauben: Jemanden zu lieben, der von Gott geliebt wird, bedeutet, Gott selbst zu lieben. Darum würden alle Gelübde, die im Dorf Tamani abgelegt werden, in Erfüllung gehen.

An solchen Tagen lässt sich Haidara im offenen Wagen stehend durch die Massen seiner Anhänger fahren, wie ein muslimischer Papst. Ohne Zweifel ist der Mann eine schillernde Persönlichkeit, oszillierend zwischen moderner Geisteshaltung und einem nahezu feudalen Dünkel, die eigene Person betreffend. Wenn er öffentlich über Sexualität, Aids und Kondome spricht, bricht er im konservativen Mali Tabus. Aber niemand rührt an das Tabu von Haidaras Stellung.

Ein solcher Personenkult widerspricht den egalitären Prinzipien, die den Islam eigentlich auszeichnen. Der muslimische Gläubige braucht – anders als im Christentum – keinen Priester, keinen Mittler zwischen sich und Gott. Jeder kann Vorbeter sein. Und die Moscheen hatten nie ein hohes Gestühl für Adelsgeschlechter wie früher unsere Kirchen. Die Reihen der auf dem Boden Knienden gelten als ein Zeichen ihrer Gleichheit vor Gott.

Als Extremisten die Mausoleen in Timbuktu zerstörten, hieß es in den westlichen Medien, dies seien Gräber von »Heiligen«. Wie in anderen Fällen handelt es sich hier um eine schlechte, christlich geprägte Übersetzung aus dem Arabischen, die über das Französische Eingang in andere Sprachen fand. Richtiger wäre, von einem »Freund Gottes«, einem »Schützling Gottes« zu sprechen; das drückt die Vorstellung aus, dieser Mensch genieße eine besondere Zuneigung und einen besonderen Schutz, ein mehr an *Baraka* als die normalen Sterblichen.

Der Glaube, *Baraka* könne sich auf die Nachkommen vererben oder auf jene, die dem Auserwählten besonders nahestanden, hat früher die Ausbreitung der Sufi-Bruderschaften über ganze Kontinente und lange Zeitstrecken hinweg möglich gemacht, nicht nur in Afrika. Schüler des Ordensstifters begründeten neue Zweige der Bruderschaft – der Baum wuchs, und alle blieben seinem Stamm verbunden, auch wenn dessen Kontur längst im Nebel der Zeiten entschwunden war.

Manche Experten betrachten das Baraka-Prinzip als Verbindungslinie zwischen dem Islam und den älteren afrikanischen Religionen mit ihrer Ahnenverehrung. Aus demselben Grund wittern radikale Muslime beim Anblick von Mausoleen einen Verrat am Monotheismus.

Für mich war in dieser Auseinandersetzung nicht die göttliche Seite interessant, sondern die menschliche. Ließ sich unter den muslimischen Strömungen Malis ein Menschenbild finden, das Emanzipation unterstützt? Glaubte hier überhaupt jemand daran, dass die Menschen gleich sind? Und warum war das, aus dem Mund von Haidara, ein Vorwurf gegen die Wahhabiten?

Die Frage nach der Gleichheit, die mir so neu erschien, war mitnichten neu. Als ich mich in Malis Geschichte des 20. Jahrhunderts vertiefte, stellte ich fest, dass es sich um eine gesellschaftliche Auseinandersetzung handelte, die in der Zeit nach dem Zweiten Weltkrieg begann, also in der unruhigen Spätphase der Kolonialzeit. Nach 1945 traten in Mali radikale muslimische Erneuerer auf den Plan. Sie waren Reformer – erst viel später würde man sie Wahhabiten nennen und fortan eher mit etwas Reaktionärem verbinden. In Mali handelte es sich zunächst um junge Rechtsgelehrte, die sich den alten Sufi-Autoritäten nicht mehr unterordnen wollten. Sie griffen deren Status mit einem neuen Islamverständnis an: Jeder Einzelne müsse religiöse Kenntnisse erwerben, jeder sei selbst dafür verantwortlich, die Vorschriften aus Koran und Sunna zu kennen und ihnen zu folgen.

Diese Idee widersprach dem Muster einer patriarchalen Gesellschaft, und sie wurde begeistert aufgegriffen von jenen, die sich selbst von alten Fesseln befreien wollten. In Bamako war nach dem Ende des Zweiten Weltkriegs eine neue Schicht von Händlern zu Wohlstand gekommen, die nicht aus noblen Familien stammten. Sie verlangte nach einem Islam, der frei war vom traditionellen westafrikanischen Kastendenken. Es war jene schnelllebige Zeit, als in Bamako eine städtische Kultur jenseits ethnischer Grenzen entstand.

Den Franzosen war es nach 1945 gelungen, die bedeutendsten Sufi-Führer, die sogenannten »großen Marabouts«, durch Vergünstigungen auf ihre Seite zu ziehen – eine Kollaboration, die beidseitig dem Machterhalt diente. Die Wahhabiten hingegen waren wegen ihrer Reformideen von Beginn an Feinde für die Kolonialmacht. Sie drohten aus französischer Sicht den friedlichen, genügsamen *Islam noir* zu gefährden. Dieser Begriff tauchte erstmals in Studien der Kolonialverwaltung nach dem Ersten Weltkrieg auf. Gemeint war damit eine »Negermentalität«, die unfähig sei, ausgereifte mystische und metaphysische Vorstellungen zu erfassen. Damit die Schwarzen nicht »ihre natürliche Einfachheit« verlören, sollten ihre Sufi-Bruderschaften vom aufrührerischen Einfluss aus der arabischen Welt abgeschottet werden. Die Franzosen hatten zuvor im Maghreb erlebt, wie sich islamische Reformer gegen die Kolonialherrschaft wandten und zur Emanzipation aufriefen.

Diese Auseinandersetzung hat tiefe Spuren hinterlassen. Bis heute hält sich im Westen das Stereotyp von einem verträglichen »schwarzen Islam«: Die Afrikaner hätten den arabischen, unsympathisch-strikten Gesetzesislam durch die Vermischung mit ihren vorislamischen Sitten ein toleranteres Gesicht gegeben – das nun durch arabischen Einfluss erneut gefährdet sei. Afrikanische Intellektuelle weisen darauf hin, dass *Islam noir* immer Ausdruck einer Infantilisierung, einer Verkindlichung war. Dennoch lebt der Begriff munter fort. Aber auch der Vorwurf an den Westen, er stärke gern politisch zahnlose und bestechliche Muslimführer, hat mehr als ein halbes Jahrhundert überlebt – vermutlich weil er oft trifft.

In der Zeit nach den Weltkriegen kritisierten in Mali nicht nur Wahhabiten die traditionellen Sufi-Autoritäten als ignorant und habgierig, auch Wanderarbeiter und Kolonialsoldaten, die aus dem Ausland heimkehrten, brachten neue Ideen mit, fanden die alten Führer nun ungebildet und rückständig.

Ab 1968, also unter Malis Militärdiktatur, konnten sich die Wahhabiten dauerhaft in Mali verankern. Zuvor, in der kurzen sozialistischen Phase nach der Unabhängigkeit, hatte die strikt säkulare Elite noch jeglichen religiösen Einfluss als »Obskurantismus« verdammt. Nun begann eine andere Ära – nicht etwa nur, weil der Abschied von einem sozialistisch geprägten Fortschrittsmodell dem Glauben mehr Raum gab. Sondern auch, weil Religion erstmals bezahlt wurde: Die Golfstaaten hatten die Weltbühne betreten, und ihre Petrodollars begannen nun, die Politik armer Staaten der Dritten Welt zu beeinflussen.

Um Geld aus Saudi-Arabien zu bekommen, gewährte die Militärregierung den Wahhabiten viele Freiheiten. Und Malis Hilfebedarf wuchs, vor allem durch schlimme Dürren in den Jahren 1972 bis 1974. Unter saudischem Einfluss begann das Staatsradio 1974 mit religiösen Sendungen. Neue Koranschulen entstanden, besser ausgestattet und anspruchsvoller als die alten Sufi-Schulen, mit weltlichen Fächern wie Geographie und Mathematik. Die Schülerinnen trugen dort nicht mehr das bunte afrikanische Tuch, sondern einen pastellfarbenen Synthetik-*Hijab*, der das Gesicht eng umschließt und bis über die Brust reicht. Der neue Typ von Religionsschule war für Bauern und Kleinhändler attraktiv, die sich von der staatlichen französischsprachigen Schule ohnehin keinen Aufstieg ihrer Kinder auf einen Verwaltungsposten versprechen konnten.

In den politisch repressiven 1980er Jahren bieten die Wahhabiten eines der wenigen Foren, in denen offen über moralische und soziale Fragen diskutiert werden kann. Während Haidara von der Militärregierung drangsaliert wird, beginnt der scheinbar unaufhaltsame Aufstieg eines anderen Mannes: Mahmoud Dicko. Er hat in Saudi-Arabien studiert, und zurück in Bamako wird der Ehrgeizige, kaum dreißig, Imam der ersten großen Wahhabiten-Moschee. Er vermarktet als Erster seine Predigten auf Kassette. Und dann geschieht etwas Bemerkenswertes: Die Militärregierung, der seine Reden zu radikal sind, beruft Dicko in eine staatliche Islamorganisation, sie will ihn mäßigen durch Integration. Aus dem wahhabitischen Intellektuellen wird ein neuer Typ von religiösem Politiker, ein Mann der vielen Gesichter und der geschickten Sprache, der aus Malis öffentlichem Leben nicht mehr wegzudenken sein wird, wer auch immer gerade regiert. Dicko, der Wahhabit, und Haidara, der Wulibali, werden später die bekanntesten Gegenspieler auf Malis Bühne.

Im März 1991, als in Bamako Tausende gegen die Militärregierung auf die Straße gehen, fällt unter den Demonstranten ein Block wegen seiner Forderungen auf: für ein Mehrparteiensystem, aber in einem islamisch ausgerichteten Staat. Zum ersten Mal wird Malis Laizität infrage gestellt. Die Nationalkonferenz, die über Malis künftige Verfassung entscheidet, stellt sich jedoch vehement dagegen. Nach hitziger Debatte stimmt die große Mehrheit der tausendfünfhundert Delegierten sogar gegen die Zulassung religiös motivierter Parteien. In diesem Moment euphorischer Hoffnung auf die junge Demokratie hat das Religiöse in der Politik keine Chance. Noch ist unvorstellbar, dass Demokratie und Parteien einmal so an Ansehen einbüßen könnten, dass sich das Vertrauen den Religiösen zuwendet.

Die neue Meinungsfreiheit lässt die Zahl der muslimischen Vereinigungen explodieren, bald sind es über hundert. Der Staat richtet schließlich den Hohen Islamischen Rat Malis ein, er soll die diversen Strömungen gegenüber Politik und Verwaltung repräsentieren. An dessen Spitze steht anfänglich ein unpolitischer

Gelehrter, später gewinnt Mahmoud Dicko die Wahlen. Mit dem wachsenden Verdruss an der Parteiendemokratie ändert sich das Klima. Und die weltweit konfrontative Stimmung zwischen Westen und Islam politisiert auch malische Muslime.

Überall im muslimischen Afrika südlich der Sahara beginnt in den 90er Jahren eine neue Ära. Mehr Meinungsfreiheit, mehr religiöse Freiheit, mehr moderne Kommunikation machen den Islam im öffentlichen Leben sichtbarer – aber ähnlich wie in Europa geht die vermehrte Sichtbarkeit der Muslime nicht zwangsläufig mit mehr Frömmigkeit einher. Die neue Generation von Predigern und Aktivisten mischt sich ein, die alten säkular geprägten Eliten haben nicht mehr das Monopol auf Politik.

In Mali, von den Gründern der Republik so betont laizistisch angelegt, gab es vermutlich immer eine Kluft zwischen der säkularen Verfassung und der Lebenswirklichkeit. Als die sozialistische Regierung 1962 die religiöse Heirat erst nach der staatlichen erlaubte, ignorierte die Bevölkerung das Gesetz einfach. Bis heute heiraten viele Malier, zumal auf dem Land, nur beim Imam.

Ein ganzes Jahrzehnt schwelt der Konflikt um eine geplante Heraufsetzung des Heiratsalters für Mädchen von fünfzehn auf achtzehn Jahre. Zwei Präsidenten lassen die Reform fallen, sie schrecken zurück vor der geballten religiösen Meinungsmacht im säkularen Staat. Auch Haidara mobilisierte seine Anhänger, weil ein höheres Heiratsalter »gegen unsere Sitten und Gebräuche verstößt«. Skepsis gegenüber Ideen von Frauenemanzipation und Kinderschutz, die als westlich angesehen werden, verbindet sich mit Sorgen über einen bereits eingetretenen Sittenverfall. Ein populäres Argument lautet: Immer mehr ledige Mädchen im Teenageralter werden schwanger – wie kann man es verbieten, sie dann wenigstens zu verheiraten?

Am Ende wird das Heiratsalter für Mädchen nur um ein einziges Jahr heraufgesetzt, auf nun sechzehn Jahre, und entscheidende Passagen eines neuen Familiengesetzes lesen sich wie eine Verteidigung afrikanischen Patriarchats: »Die Frau schuldet ihrem Ehemann Gehorsam … Der Mann ist das Oberhaupt der

Familie … Die Entscheidung, wo die Familie wohnt, trifft der Mann.« Die Frage der Gleichheit: Sie wird in Mali, wenn es um die Geschlechter geht, eindeutig negativ beantwortet. Die Menschen sind weder vor Gott gleich noch voreinander.

An dieser Stelle möchte ich ein dunkles Thema nicht umgehen: die sogenannte Beschneidung von Frauen, richtiger gesagt: Genitalverstümmelung. Sie ist in Mali immer noch verbreitet; warum das so ist und wer dagegen auf welche Weise kämpft, das würde ein eigenes Buch füllen.

Auch malische Christen lassen ihre Töchter beschneiden, aber bei Muslimen hält sich die Praktik besonders hartnäckig: Sie vermischen Tradition und Religion, meinen, die Verstümmelung sei islamisch geboten – und die meisten Imame bestärken sie darin. Ich sprach darüber mit einem mutigen Außenseiter, Cheick Mohammadou Diallo, der bereits seit mehr als zwanzig Jahren gegen die Beschneidung kämpft. In einer Fernsehpredigt hatte er sie als unislamisch bezeichnet. Daraufhin schloss ihn seine Imam-Vereinigung aus, manche Kollegen gaben ihm nicht mehr die Hand.

Diallo war ein gebildeter Mann, er hatte in Ägypten und in Marokko studiert, und er war dabei, als die angesehene muslimische Al-Azhar-Universität in Kairo die Genitalverstümmelung feierlich ächtete. Aber selbst eine solche Fatwa, seufzte er, habe an der Basis in Mali wenig Wirkung. Die meisten Imame wüssten schlicht zu wenig, »sie können oft nicht einmal den Koran lesen und ihn nicht interpretieren«. Und die Regierung sei zu ängstlich, zu defensiv.

Außerdem, so Diallo, seien malische Muslime zu wenig mit der islamischen Welt außerhalb des Landes vertraut. Dabei nannte er auch Saudi-Arabien, wo es keine Genitalbeschneidung gibt. Ich fand diese Äußerung bemerkenswert, denn andere saudische Einflüsse kamen ja durchaus in Mali an. Aber Einfluss braucht auch in Zeiten der Globalisierung lokale Einflussagenten – und einen Raum für Widerhall. Wo es aber um patriarchale Tradition und um die Definition weiblicher Sexualität geht, da will weder ein führender Wahhabit noch ein Sufi seine Popularität aufs Spiel setzen.

Was den Kampf gegen die Verstümmelung angeht, so gilt wie bei vielem anderen in Mali: Es gibt nur kollektive Lösungen. Achthundert Dörfer haben bisher die Praxis auf gemeinsamen Beschluss hin aufgegeben, voraus ging oft jahrelange geduldige Aufklärungsarbeit von zivilgesellschaftlicher Seite. In einem Vorort von Bamako verkündeten die vierzehn Ethnien, die dort leben, in einer feierlichen Zeremonie das Ende. Aus unserer Sicht muss das individuelle Mädchen vor einer Menschenrechtsverletzung geschützt werden. Aus malischer Sicht brauchen die unbeschnittenen Mädchen den Schutz des gemeinschaftlichen Entschlusses – damit sie nicht als unverheiratbar gebrandmarkt und ausgegrenzt werden.

In den zurückliegenden zwei Jahrzehnten, die man je nach Gesichtspunkt als demokratisch oder als wirtschaftsliberal bezeichnen kann, sind vor aller Augen neue Phänomene aufgetaucht: Bars, Nachtclubs, sichtbare Prostitution. Und wer nun über die Verluderung der Sitten klagte, vermischte das zunehmend mit Zorn auf die Korruption in der Politik. Während Haidara, der Wulibali, zur Moral aufrief, verlieh Mahmoud Dicko, der Wahhabit, dieser Stimmung eine aggressivere Melodie: Er verhöhnte die »Mimikry« der malischen Politiker; sie wollten westliche Vergnügungssucht und westliche Libertinage zum Vorbild malischen Lebensstils machen. Ein Ton, der nie mehr ganz verwehen wird. Er nistet sich ein über die Jahre, macht später manche jungen Männer auf eine eher diffuse Weise empfänglich für extreme Botschaften.

Unter Malis religiösen Protagonisten ist Mahmoud Dicko, Jahrgang 1954, der bestgebildete. Bei öffentlichen Auftritten lässt er gern sein Arabisch perlen. Im persönlichen Gespräch mit mir verbarg er nur nachlässig seine Verachtung für staatliche Funktionäre, »die nicht einmal wissen, was Sharia bedeutet«.

In der Tat wird der Begriff in Malis Öffentlichkeit oft so falsch reduziert verwendet wie in den westlichen Medien: als

Synonym für schlimme Strafen. Tatsächlich meint Sharia die Gesamtheit aller islamischen Gebote. Dickos Versuch, in einem Workshop zu diskutieren, was Sharia in Mali bedeuten könnte, erntete einen Sturm des Protests, vor allem in Malis säkularer Presse.

Selbst als Außenstehende spürt man in manchen Momenten ein Missverhältnis: Unter Bamakos Intellektuellen gibt es nur sehr wenige, die sich als Gesprächspartner für islamische Fragen zur Verfügung stellen mögen. Es mangelt vielen frankophon Gebildeten nach eigener Ansicht an Kompetenz – und manchmal auch an Gespür für den arabischen Einfluss in Malis vorkolonialen Jahrhunderten. Schlimmstenfalls lernen Schüler von ihren Lehrern nicht einmal den arabischen Ursprung des Wortes Sahel. Auf der anderen Seite dann jene, die an den religiösen arabischsprachigen Schulen lernen und ihr Studium in einem Golfstaat absolvieren. Zurück in Mali drohen sie zu einer engstirnigen Gegenelite zu werden.

Mahmoud Dicko ist vielleicht der Prototyp einer neuen arabophonen Führungsschicht, aber er ist viel zu schlau, als dass er für eine eindeutige Charakterisierung Material liefern würde. Malis demokratisches System ist die Bühne, auf der er spielt; er will sie nicht abschaffen. Seine Beziehungen nach Mekka sind eng, aber Dicko ist auch als Wahhabit ein nationalbewusster Malier. Er sähe gerne mehr islamisches Recht in Mali angewandt, aber wenn jemand von außen kommt, um das mit dem Gewehr einzuführen, stößt er auf Dickos Widerstand. Als Frankreich gegen die Djihadisten in Nordmali Krieg führte, wies Dicko die Kritik aus einigen Golfstaaten zurück. Er stellte sich öffentlich hinter den französischen Einsatz, was ihn enorme Überwindung kostete.

Wenn heutzutage in Mali Wahlen anstehen, dann rufen alle muslimischen Führer die Bürger zur Beteiligung auf – der Wahhabit Dicko genauso wie sein Gegenspieler Haidara, der Wulibali. Der gegenwärtige Präsident Ibrahim Boubacar Keita, der erste Staatschef nach der großen Krise, wurde sogar im Wahlkampf von einem Bündnis muslimischer Gruppen unterstützt – und dieses Bündnis erhob gleich nach der Wahl Kritik, als der versprochene Politikwechsel auf sich warten ließ.

Muslime unterschiedlicher Couleur sehen sich heute als Advokaten einer besseren, zumindest weniger korrupten Demokratie. Und natürlich wäre das aus ihrer Sicht eine Demokratie mit mehr Religion. Das macht die Situation in Mali so atemberaubend spannend. Die Religiösen bekamen ja ihren Platz auf der politischen Bühne in jenem Maße, wie das Ansehen der politischen Klasse, das Ansehen eben jener Politiker, die vom Westen als Pfeiler der Demokratie alimentiert wurden, verfiel.

Mahmoud Dicko sagt dazu mit der ihm eigenen Schlitzohrigkeit: »Die Institutionen der Demokratie wurden zur Geisel genommen von Leuten, die sich nur bereichern wollten, und darum haben sich die Menschen mehr der Moschee zugewandt. Wieso soll das ein Rückschritt an Demokratie sein? Wenn Demokratie tatsächlich universell ist, muss sie sich unserer Realität und unseren Werten anpassen.«

Gegenwärtig spricht alles dafür, dass Mali eine säkulare Republik bleiben wird. Doch der religiöse Einfluss wird sich aus dem öffentlichen Leben kaum mehr zurückziehen. Die strikte Laizität, wie sie vom ersten Präsidenten Modibo Keita nach französischem Vorbild übernommen wurde, wirkt heute wie ein zu knapp gewordenes Kleid. Darin ähnelt Mali einigen nördlicher gelegenen muslimischen Ländern, etwa Tunesien, wo der Streit um das säkulare Vermächtnis des Gründerpräsidenten Habib Bourguiba noch härter ausgetragen wird. Der Vergleich endet jedoch schnell, denn der malische Islam ist ungleich praller und spektakulärer, eine Wunderkiste, in der die Widersprüche tanzen dürfen.

Die Geschichte, wie Mali islamisch wurde, erzählt von einem Jahrhunderte währenden Prozess voller Wechselfälle. Nach Phasen der Islamisierung, teils friedlich, teils gewalttätig, gab es wieder Zeiten der De-Islamisierung, des Wiederaufstiegs der älteren afrikanischen Religionen. Und bis heute ist Mali von einem erstaunlichen Nebeneinander geprägt. Ganz in der Nähe von Bamakos großer Moschee werden auf dem Markt Fetischartikel angeboten – Tierschädel, Hörner, Pfoten, schwer identifizierbare Utensilien und Ingredienzien, im fließenden Übergang von Religion, Magie, Medizin. In Rufweite steht ein islamischer Radiosender, der regelmäßig ermahnt, vom Fetischismus abzulassen.

Ein Volksislam, durchsetzt von Sitten und Gebräuchen vorislamischer Epochen, ist in Mali immer stark geblieben. Wie die frühere animistische Weltbewältigung hat Religion auch heute einen stark diesseitigen Zug: Sie soll helfen, das hiesige Leben heil zu bestehen.

Die Überlieferung erzählt von einem regionalen König, der sich im 11. Jahrhundert aus folgendem Grund zum Islam bekannte: Der Mann war verzweifelt über eine lange Periode der Trockenheit. Ohne Erfolg waren immer wieder Rinderopfer dargebracht worden, bis der Viehbestand dadurch zusätzlich in Gefahr geriet. In höchster Not rief der König nach einem muslimischen Marabout. Dieser nahm ihn mit auf einen Hügel und betete mit dem König die Nacht hindurch. Das heißt: Der König, noch voller Abwehr gegenüber dem neuen Kult, beschränkte sich darauf, nach jedem Gebet des Marabouts *Amin, Amin* zu rufen, »Amen, Amen«. Als der neue Tag anbrach, hüllte strömender Regen das ganze Gebiet ein. Daraufhin ließ der König die animistischen Idole zerstören.

Weil es offenbar ein menschliches Bedürfnis ist, der Transzendenz der islamischen Gottesvorstellung etwas von ihrer Ferne zu nehmen, sie herunterzubrechen auf Alltagsnähe, ist der Islam, bei aller Universalität, eine Religion der tausend Gesichter geworden, immer wieder neu reproduziert von jeder Kultur. Einen Volksislam, durchsetzt von vorislamischen Sitten und Gebräuchen, gibt es keineswegs nur in Afrika, sondern auch zum Beispiel in Indien und Indonesien. Und der Islam der arabischen Halbinsel mag sich zwar gern als rein und originär gerieren; tatsächlich schleppt er schwer an seinem beduinischen Erbe, an archaischen Ehrvorstellungen und Geschlechtermustern, deren

Verhängnis darin besteht, dass sie dem Rest der muslimischen Welt als originär-islamisch aufgehalst werden.

In Mali wirkt der Volksislam vielleicht besonders exotisch, weil er sich sichtbarer Gegenstände bedient. Viele Männer tragen einen auffallend hochgewölbten Silberring am Finger, in dessen Kapsel sich ein Puder befindet, der Kraft oder Schutz verleihen soll. Die Kleidung der Jäger ist mit Amuletten behängt, die ebenso muslimische wie traditionelle Kraftsubstanzen enthalten können. Früher waren selbst Masken im Inneren gelegentlich mit Inschriften aus dem Koran versehen.

Im Islam existiert durchaus die Vorstellung von einem verborgenen religiösen Wissen, *batin* genannt, sozusagen eine zweite Bedeutung hinter den auf Anhieb lesbaren Buchstaben des Koran. Diese zweite, tiefere Bedeutung kann sufistisch verstanden werden oder kabbalistisch, und es gibt sogar psychoanalytische Interpretationen. In Mali ist die gängigste Anwendung von *batin* der magische Gebrauch heiliger Texte: Stellen aus dem Koran werden in Amulette aus Leder eingenäht, manchmal kodiert durch die Zuordnung von Zahlenwerten zu den Buchstaben. Geschriebene Suren werden zu einer trinkbaren Substanz verflüssigt oder in Pulver verwandelt.

Wer diese Praktiken beherrscht und ihnen mit seiner eigenen Aura Glaubwürdigkeit verleiht, genießt Macht und Einkommen. *Maraboutage* – das ist heute ein eigener Berufszweig. Sein Erfolg besteht darin, dass Zauber und Magie schlicht als islamischer Zauber und islamische Magie verkauft werden und als Angebot auf dem religiösen Markt der Möglichkeiten deshalb nicht beanstandet werden. Man kann es auch so ausdrücken: Die Stellung des Islam ist in Mali heute hegemonialer als zur Zeit der Unabhängigkeit, weil er sich seine Konkurrenz quasi einverleibt hat.

Verschiedene Rituale praktizieren, damit wenigstens eines davon hilft – diese Haltung ist keineswegs ein Zeichen mangelnder Bildung. Ich erinnere mich an ein Gespräch mit einem Malier, der als Koryphäe einheimischer Kultur gilt, Mamadou Fanta

Simaga, promovierter Pharmazeut, früher Vizebürgermeister der Stadt Segou. Er wühlte lange in den Falten seines himmelblauen Bubus, zog dann einen Fetisch aus hellem Leder hervor. »Den hatte ich auch in Mekka dabei«, sagte er verschmitzt. »Das Leben ist zu kurz, um es zu verspielen.«

Wenn in Bamako in einer Behörde eine Kassenprüfung ansteht, so wurde mir glaubwürdig berichtet, eilen viele Beamte in ihr Heimatdorf, um durch ein Tieropfer die Chance zu verbessern, die Prüfung unbeschadet zu überstehen. Sollte man also das Ausmaß nicht geahndeter Unterschlagungen damit erklären, dass die Tieropfer wirksam sind? Tatsächlich ist es eher umgekehrt: Weil demokratische Kontrolle versagt und das Parteiensystem keine Identifizierung erlaubt, suchen heute viele Malier wieder Selbstversicherung in älteren Elementen kultureller Identität.

Beispielhaft dafür waren die Auftritte von Amadou Haya Sanogo, jenem Hauptmann, der im März 2012 an der Spitze einer Gruppe meuternder junger Offiziere den malischen Präsidenten stürzte. Am Tag nach dem Putsch schaute aus Sanogos Uniformhemd nicht mehr wie vorher ein weißes T-Shirt heraus, sondern ein lehmgefärbtes traditionelles Jägerhemd. Initiierten Jägern werden in Westafrika besondere Kräfte zugeschrieben. Die Putschisten bezogen sich in ihren Erklärungen mehrfach auf die malischen Jägervereinigungen. Sie genießen auch bei der nichtjagenden Großstadtjugend Kultstatus, und gerade bei dieser Jugend weckte Sanogo zunächst große Hoffnungen. Sein Hemd zeigte: Ich bin bereit, nichts kann mich einschüchtern.

Am Handgelenk trug er, gut sichtbar, ein Lederamulett, und bald führte er stets einen kurzen Stock mit sich, von dem es hieß, er beschütze ihn. Der Stab soll von Angehörigen der Senufo geschnitzt worden sein, einer Ethnie im malischen Südosten, von der Sanogo väterlicherseits abstammt. Aus Sicht der Städter in Bamako, die durch Lebensweise und ethnische Vermischung viele Traditionen verloren haben, verfügen die Senufo im Umgang mit unsichtbaren Kräften über besondere Fähigkeiten.

Bald nach dem Putsch stellte sich der sogenannte Chérif de Nioro, einer der einflussreichsten Marabouts, an Sanogos Seite. Seine Dynastie, beheimatet in der Stadt Nioro nahe der mauretanischen Grenze, ist im ganzen Sahel legendär. Mit wehendem Gewand kam der Vierundsiebzigjährige in die Garnison der Putschisten. Eine Filmaufnahme dieser Begegnung vermittelt Einblick in die Rangordnung von Militärischem und Religiösem: Bei der Ankunft in der Garnison nahm der hochgewachsene Chérif, der durch seinen schwarzen Kopfputz noch größer wirkte, den kleineren Offizier in die Arme, Sanogo ließ für einen Moment seinen Kopf an der Schulter des Alten ruhen

Später saßen beide eng nebeneinander auf einem Sofa, der Chérif redete, Sanogo schwieg, und ab und an legte der Alte dem Offizier im Kampfanzug väterlich die Hand aufs Knie. Er überzeugte ihn, die Macht wieder an Zivilisten abzugeben.

Der Marabout mit schwarzem Kopfputz hat sein Charisma geerbt, er zehrt vom Ruhm seines berühmteren Vaters. Dieser Cheikh Hamallah wird im Sahel bis heute verehrt, weil er die Kollaboration mit der Kolonialmacht verweigerte. Damit distanzierte er sich von der Mehrheit der frankreichtreuen Sufi-Führer, auch in seiner eigenen Bruderschaft, der in ganz Westafrika verbreiteten *Tijaniya*. Dass Hamallah überhaupt die Kraft hatte, sich den Weißen zu widersetzen, galt als Zeichen göttlichen Segens, als *Baraka*. Allein die Anrufung seines Namens konnte bereits Wunder bewirken, zum Dank bekam er Geschenke: Häuser, Vieh, Diener, Bräute.

Cheikh Hamallah wurde 1925 verhaftet, zunächst aus Mali verbannt und später nach Frankreich deportiert, wo er 1943 starb. Zu den intellektuellen Dissidenten seiner Bewegung zählte auch Amadou Hampâté Bâ, Malis bedeutendster Historiker der kolonialen Epoche, den wir als Autor der Geschichte des Dolmetschers Wangrin kennenlernten. Hampâté Bâ erzählt eine Episode aus dem Leben von Cheikh Hamallah, die ich bezeichnend fand, denn sie handelt von jenem gemessenen, ehrenhaften und ein wenig pathetischen Auftreten, das Malier so sehr lieben.

Es war im Jahr 1923. Cheikh Hamallah wurde zum französischen Gouverneur nach Bamako beordert, sechshundert Kilometer von seinem Domizil in Nioro entfernt. Der Gouverneur, umgeben von seiner Entourage, baute sich vor ihm auf und provozierte ihn durch rüden Ton: »Wenn es stimmt, dass du direkt mit Gott reden kannst, dann sag doch deinem Gott, er solle mir jetzt das Dach auf den Kopf fallen lassen.« Hamallah erwiderte: »Wenn Gott jemanden an die Spitze einer so großen Kolonie stellt, hegt er sicher eine besondere Wertschätzung für diesen Menschen. Es stünde dem Gouverneur deshalb besser an, Gott um ein langes Leben zu bitten, damit er seine Aufgabe gut erfüllen kann.«

Der Gouverneur schäumte. Er war es gewohnt, dass man ihm antwortete »Oui, Monsieur le Gouverneur, zu Befehl, Monsieur le Gouverneur.« Und nun stand ihm ein Mann gegenüber, der ihn mit so fein abgewogenen Worten vernichtend kritisierte.

Hamallahs geistige Unabhängigkeit wurzelte im Religiösen und wurde erst dadurch politisch, dass die Franzosen diesen Freimut nicht ertragen konnten. Die fehlende Unterordnung eines Frommen konnte nur Rebellentum sein, jedenfalls war sie zutiefst verdächtig.

Ist es heute so viel anders? Ein Mehr an sichtbarer Religiosität in einem muslimischen Land gilt aus westlicher Sicht stets als Gefahr – als Gefahr für die Kompatibilität mit westlichen Interessen. Natürlich wird in solchen Fällen gesagt, die Entwicklung sei eine Gefahr für das Land selbst, für seine Demokratie … Wie in der Kolonialzeit wird auch heute sortiert: guter Muslim, böser Muslim. Wer sich in die Politik einmischt und dabei nicht ausdrücklich pro-westlich ist, bekommt schnell ein Etikett: Islamist, Salafist, Extremist.

Bamako, Internationales Konferenzzentrum, ein Saal mit tausend Plätzen, gefüllt bis zur hintersten Reihe. Malis Sufis hatten zur Kundgebung gerufen, gegen religiösen Extremismus und für die Verteidigung eines »authentischen Islam«. Großes Geraschel der Gewänder, die Religiösen sind Malis bestgekleidete

Berufsgruppe. Mehrlagige Bubus, dazu Schals in passenden Farben. Gewaltige Gebetsketten aus Holz und Harz werden wie Schmuck um den Hals getragen.

Haidara, der Wulibali, kam im weißen Gewand mit glitzernden Sternchen; er war unangefochten der Star. Er hatte gerade eine neue Organisation der religiösen Führer Malis gegründet, und natürlich war er ihr Chef. Der Selfmademan war auf dem Höhepunkt der Macht angelangt, sein Einfluss überstrahlte die traditionellen Sufi-Größen, die hier versammelt waren. Die großen maraboutischen Familien geben sich die Ehre, so hatte eine Zeitung die Versammlung angekündigt, und wer in Timbuktu und anderswo einen Namen mit Traditionsschweif hatte, war gekommen. Aber dies war Bamako im 21. Jahrhundert, und sobald Haidaras Name fiel, jubelten im Publikum Frauen auf wie Groupies.

Sie saßen getrennt von den Männern in einem eigenen Block; nur Haidara hatte so viele Anhängerinnen – und er brachte an diesem Tag sogar weibliche Security mit, eine Sensation in Mali. Eine Leibwächterin mit schwarzem Schleiertuch und der branchenüblichen Sonnenbrille mit Spiegelgläsern nahm neben dem Rednerpult Aufstellung, als der Meister sprach.

Ich war die einzige ausländische Beobachterin im Saal. Westliche Experten schrieben pausenlos Papiere über extremistische Tendenzen im malischen Islam, aber wenn sich tausend Sufi-Vertreter trafen, fand das anscheinend niemand interessant. In der Annahme, ich sei eine europäische Diplomatin, hatte man mir einen wunderbaren Platz in der ersten Reihe gegeben, zwischen den raschelnden Gewändern. Später fiel einigen auf, dass ich eine Frau war und eigentlich in den Frauenblock gehörte. Nach einigen getuschelten Verhandlungen ließ sich das Problem lösen, indem ich mir einen krawattenbreiten bunten Schal auf die Haare legte, als symbolische Andeutung eines Schleiers. Es war eine typische Lösung *à la malienne*: Es kam darauf an, die andere Seite zu verstehen und dies mit einer Geste des Entgegenkommens zu zeigen; schon waren alle zufrieden.

Obwohl die Versammlung einem eindeutigen Zweck diente, nämlich die Friedfertigkeit des malischen Mehrheitsislam zu demonstrieren, hatte ich das Gefühl, etwas Echtem beizuwohnen. In der gesichtslosen Moderne des Konferenzzentrums mit Plüschklappsesseln und holzfurnierten Wänden wurde eine Versammlung nach einheimischen Regeln abgehalten, auf Bamanankan. Das Publikum nahm Anteil in einer Weise, wie ich es bei französischsprachigen Veranstaltungen nie erlebt habe. Häufig kamen Zwischenrufe, und manche kommentierten mit einem lauten Kehllaut jeden Satz eines Redners. Als dann doch ein Gast auf Französisch sprach, standen Haidaras Anhängerinnen reihenweise auf und verließen geräuschvoll den Saal. Als wollten sie sagen: Das geht uns nichts mehr an! Zwischendurch wurden Gesänge zum Lob des Propheten angestimmt, im melodiösen Auf und Ab malischer Volksmusik. Dies war zweifellos authentisches Mali – religiös tolerant und sozial konservativ. Die Sufi-Führer beschworen noch einmal: Die Menschen sind nicht gleich!

An diesem Tag verdichtete sich mein Eindruck: Malis Sufismus immunisiert gegen religiösen Extremismus. Aber er stützt auch eine Autoritätshörigkeit, mit der sich eine Demokratie von unten nicht gut bauen lässt.

Im Flur des Konferenzzentrums stieß ich später auf einen aufgeregten Pulk junger Leute, die einen hochgewachsenen Mann umringten; anscheinend verstanden sie sich als seine Leibgarde, obwohl er sie um Haupteslänge überragte. Eine imposante Gestalt: das lange Haar in wild schwingenden Tressen, als Gewand eine Art Bischofskutte und in der Faust eine Lanze, deren massive silberne Spitze ein Kreuz zeigte.

Es handelte sich um einen stadtbekannten Exoten, Sufi Adama genannt. Ich hatte von ihm gehört; es hieß, er vertrete eine Melange von Animismus, Islam und Christentum. Über die Köpfe seiner Leibgardisten hinweg schickte er einen Gruß zu mir hinüber. Und dann sah ich etwas, was mich auf der Stelle für ihn einnahm. Eine alte Frau trat zu ihm hin und knickste, wie es traditionelle Malierinnen vor Autoritäten tun – und der große Kerl machte sich klein, klappte seine imposante Gestalt für den Bruchteil einer Sekunde zusammen.

Ich besorgte mir seine Mobiltelefonnummer, und er empfing mich noch am selben Nachmittag. Sufi Adama lebte auf einem Stück Land am Ufer des Niger; das Land hatte lange brach gelegen, angeblich wohnten hier missgünstige Geister. Sufi Adama brach den Bann, gründete eine religiöse Community und legte Gemüsefelder an. Über dem Gelände lag etwas entfernt Hippiehaftes, vielleicht wegen der Rastafrisuren der Männer; einige trugen blaurote Phantasieuniformen, die an die Heilsarmee erinnerten. Ein malischer Ashram, ärmlich, unaufgeräumt, mit großen Kürbissen und vielen Kindern.

Adama ging barfuß; er trug jetzt ein grobes, selbstgewebtes Stück Stoff, das eine Schulter freiließ. Als er sich setzte, drängte sich eine Kinderschar um seine schmutzigen Füße. Er nahm einen Jungen auf den Schoß, machte ihm ein Bett zwischen seinen Armen, und der Junge schlief bald ein. Adama war Anfang fünfzig, ein Bauernsohn, der nie eine Schule besucht hatte. Er machte auch jetzt wenig Worte, seine Antworten waren kürzer als meine Fragen. »Ich predige nicht«, sagte er, »und ich nehme kein Geld.« Anscheinend war es seine bloße Ausstrahlung, die ihn zum Magneten machte. Man sagte ihm nach, er könne Wunder bewirken. Adama hatte etwas Besonderes, eine Aura, nicht einzugrenzen in einer einzigen Religion.

Die seltsame Lanze, die mir am Morgen aufgefallen war, lehnte jetzt an der Lehmziegelmauer einer kleinen Moschee. Die Holzstange hatte ein sorgsam geschnitztes Muster von Fischgräten, »das ist ein Symbol für den Propheten«, erklärte Adama. Der silberne Kopf der Lanze zeigte über dem christlichen Kreuz das Kanaga-Symbol, eine zu Strichen abstrahierte menschliche Gestalt. Ein spirituelles Symbol der Dogon-Ethnie, das oft als Zeichen für Afrikanität benutzt wird. Adama hatte auf seiner Lanze die Einheit der Religionen verwirklicht. Er führte die Lanze immer mit sich, sie war seine Botschaft.

Hinter uns saßen mehrere Dutzend Frauen, meist ältere, auf blauen Matten. Sie waren versunken in einen endlosen religiösen Gesang, »la illah illa allah«, es gibt keinen Gott außer Gott, la illah illa allah. Sie folgten einer uralten Sufi-Praxis, nur sind es anderswo meist Männer, die sich lobpreisend in Trance versetzen. Die Frauen sangen leicht und melodisch, als würden sie ihre Enkel in Schlaf wiegen. Es war schwer, sich der Wirkung des Gesangs zu entziehen, zumal in der malischen Nachmittagshitze. Mein Kopf wurde leer, und es erschien mir plötzlich seltsam, den Mann vor mir mit meinen westlich-rationalen Fragen erfassen zu wollen.

Bevor ich ihn verließ, zeigte Sufi Adama mir sein Pferd. Ein kleines, schmalbrüstiges Sahel-Pferd, für unsere Augen nicht beeindruckend. Aber es war ein Albino, und Adama sagte, deshalb verfüge es über besondere Kräfte.

Als ich ging, blickte ich noch einmal zurück und sah ihn dort stehen, in der rechten Hand hielt er die Zügel des Albinopferds, in der linken die Lanze. Eine sehr malische Gestalt. Dass es sie gibt, in diesem unruhigen, zerrissenen 21. Jahrhundert, das erzählt noch einige Dinge über dieses Land, die von einer Fremden schwer in Worte zu fassen sind.

Bäuerinnen einer
Biokooperative

8.
Das Schuldenbuch
Ein Baumwolldorf und die Weltordnung

Wenn es gerecht zuginge auf der Welt, dann müssten die Menschen in Malis fruchtbarem, feuchtem Süden in leidlichem Wohlstand leben. Die Region Sikasso ist Malis Baumwollregion, und die malische Baumwolle ist von guter Qualität, auch weil sie von Hand gepflückt wird. Und doch bringt sie denen, die mit krummen Rücken und Hacke über die Felder ziehen, nichts ein. In manchen Jahren wurden die Bauern durch ihre Arbeit sogar ärmer, sie verschuldeten sich mehr und mehr, denn der Weltmarktpreis war so niedrig, dass die Erträge der Ernte kaum die Kosten für Saatgut, Dünger und für die teuren Pestizide deckten.

Die Bauern hatten sich um einen grob gezimmerten Tisch versammelt, ein Dutzend Männer, Familienoberhäupter. Draußen wehte eine schüttere malische Fahne an einem Draht, hier drinnen ging es um die Machtlosigkeit eines armen Landes.

Die Bauern hatten eine vage Ahnung, wie ihr Schicksal aus der Ferne fremdbestimmt wurde, der Vorgang war jedoch so unfassbar, dass er sich ihrer Vorstellungskraft immer wieder entzog. Die US-Regierung subventioniert jeden ihrer Baumwollfarmer mit hunderttausend Dollar im Jahr – ein malischer Bauer müsste dafür etwa tausend Jahre arbeiten.

Die Bauern hatten aufbegehrt gegen diese Ungeheuerlichkeit, die sie nur vage verstanden; sie hatten versucht, mit ihrem Daumenabdruck gegen die Weltordnung zu protestieren. Eine Petition an die Welthandelsorganisation war durch Malis Baumwolldörfer gegangen; die Dörfer waren klein, so wie in dieser Gemeinde namens Kaboila, deren sechsundzwanzigtausend Einwohner sich auf sechsundzwanzig Dörfern verteilten. Es lässt sich also ermessen, was für ein Kraftakt es war, dass die Petition am Ende die Fingerabdrücke von achthunderttausend malischen Bauern und ihren Angehörigen trug. Ein Kraftakt, der wenig bewirkte.

Seit einem Jahrzehnt kämpft Mali nun schon für einen fairen Wettbewerb, gemeinsam mit Burkina Faso, Benin und dem Tschad. Die »Cotton-4« werden sie auf internationaler Bühne genannt; das klingt so heiter, als handele sich um eine Countryband. Aber wie kämpfen Bauern mit nichts in der Hand und mit den Fesseln der Schulden an den Füßen? Viele an diesem Tisch waren gleich dreifach verschuldet: bei der Textilgesellschaft, die ihnen Saatgut, Dünger und Pestizide verkauft, bei den Banken und untereinander.

Einer der Bauern holte das Schuldenbuch seiner Dorfgemeinschaft, es war ein Schulheft mit Linien, aufbewahrt in einem Säckchen aus Stoff. Das Heft enthielt die Schicksale von fünfundzwanzig Familien, die einander in Zwangssolidarität verbunden waren: Sie hatten sich, so die ursprüngliche Idee, gegenseitig helfen sollen, waren nun aber in wechselseitigen Verschuldungen heillos aneinandergekettet. Der schlimmste Fall von Verschuldung in den Dörfern der Gemeinde betrug umgerechnet fünfhundert Euro. Ein Abgrund, in den alle anderen mit Schaudern blickten. Wie sollte die Familie je daraus hervorklettern können? In dem Heft, das vor mir auf den Tisch gelegt wurde, betrug die höchste Schuldenlast einer Familie etwa hundert Euro. Summen, die man bei uns für eine Geburtsfeier ausgibt, entschieden hier über die Zukunft einer Generation.

Und ein jeder kannte des anderen Last, jede Familie wusste, wie prekär die Nachbarn lebten. So war es, als hätte das Leben selbst den Atem angehalten; niemand mehr wollte innerhalb des Dorfes heiraten, denn nirgendwo wäre eine gute Partie. Zur Saatzeit sah man abends die Alten in der Dämmerung auf den Feldern stehen, einsame Gestalten im hellen Bubu. Gestützt auf einen langen Stock gingen sie die Furchen ab mit dem kontrollierenden Blick des Patriarchen, bückten sich hier und da mit steifen Knochen, um etwas zu richten an der Furche. Althergebrachte Sorgfalt, die nun wie ein leeres Ritual wirkte – auch die akkurateste Furche würde nur neue Schulden hervorbringen.

Und wenn sich dann ein Sohn oder ein Enkel, der die Schule besucht hatte, nach Europa aufmachen wollte, auf die gefährliche Reise, dann gab ihm der Alte mit Tränen in den Augen seinen Segen. Was sollte er ihm sonst geben? Wie ihn halten?

An der Wand unseres Versammlungsraums standen aufgestapelt die Urnen der letzten Wahl. Sie waren aus durchsichtigem hellem Plastik, Symbol für eine transparente Demokratie, und trugen ein Spendensiegel der Entwicklungshilfe. Wie lächerlich wirkten diese Urnen hier, glichen sie doch Spielzeug, das man Kindern gibt, damit sie nicht stören bei den wichtigen Dingen. War der Aufwand, den der Westen betreibt, damit Afrikaner brav wählen gehen, nicht eine Verhöhnung, wenn ihnen zugleich eine gerechte Handelsordnung verweigert wurde?

Im Fall von Drissa Traoré, dem Bürgermeister der Gemeinde, war die Wahl indes eine günstige Fügung: Traoré war Aktivist einer Bauernorganisation, der seinen Leuten immer wieder die Unfassbarkeiten der höheren Ungerechtigkeit zu erklären versuchte. Ein kantiger Kämpfertyp, das schöne breite Gesicht geprägt von einer Falte über der Nasenwurzel, in der sich die Sorge über seine abertausend verschuldeten Bauernbürger eingeschrieben hatte. Traoré, Mitte vierzig, stammte selbst aus einer alteingesessenen Bauernfamilie; deshalb hätte man ihm das Bürgermeisteramt erst nicht zugetraut, erzählte er mir. Traoré sprach ein tastendes, einfaches Französisch, es war nicht so geschmeidig wie bei den höheren Funktionären seiner Organisation.

Er war der Baumwollmann von der Basis; wo er über die Nöte der Bauern sprach, sprach er über seine eigene Welt. Dies zu betonen ist wichtig, denn auch in den Bauernorganisationen beäugte die Mitgliedschaft oft misstrauisch die Führung. Der Argwohn, der sich mit der Krise der Demokratie ausgebreitet hatte, machte vor diesem Milieu nicht halt. Es kam vor, dass jemand mit Eloquenz und Gerechtigkeitsrhetorik eine internationale Konferenz in seinen Bann zog, während die Bauern zu Hause sagten: Der vertritt uns nicht, der redet nur.

Traoré zeigte mir das Dorf. Baobabs und Mangobäume überragten wie mächtige Wachtürme die grasgedeckten Häuser und Speicher. Wäsche trocknete auf Sträuchern. Alles war »bio« hier, weil es so wenig Geld gab, etwas zu kaufen. Aus den Fruchtschalen des Nérébaums wurde eine Tunke gemacht, um Tonkrüge zu lasieren. Die Krüge wurden rund, indem die Töpferin beim Töpfern um sie herumlief, sie hatte keine Töpferscheibe. Karitéfrüchte lagen zum Trocknen aus, daraus wurden Butter und Seife gemacht.

Als ich die Kinder, die mir in Scharen nachliefen, fragte, womit sie spielten, sprang ein Junge davon und kehrte kurz darauf mit den Einzelteilen eines selbstgemachten Spielzeuglasters zurück, den er geschwind zusammenbaute. Das Fahrerhäuschen bestand aus plattgehauenen Resten von Nescafé-Büchsen; die sechs Räder waren Steine mit einem Loch für die Achse aus Hölzchen. Hätte ich dem Jungen sagen sollen, dass solche Autos auf manchen afrikanischen Flughäfen als »Airport-Art« für viel Geld verkauft werden?

Es gab nur vier Pflüge im Dorf, allesamt notdürftig zusammengeschweißte Handpflüge, die ein deutscher Landwirt vermutlich der Kategorie des Nescafé-Spielzeugautos zugeordnet hätte. Der junge Mann, der mir einen Pflug vorführte, trug ein ausgewaschenes T-Shirt mit dem Aufdruck »Samsung Mobile«.

Das Dorf war in meinen Augen trotz seiner Armut schön, weil es überall von saftigem Grün betupft war, so anders als in Malis trockenen Zonen, wo allein die allgegenwärtige Schicht roten Staubs dem Europäer schon Bedürftigkeit anzuzeigen scheint. Wie subjektiv ist dieser Blick! Denn jetzt, nachdem der Regen begonnen hatte, kam auch hier die schwierigste Zeit. Französisch sprechende Malier nennen sie *soudure* (wörtlich eine Schweißnaht), sie markiert die Periode, wenn die Speicher leer sind und die neue Ernte noch nicht da ist.

Soudure, das Wort schmeckt nach Mangel und nach Darben. *Soudure* ist die Zeit der Notverkäufe: Weil so viele verkaufen müssen, sind die Preise für Ziegen und Kühe im Keller. Aber die Bauern verkaufen trotzdem. Sie verkaufen das wenige, was sie neben der Baumwolle haben, die Subsistenzmittel, um ihre Familien zu ernähren.

Die Entwicklung des Baumwollanbaus in Mali ist eigentlich eine Erfolgsgeschichte. Verglichen mit den zarten Anfängen nach der Unabhängigkeit wird heute die fünfundzwanzigfache Menge geerntet. Unter Afrikas baumwollexportierenden Ländern steht Mali stets an erster oder zweiter Stelle, in manchen Jahren fand sich Mali sogar auf Platz 11 der weltweiten Baumwollproduzenten – auf dem elften Platz von oben wohlbemerkt, denn in fast allen anderen Statistiken ist Mali stets auf die Ränge am unteren Ende abonniert.

Doch auch wenn der Weltmarktpreis einmal höher ist, kommt nicht genug bei den westafrikanischen Bauern an. Denn sie werden zusätzlich benachteiligt durch jene Monopolisten, die ihre Ernte ankaufen. Früher waren es staatliche Textilgesellschaften, die wenigstens noch durch nationale Politik zu beeinflussen waren. Durch Privatisierungen werden die Bauern jetzt direkt den Diktaten globalisierter Händler ausgeliefert; in der Region Sikasso ging ein Teil der Textilgesellschaft an die chinesische Yuemei Group, ein weltweiter Investor in Textil und Immobilien.

Die malischen Bauernorganisationen bekämpfen die Privatisierung. Das Nachbarland Burkina Faso, wo dieser Prozess bereits früher begann, war ihnen ein warnendes Beispiel. Ähnlich wie bei der Eisenbahn und wie bei der Vergabe von Agrarland steht Mali an einer Wegscheide und muss neu bestimmen, was demokratische Politik bedeutet: Vorrang für die Grundbedürfnisse der eigenen Bevölkerung oder Nachgiebigkeit gegenüber den Interessen ausländischer Investoren? Mitten in der turbulenten Krise des Baumwollsektors entstand eine neue, radikale Bauerngewerkschaft; ihre Ziele drückte sie in ihrem Namen aus, drei schlichte Worte: »Erde, Arbeit, Würde«. Die Gewerkschafter verlangen die Rückkehr zu den demokratischen Idealen des Aufbruchs von 1991, die Bekämpfung von Korruption und Landraub.

In zwei Jahrzehnten liberaler Demokratie sind Malis Bauern eine verachtete Mehrheit geblieben – verachtet von der Elite in Bamako, von den Politikern, die in ihrem Namen zu sprechen behaupteten. Und doch hat die Demokratie den Bauern etwas gegeben, was sie vorher nicht hatten: Vereinigungsfreiheit, Redefreiheit. Sie sind nicht mehr stumm, sie haben Stimme, Vertretungen, Aktivisten. Und die Bauern beginnen, wo es möglich ist, sich selbst zu organisieren, an der Basis.

Die Biokooperative Faraguaran ist ein Beispiel dafür. Ein paar Dutzend Männer und Frauen versammelten sich am Sonntagmorgen im Klassenraum der Dorfschule; die eisernen Fensterläden schlugen laut im Wind. Die Frauen kamen als Erste, sie setzten sich geschlossen auf die rechte Seite des Raums, wie Mädchen einer echten Schulklasse. Nur die Art, wie die Bäuerinnen ihre von der Arbeit gezeichneten Hände flach auf die Pulte legten, ließ erkennen, dass sie Papier und Stift nie gehalten hatten.

Vor einigen Jahren hatte die Schweizer Hilfsorganisation Helvetas begonnen, den Umstieg auf Biobaumwolle zu fördern. Nun war daraus eine unabhängige Bewegung mit fünfundachtzig Kooperativen und mehr als zehntausend Produzenten gewachsen, die »Mouvement Biologique Malien«. Helvetas half weiterhin bei der Vermarktung. Die Bewegung war eine Demokratie im Kleinen, jede Kooperative entsandte Vertreter in eine Art Parlament. Deswegen durften die Bauern neben dem »Bio«-Etikett auch jenes für »Fair Trade« in Anspruch nehmen; beides zusammen garantierte ihnen ein deutlich verbessertes Einkommen. Vor allem aber hatten sich die Bauern aus der Schuldknechtschaft befreit: Weil sie die teuren Pestizide nicht mehr brauchten. Der Agroindustrie, die an den Pestiziden verdient, sind solche Kooperativen ein Dorn im Auge. Bekämpft werden sie auch von Banken, die auf die Verschuldung der Bauern nicht verzichten möchten.

Die Stimmung auf der Versammlung in der Schulklasse war nicht frei von Sorgen. Das zentrale Management des Verbunds der Kooperativen maßte sich zu viel Macht an; später floh sogar der Kassenwart, er wird gewusst haben, warum.

Es gibt keine heile Welt, nirgendwo in Mali. In einem Land, wo die Elite mit schlechtem Beispiel vorangeht, können sich Korruption und Amtsmissbrauch leicht einnisten, auch dort, wo an der Bürotür der Kampf fürs Gute steht. Und doch kann *Beh je fanga*, die Macht für alle, nur so entstehen wie in dieser Kooperative. Durch das allmähliche Anwachsen kleiner Demokratien, durch eine schrittweise Ermächtigung von unten.

Ermächtigung aber bedeutet Wissen. Wie etwa konnte ein malischer Bauer entscheiden, ob er die gentechnisch veränderte Baumwolle anbauen sollte, die ihm von einer mächtigen Lobby schmackhaft gemacht wurde? Das Regionalparlament von Sikasso wagte ein Experiment und beauftragte eine Bauernjury mit der Beratung. Nie zuvor war ein derart schwieriges Thema direkt an die Basis getragen worden.

Acht Monate dauerte die Vorbereitung, mit Geld und Expertise aus der Schweiz und aus England. Die Jurymitglieder wurden von örtlichen Komitees in sieben Landkreisen ausgewählt, unter Berücksichtigung der Betriebsgröße sowie einer Frauenquote. Dann mussten Methoden gefunden werden, Gentechnologie für Analphabeten zu erklären und dafür neue Begriffe in der Nationalsprache Bamanankan zu prägen. Fünf Tage lang berieten daraufhin die fünfundvierzig Bauern und Bäuerinnen der Jury, hörten Experten aus verschiedenen Ländern. Zwanzig lokale Radiostationen berichteten live aus dem Tagungssaal.

Es war ein großes Ereignis, Alidiata Bambe war dabei. Ich traf die Bäuerin im Nachhinein. Sie kam auf einem betagten Yamaha-Moped, eine Siebenundfünfzigjährige mit selbstbewusstem Blick. Sie baute Reis an und Mais, machte Mangokonfitüre und Tamarindensirup, und nun hatte sie also in der ersten Reihe der Bauernjury gesessen und viele Fragen gestellt.

Es waren am Ende auch die Frauen, die das vehementeste Nein zur Gentechnologie formulierten. »Ich bin überzeugt, dass das schädlich ist für uns«, sagte Alidiata Bambe. »Und wenn doch ein Bauer damit anfängt, dann werden wir ihm das Feld abbrennen.«

Die Agrarmultis, allen voran der US-Konzern Monsanto, waren der Einladung, vor der Jury zu sprechen, nicht gefolgt. Monsanto hat die Agrarpolitik weiter Teile Afrikas bereits im Griff und nimmt gezielt Einfluss auf westliche Entwicklungsprogramme. In Mali steckten die Lobbyisten Journalisten Geld zu, damit sie Gefälliges über Gentechnologie schrieben. Aber vor einer Bauernjury auftreten? Wo kämen wir hin. Für Alidiata Bambe und die anderen Bauern war die Abwesenheit der Multis eine weitere Lektion in Demokratie.

Abhängigkeit ist kein Schicksal. Aber Abhängigkeit ist wie ein Krake mit vielen Armen. Manche sind von einheimischer Art, manche von ausländischer, beides ist nicht immer leicht zu erkennen. Und der malische Alltag ist so gespickt mit Beweisen von Abhängigkeit, als sei gar nichts anderes denkbar.

Nachdem ich einen langen Tag im Bus durchs Land gefahren war, immer wieder an Viehherden vorbei, saß ich am nächsten Morgen in meinem Hotel vor einer großen Büchse Milchpulver. Auf den ersten Blick schien die Büchse aus Holland zu kommen, das Etikett zeigte eine Windmühle, doch das führte in die Irre. Die Milch, so war im Kleingedruckten zu lesen, stammte von neuseeländischen Kühen, und das Pulver war in den Vereinigten Arabischen Emiraten abgepackt worden. Die rote Büchse war ein echtes Stück Globalisierung, und die Rolle der Malier in dieser Globalisierung war einfach zu beschreiben: Sie waren Kunden.

Es gibt in Mali reichlich Milch. Die jungen Mädchen aus den Familien der Peulh verkaufen sie in ausgedienten Mineralwasserflaschen. An den Haltestellen stürmen sie damit die Überlandbusse, manchmal sind zehn Mädchen mit dreißig Flaschen gleichzeitig im Bus, mit hellen Schreien und großem Geschubse. Einmal zog ein rabiater Busfahrer sogar eine Peitsche, um der Mädchen Herr zu werden und sie aus dem Bus zu vertreiben.

Es gibt also Milch, aber es gibt kaum Milchprodukte. Die Butter kommt aus Frankreich, ebenso »La vache qui rit«, der Streichkäse mit der lachenden Kuh. Auf der Rückseite der Packung strahlt ein proper aussehendes afrikanisches Kind, weil der Käse so schön mit Vitamin D angereichert ist. Einige Male sah ich H-Milch aus Deutschland.

Wenn man ein malisches Geschäft für den Alltagsbedarf betritt, dann findet man so gut wie nichts, was in Mali hergestellt wurde. Zucker, Tee, Speiseöl, Seife, Konfitüre, Saft, Nähnadeln, alles kommt aus dem Ausland. So ist es auch in den Schulen: Hefte, Stifte, Kreide – alles importiert.

Ein malisches Kind wächst nicht nur mit der Vorstellung auf, dass die eigene Muttersprache für das Erlernen von Wissen nicht geeignet ist. Es wächst auch mit der Vorstellung auf, dass seine Landsleute anscheinend nicht in der Lage sind, etwas herzustellen. »Unser Land ist ein großer Marktplatz, auf dem die Unternehmen der Welt ihre Produkte auskippen«, schreibt ein malischer Journalist, und er erinnert voller Bitterkeit daran, dass dies nicht immer so war.

Mit dem Slogan »Entkolonisiert die Wirtschaft!« wurde in der sozialistischen Phase nach der Unabhängigkeit ein ehrgeiziges Programm der Industrialisierung aufgelegt. Die Pioniere begannen fast am Nullpunkt: Die französische *mission civilisatrice* hatte ihnen nur einen Metallbetrieb, eine Limonadenherstellung und ein paar Bäckerein hinterlassen. Nun entstanden binnen weniger Jahre staatliche Produktionsstätten für Fahrräder und Mopeds, für Radios und Plattenspieler, für Zigaretten, Schuhe, Zement, Saft, Tomatenmark, Tee, einfache Medikamente. Schulklassen kamen in die Betriebe, um die neue Zeit zu besichtigen: Es gab »Made in Mali«!

Warum wurde dieser hoffnungsvolle Anfang vertan? Waren die Staatsbetriebe zu unrentabel? War die radikale Entkolonisierung politisch nicht mehr erwünscht, nachdem sich 1968 das Militär an die Macht geputscht hatte? Wurde die Produktion stranguliert von der zunehmenden Korruption? Oder fand es die einheimische Elite schlicht bequemer, sich an Importlizenzen für ausländische Produkte zu bereichern? All dies spielte eine Rolle. Aber entscheidend war etwas anderes: »Made in Mali« nutzte Mali – und niemandem sonst.

Frankreich wollte sich die Märkte in seinen ehemaligen Kolonien für die eigenen Produkte erhalten. Die westliche Entwicklungshilfe hatte an Industrialisierung wenig Interesse. Für kurze Zeit profitierte Malis Streben nach Souveränität von sowjetischer Hilfe: Moskau lud Tausende junger Leute zum kostenlosen Studium ein. Das war gewiss nicht uneigennützig, doch im Vergleich zu den mageren Kulturpartnerschaften heutiger Zeit immens großzügig. In den späteren Jahrzehnten zwangen Weltbank und Internationaler Währungsfond die verschuldeten Länder der Dritten Welt in den Schraubstock ihrer Sparvorgaben. Ob Produktionsstätten langfristig wichtig waren, hatte für die neoliberale Politik keine Bedeutung, und die Schwächung des Staates galt in diesem Konzept als Vorbedingung für Freiheit. Heute, da der Marktfundamentalismus seine geistige Monopolstellung verloren hat, scheint unfassbar, dass ganze Weltregionen dieser Doktrin unterworfen wurden.

Als 1991/92 Malis Demokratie begann und viele Malier von einem besseren Leben träumten, sank das Land in Wirklichkeit langsam auf die Knie. Als hätte nie eine andere Vision existiert, wurde Mali ein typisches Beispiel afrikanischer Abhängigkeit: Ausfuhr von Rohstoffen, Einfuhr von Fertigprodukten, und der Staat am Infusionsschlauch der Entwicklungshilfe. Das Land bediente brav den jährlichen Schuldendienst an die reichen Gläubigernationen des Nordens; darum galt Mali als *chouchou*, wie die Franzosen sagten: als Liebling des Lehrers, als Musterschüler. Der kleine *chouchou* hätte auf diese Weise noch hundert Jahre lang an seinen Schulden abzahlen müssen, jeder Finanzexperte des Nordens wusste, dass die Gebäude der Abhängigkeit mittlerweile völlig irreale Konstruktionen waren. Und weil der *chouchou* brav privatisierte und sogar die Lehrerseminare schloss, schenkten ihm die G8-Staaten einen Nachlass seiner Schulden.

Zugleich wurde Malis Staatshaushalt immer abhängiger von Entwicklungshilfe, von der sogenannten Budgethilfe. Sie fließt, kaum kontrollierbar, direkt in die Staatskasse und macht das Staatswesen zu einem Marionettengebilde: Die Regenten eines solchen Staates sind weniger der eigenen Bevölkerung verantwortlich als ihren externen Gönnern – denn von denen hängt ihr politisches Überleben ab.

Auch sein Geld, seine Währung gehört Mali nicht wirklich selbst. Der afrikanische Franc trägt die Kolonialzeit, nur mäßig verhüllt, sogar noch im Namen: Eingeführt wurde er 1945 als Franc der *Colonies Françaises* d'*Afrique*; die Abkürzung CFA wurde später beibehalten, nur stand sie nun für *Communauté Financière d'Afrique*, die afrikanische Währungsgemeinschaft. Dazu zählen acht westafrikanische und sechs zentralafrikanische Länder, das ehemalige Kolonialimperium. Beide Staatengruppen haben jedoch keinerlei Hoheit über ihre namentlich fast identischen Franc-Währungen.

In den jeweiligen Zentralbanken können die französischen Vertreter mit ihrem Vetorecht jede Entscheidung blockieren. Weder über die Emission von Geldmengen noch über die Einlagerung von Währungsreserven und Devisen dürfen vierzehn afrikanische Staaten ohne die einstige Kolonialmacht entscheiden.

Wie vorher an den Franc des »Mutterlandes«, so ist der Afro-Franc seit 1999 zu einem feststehenden Wechselkurs an den Euro gebunden; mit anderen Währungen ist er nicht direkt konvertibel, kann also im Außenhandel nur über den Umtausch in Euro genutzt werden. Trifft es sich da nicht gut, dass ohnehin die Hälfte des Außenhandels mit Frankreich getätigt wird?

Seltsam: In unseren Debatten über das internationale Finanzsystem wird fast nie erwähnt, dass ein beträchtlicher Teil Afrikas in einem Währungshinterhof lebt, den man ohne große Übertreibung neokolonial nennen darf.

Die malische Stimme, die sich gegen all das am lautesten erhoben hat, gehört einer Frau. Aminata Dramane Traoré ist mittlerweile über sechzig, und wer sie einmal gesehen hat, wird verstehen, warum ich sie eine *grande dame* nenne. Immer in schöne Stoffe gehüllt, nicht das Knallbunte vom malischen Markt, sondern eine gedeckte, erdige Eleganz. Das Gesicht ein wenig herb, eine Autorität ausstrahlend, mit der nicht jeder zurechtkommt. Und dazu die majestätisch-trägen Bewegungen einer älteren Afrikanerin.

Bevor ich Aminata das erste Mal persönlich begegnete, kannte ich ihre Rhetorik: Plakative Zuspitzungen machten sie zu einer der bekanntesten Globalisierungskritikerinnen des Kontinents. Die Freihandelsabkommen der Europäischen Union mit Afrika nannte sie »die Massenvernichtungswaffen Europas«, und prangerte die doppelten Standards an, nach der nur die Schwachen ihre Märkte öffnen sollten. »Europa schickt uns seine Hühnerbeine, seine Gebrauchtwagen, seine abgelaufenen Medikamente und seine ausgelatschten Schuhe, und weil eure Reste unsere Märkte überschwemmen, gehen unsere Handwerker und Bauern unter. Aber wenn China seine Produkte nach Europa schickt, und zwar keine Reste, sondern saubere, wettbewerbsfähige Waren, was tut Europa dann? Es diskutiert Zölle!«

Eigentlich wurde Aminata zu einer Stimme Afrikas, bevor sie eine Stimme Malis wurde. Ihre Bühne war von früh auf international. Als junge Frau lebte sie in Côte d'Ivoire, der Elfenbeinküste, in den 1970er Jahren das boomende Land Westafrikas und auch eine Brutstätte kritischer Intellektualität. Als promovierte Sozialpsychologin zählte Aminata zur ersten Generation aufstrebender weiblicher Forscherinnen in Afrika; es war die Zeit der großen Emanzipationsdebatten, ähnlich wie im Westen, doch mit anderen Inhalten. »Wir mussten unsere eigenen Waffen entwickeln, um für unsere Interessen als Frauen zu kämpfen: eine Kritik am afrikanischen Traditionalismus, aber ohne zu vergessen, dass unsere Länder in ökonomischer Abhängigkeit lebten.«

Sie arbeitete dann eine Reihe von Jahren für die Vereinten Nationen, schrieb Handbücher zur Frauenbeteiligung in Entwicklungsprojekten, reiste um die Welt, von Konferenz zu Konferenz. Aber es blieb immer dieser Spannungsbogen, der sich schon früh angedeutet hatte: Wie viel Kritik ist am Eigenen, an den eigenen Eliten zu üben, wenn der mächtigere Gegner jenseits der Landesgrenzen sitzt, in den Metropolen des Nordens?

Der Konflikt spitzte sich zu, als sie für einige Jahre Kulturministerin von Mali war und die Regierung, der sie angehörte, öffentlich der Willfährigkeit gegenüber der Weltbank bezichtigte. »Wir waren Musterschüler eines Neoliberalismus, den wir uns überhaupt nicht leisten konnten«, sagte sie mir später. »Mali hat einen völlig falschen Entwicklungsweg eingeschlagen: einen Kapitalismus ohne Kapital.« Dem Präsidenten war es peinlich, dass sein eigenes Kabinettsmitglied so auftrat. Alpha Oumar Konaré, Bamakos emsiger Denkmalerbauer, hatte früher Ähnliches vertreten, war ein glühender Panafrikanist gewesen. Nun war er längst eingeschwenkt, war geldgierig geworden, unterdrückte die Opposition. »Alpha, angeblich der große Demokrat, weigerte sich, mit mir zu reden«, erzählte Aminata. »Er empfing mich nicht einmal.« Stattdessen wurde gegen sie eine Schmutzkampagne in den Medien lanciert.

Aminata verließ die Regierung, das war 1999. Ihr erstes Buch erschien, *L'étau* (»Der Schraubstock«); der Titel war auf die Politik der Weltbank gemünzt, aber auch die Verfasserin stand unter Druck – das Buch für ein internationales Publikum sollte ein Befreiungsschlag sein. Im selben Jahr entstand mit den Weltsozialforen die Bewegung der Globalisierungskritiker, und Aminata war von Beginn an dabei. Die deutsche Bezeichnung »Globalisierungskritikerin« würde sie allerdings zurückweisen. »Altermondialistin«, das trifft es besser: In diesem Wort steckt der Urgedanke der Weltsozialforen: Eine andere Welt ist möglich. Ein anderes Afrika ist möglich, sagte sie. Zu Hause gründete sie das »Forum für ein anderes Mali«.

Viele Jahre später, im März 2013, erlebte ich Aminata auf einem Weltsozialforum in Tunis. Sie sprach in einem Zelt, an dessen Wand »Afrika ist nicht zu verkaufen« stand. Jeder Stehplatz war vergeben, als Aminata auftrat, wie immer mit großem Kopfputz, große Halskette und großer Aura. Aber ihre Stimme war belegt, sie befand sich in einer überaus schwierigen Lage. Viele ihrer Landsleute hatten es gerade begrüßt, dass französische Streitkräfte gegen die Djihadisten in Nordmali intervenierten. Aminata hatte leidenschaftlich gegen ein militärisches Eingreifen von außen plädiert, hatte vor einem Stellvertreterkrieg gewarnt: Ähnlich wie in Afghanistan nehme der Westen die Unterdrückung von Frauen nur zum Vorwand, um eigene strategische Interessen zu verfolgen. »Der wahre Terror ist die Armut«, sagte sie. »Man kann mit dem Terrorismus nicht fertig werden, solange achtzig Prozent unserer Jugend ohne Arbeit sind.«

Und nun hatten viele Malier am Straßenrand gestanden, um den Panzern der ehemaligen Kolonialmacht mit Trikolorefähnchen zuzuwinken. Die Euphorie hielt sich nicht sehr lange, aber für Aminata Traoré war es der bitterste Moment ihres Lebens. Mit ihrer belegten Stimme sagte sie in Tunis: »Ich habe das schmerzliche Gefühl, mein Land verloren zu haben.«

Wenig später verweigerte ihr Frankreich ein Visum. Das traf sie hart. Vor allem weil es eine Maßnahme unter einem sozialistischen Präsidenten war, dessen Partei sich zuvor gerne mit Auftritten der prominenten Afrikanerin geschmückt hatte. Aminata verlegte ihre Bücher in Paris, sie war gerne dort; vermutlich war ihr Mali oft einfach zu eng, aber das sagte sie nicht. Und nun war die Türe zugeschlagen worden – es ging der berühmten Madame Traoré nicht anders als einem beliebigen malischen Migranten.

Damit hatte sie nicht gerechnet. Sie war, bei aller politischen Radikalität, doch immer auch eine Dame der malischen Gesellschaft; sie war wohlhabend, hatte in Bamako ein kleines Hotel im afrikanischen Stil gebaut, besaß ein schönes Restaurant, hatte ein Bildungszentrum gegründet und das Quartier ringsherum vorbildhaft saniert. Sie war jemand – aber das zählte nun nicht mehr.

In diesem Bildungszentrum, das sie nach dem Schriftsteller Amadou Hampâté Bâ benannt hatte, besuchte ich sie zuletzt. Aminata hatte ihren Schreibtisch im Hof, im Freien, aufgebaut und empfing dort ihre Gäste. Wie es ihre Art ist, fragte sie zunächst mit strenger Miene, was ich über sie zu schreiben gedenke.

Als ich ihr sagte, ich wolle sie in ein Kapitel über verschuldete Baumwollbauern einbauen, hellte sich ihre Stimmung auf. Sie nahm ein Enkelkind auf den Schoß, und wir redeten.

Die Baumwolle war immer ihr Paradebeispiel für eine nicht hinnehmbare, eine ungerechte Weltordnung. Ich erwähnte die Wahlurnen, die bei den verschuldeten Bauern standen, die Urnen im hellen Plastik vermeintlicher Transparenz. Aminata hatte auch dafür einen ihrer schlagenden Sätze: »Wir haben den Baumwollbauern jahrelang gepredigt, sie sollten zur Wahl gehen. Aber warum sollten sie das tun, wenn sie dann sehen, dass die Frauen der Politiker ihre Kinder in europäischen Kliniken zur Welt bringen?«

Im großen Saal des Bildungszentrums waren unlängst die Zeitzeugen des Unabhängigkeitskampfes aufgetreten. Unter ihnen war Seydou Badian, der nun hochbetagte Verfasser der Nationalhymne, der Mann, der von den Feldern der Hoffnung geschrieben hatte und den harten Weg prophezeite. Aminata sah sich durchaus in der Tradition dieses Unabhängigkeitskampfes, nur gleichsam in einer neuen Phase. »Damals wurde gegen die Herrschaft einer Kolonialmacht gekämpft. Heute geht es um die Herrschaft eines globalisierten Wirtschaftssystems.« Dass in ihrem Land nun auf Jahre hinaus ausländische Soldaten stationiert sein sollten, betrachtete sie als Fortsetzung von Entmündigung. Unfairer Handel, eine falsche Demokratie und nun ein Antiterrorismus, der westlichen Definitionen und westlichen Interessen folgte.

Ihr letzter Appell war wie ein Aufschrei: »Gebt den Maliern die Schlüssel zu Mali zurück!«

Migration verschafft mehr Prestige als Feldarbeit.

9. Kabaté – Paris *Traum und Trauma der Migration*

Der Regen vom Vortag hatte einen flüchtigen, unwirklichen Liebreiz über Malis Westen geworfen, ein Grün so intensiv, dass es die Augen blendete, nach Monaten gelber Trockenheit. Karges, flaches Land erstreckt sich hier bis nach Mauretanien hinein. Seit einem halben Jahrhundert haben in dieser Gegend junge Männer im ersten Licht des Morgens ein Bündel geschnürt und sich aufgemacht, nach Arbeit zu suchen in anderen Teilen der Welt. Weil es so üblich war. Weil es ehrenhaft ist. Und weil das Grün immer flüchtiger wird und das Gelb immer trockener.

Am Horizont tauchte die Silhouette eines Dorfes auf: ein Wasserturm und zwei schlanke Minarette. Das musste Kabaté sein. Ein Eselskarren, von Kindern gelenkt, rumpelte unserem Wagen entgegen. Dann die ersten Männer in wehenden Bubus. Wir hielten an. Es war ein Gebot der Höflichkeit, ihnen den Grund meines Besuchs zu erklären. Sie hörten sich den Vortrag unbewegt an, ihre Gesichter wirkten verschlossen, bis das entscheidende Stichwort fiel: der Beitrag der Migranten zur Entwicklung des Dorfs. Nun hellten sich die Mienen der Männer auf. Es ging um ihre Lebensleistung – fast jeder über fünfzig war hier ein ehemaliger Migrant. Darum war ich gekommen.

Kabaté war ein langgezogenes, unübersichtlich wirkendes Dorf; Lehmbauten, lehmige Wege, große Pfützen, kein Strom – auf den ersten Blick gab der Ort seine Besonderheiten nicht preis. Ibrahima Traoré, der Bürgermeister, kam gerade vom Feld und klopfte sich die Erde vom gestreiften Bubu. Ein kleiner, höflicher Mann mit einem dezent ergrauenden Bärtchen. Seine bäuerliche Erscheinung täuschte; ich spürte an seinem Verhalten sofort, dass Traoré anders war, er hatte etwas Weltmännisches. Ohne Umschweife rückte er in seinem Hof ein paar

Plastikstühle zusammen und begann zu erzählen, in bestem Französisch.

Er war siebzehn, als er aufbrach, das war 1967. Fast seine gesamte Altersklasse aus dem Dorf ging damals nach Paris, ganz legal. In Frankreich boomte die Wirtschaft, Gastarbeiter waren gefragt, genauso wie in Deutschland. Im berühmten Pariser Mai 1968 war Traoré dann schon im Getümmel des großen Streiks – ein schwarzer Müllmann, der nur gebrochen Französisch sprach. »Es war wie eine Initiation. Wir wussten doch nichts von der Welt.« Später arbeitete er in Fabriken, lernte Elektriker. »Das Klima war gut, es gab kaum Feindseligkeiten. Wir Afrikaner waren willkommen.«

Ein Satz wie aus einer anderen Zeit; für einen Moment blieb er in der Luft stehen, untermalt vom rostigen Schrei eines Dorfesels.

Traoré kam 1988 zurück, den Kopf voller Ideen. Einundzwanzig Jahre hatte er in Frankreich gearbeitet, hatte von seinem Lohn stets so viel wie möglich nach Hause geschickt, ins Dorf; dasselbe taten fast alle seine Landsleute. Nach seiner Rückkehr gründete Traoré eine eigene Entwicklungsorganisation, damit die Gelder der Migranten planmäßig in die Zukunft von Kabaté und seinen Nachbardörfern investiert würden. »Das Wichtigste waren Wasser und Bildung.« Also gruben sie Brunnen, stauten den nahen Fluss, bauten eine kleine Schule, machten eine Kampagne zur Alphabetisierung der Frauen.

Gerade für die Frauen, die am meisten von der Last bäuerlicher Armut tragen, hatte sich viel geändert. Mein hochmütiger Blick, der Spektakuläres suchte, übersah das zunächst, und wie immer waren die Malierinnen zu bescheiden, um die Aufmerksamkeit von Besuchern auf sich und weg von Männern zu lenken. Später zeigten sie mir in der Dorfmitte einen Wasserhahn, von dem aus sie nun bequem das Wasser in Kanister laufen ließen, anstatt es kräftezehrend aus einem Brunnen zu schöpfen. Ein Wasserhahn in einem malischen Dorf, das war in der Tat spektakulär. Ein paar Kilometer von Kabaté entfernt stand ein kleines Gesundheitszentrum, wo nun die Frauen der umliegenden Dörfer ihre Kinder zur Welt brachten. Für solche größeren Projekte hatte Traoré, der Bürgermeister, zusätzliche Geldgeber gewonnen. Doch stets traten die Migranten in Vorleistung.

Ich suchte die kleine, erste Schule von Kabaté. Sie war nun bereits ein Relikt vergangener Zeiten, versteckt zwischen Mais und Hirse: zwei Klassenräume mit einem Wellblechdach. So hatte Anfang der 90er Jahre die Bildung Einzug im Dorf gehalten. Die Männer, die dafür das Geld sammelten, waren selbst als Kinder noch stundenlang bis zum nächsten Lehrer gelaufen. Erstmals saßen in der Migrantenschule nun auch Mädchen auf den Bänken. Mittlerweile war der kleine Bau zwischen Mais und Hirse an anderer Stelle durch eine größere Schule mit sechs Klassen ersetzt worden, wieder wesentlich mitfinanziert von Migranten. Von den sechs Lehrern wurden nur drei vom malischen Staat bezahlt, die anderen drei entlohnte das Dorf – und das hieß: die Migranten.

Von den viertausend Einwohnern Kabatés lebten zwei Drittel von der Hilfe, die aus dem Ausland geschickt wurde. Statistiken sind keine afrikanische Leidenschaft, und so hatten die Zahlen im schmucklosen Gemeindebüro von Kabaté einen Hauch des Ungefähren. Die Akten wurden von Hand geschrieben, ein staubbedeckter Karton hieß »Archiv«. Gegenwärtig seien zweihundert Leute »draußen«, sagte der Gemeindesekretär – es klang, als seien sie auf hoher See. Zweihundert, das waren weniger als früher; weil es nun zu schwierig war, an ein Visum zu kommen. Aber diese zweihundert, sagte der Sekretär, bezahlten die Steuern für alle im Dorf, auch die Schulgebühren. Bei großen Festen, wie am Ende des Ramadan, würde auf Kosten derer da draußen Essen für alle aufgefahren, auch für die Familien, die keinen Verwandten im Ausland hatten.

Einmal im Monat oder zumindest jeden zweiten Monat kam ein Besucher aus Frankreich, er brachte Geld mit, Geld für alle. Siebentausend Euro, achttausend Euro in bar, in einer Tasche, um den Leib geschnallt. Der Bote hatte während des Flugs nach Mali kein Auge zugetan, auch danach nicht, während der achtstündigen Busfahrt ins Dorf. In seiner Tasche steckte eine Liste, welcher Betrag für wen bestimmt war. So wurden Bankgebühren vermieden, erst recht die hohen Kommissionen von Transferagenturen wie Western Union.

Von den sechzehn Millionen Maliern lebt etwa ein Viertel im Ausland. Vier Millionen, das ist eine gewaltige Zahl, und sie sind für das Land so wichtig, dass es für ihre Belange ein eigenes Ministerium gibt. Die meisten Migranten leben allerdings nicht in Europa, sondern in anderen Ländern Afrikas, und sogar in China wächst neuerdings ihre Zahl. Wie viel Geld all diese Menschen jedes Jahr in ihre Heimat schicken, ist wegen der informellen Wege schwer zu sagen. Die malische Regierung schätzt, es handele sich um neun Milliarden Euro. Das mag zu hoch gegriffen sein, doch in jedem Fall ist der Beitrag der Migranten höher als die offizielle Entwicklungshilfe – und anders als die offizielle Hilfe kommt das Geld der Migranten ohne Korruptionsabzug an der Basis an.

Die Malier in Frankreich sind bekannt für ihre gut funktionierenden Netzwerke. So wurde der Geldtransfer nach Kabaté über ein Netzwerk von Vertrauensleuten geregelt; es hieß *Marenkafo*, ein Wort der Soninke-Sprache für engsten geschwisterlichen Zusammenhalt. Im Dorf oder in der nächsten Stadt gingen alte Leute seit Jahren in einen Laden, ohne zu bezahlen. Sie nahmen sich Reis, Speiseöl, Zucker, Salz, und alles wurde bargeldlos abgerechnet mit einem Mittelsmann des Sohnes in Frankreich. Die Alten kannten oft die Preise gar nicht mehr, sie wussten kaum, wie teuer der Reis nun war und wie viel mehr der Sohn in Europa dafür jetzt arbeiten und sparen musste.

Moussa Konaté hatte zweiunddreißig Jahre in Frankreich gelebt. Nun war er Rentner, ein kranker Heimkehrer mit aufgedunsenen Zügen. Zweiunddreißig Jahre lang hatte er gewaschen, Kleider in Wäschereien, Teller in Restaurants. Er sprach mit Selbstachtung und mit Leidenschaft von dieser Zeit, auch wenn ihn das Reden rasch ermüdete. Als er zum ersten Mal das Dorf verließ, so erzählte Konaté, hatte es drei schlechte Regenzeiten hintereinander gegeben und fast keine Ernten. »Ein Migrant zu sein, das war nie einfach. Aber im Vergleich zu heute hatten wir es damals viel leichter. Früher war Europa offen. Heute ist alles blockiert. Sie mögen die Muslime nicht mehr.« Von seiner Rente, es waren um die sechshundert Euro, lebte nun der ganze Familienverband, mehr als fünfunddreißig Menschen. »So ist das bei den meisten Rentnern hier«, sagte Moussa Konaté und schwieg erschöpft.

So viele Männer (und einige Frauen) haben Kabaté verlassen, für drei Jahre oder für drei Jahrzehnte. Aber das Dorf ganz aufgeben, das war nie einen Gedanken wert, mochte die Dürre noch so arg sein. Die Männer kamen immer zurück. Vielleicht nach einer Saison, wenn sie auf den Erdnussfeldern im Senegal arbeiteten. Vielleicht erst am Ende der Saison des Lebens, wie der alte Wäscher Konaté. Und gerade für die, die »draußen« waren, musste das Dorf erhalten bleiben. Sie wollten an ihr Dorf denken, wollten es in ihren Träumen sehen, wollten stolz sein auf ihr Dorf – und damit stolz auf sich selbst.

Wenn in der Heimat viele an den Wohltäter in der Ferne dachten, dann bekam er dadurch Kraft. Und manche fühlten sich sogar auf geheimnisvolle Weise beschützt.

Über all das sprachen die Männer in Kabaté nicht gern. Ältere Malier zeigen ihr Inneres nicht, schon gar nicht einer Fremden. So viele Auslandsjahre sich hier unter einem Palaverbaum addieren mochten – die patriarchalen Sitten hatten überlebt, zumindest im sichtbaren, öffentlichen Leben des Dorfes. Manche Männer sahen ihre Familien viele Jahre nur im Urlaub, zeugten im Urlaub ein Kind, schauten es im nächsten Urlaub an. Geld zu schicken, das war auch Entschädigung für entgangenes Leben. Im Pariser Vorort Montreuil, den die Malier ihre »zweite Hauptstadt« nennen, teilten sie sich über Jahre zu dritt oder viert eine Schlafstelle im Ausländerheim. Währenddessen wuchs im Dorf ihr Prestige.

Dieses Ansehen zu mehren, dafür gibt es verschiedene Wege. Für das Dorf zu sorgen, das ist der eine Weg. Eine große Moschee zu bauen ist ein anderer. Oder alles nur der eigenen Familie geben, damit sie mit dem prächtigsten Neubau im Dorf glänzt? Kabaté hatte nun schon die zweite Moschee, die Migranten gebaut hatten. Die erste war eine kollektive Anstrengung, die neue Moschee, deren hohe Minarette von weither zu sehen waren, hatten vier Brüder finanziert. Es gefiel nicht allen im Dorf, wie nun eine einzige Familie das religiöse Prestige monopolisierte.

Der Maler Mahmadou Kébé hatte sich das Geld für seinen Betrieb in Kamerun verdient. Nun verlieh er dem privaten Wohlstand seiner Migrantenkollegen ein Gesicht, strich die Neubauten ihrer Familien in leuchtenden Farben, verzierte sie mit üppigen Dekorationen: große Blumen, manchmal Tiere, und auffallend oft ein Flugzeug. Der Maler begleitete mich im weißen Kittel durchs Dorf, zog mich hier und dort zu seinen Werken: »Beachten Sie meine Kunst!« Jetzt malten auch seine Kinder. Ein Sohn hatte ein Wandbild gemacht mit einer Art Disko, man sah Sänger mit Mikrofon – in einem Dorf ohne Strom.

Die Jugend von Kabaté war aufgewachsen mit den Bildern von Flugzeugen und mit den Geldkurieren ihrer Väter. Nun ahnten die Jungen, dass sie keine Chance haben würden, sich auf dieselbe Weise Prestige zu erwerben wie die Alten. Die Türen Europas schlossen sich, und das spürten die Menschen im Westen Malis ganz besonders.

Kabaté war nicht weit von der Stadt Kayes entfernt, wo Père, der Vater meines Freundes Tiècoura, gelebt hatte. Die Region Kayes stellte stets besonders viele Migranten. Früher hatten Malier aus anderen Landesteilen sogar ihren Wohnsitz hier angemeldet, denn ein Pass aus dieser klassischen Region der Wanderarbeiter war von Vorteil für alle, die ein Visum wollten. Die Botschaften wussten: Der will bloß arbeiten. Heute ist es umgekehrt: Wer aus Kayes stammt, gilt den Botschaften als verdächtig. Vorsicht, der will arbeiten!

Wie sollte die Jugend des Dorfs verstehen, dass ein Modell, das sich so sichtbar zum allseitigen Vorteil entwickelt hatte, vor ihren Augen abrupt endete?

Die Jungen trafen sich in Kabaté an einem Kiosk; als von den Alten keiner in Hörweite war, ließen sie sich zaghaft auf ein Gespräch ein. Sie wirkten zerrissen, lobten zuerst artig Schule, Brunnen, Wasserleitung, die Errungenschaften des Dorfs – und sagten im nächsten Moment bitter: »Hier gibt es doch nichts.« Sie dachten ans Weggehen, permanent dachten sie daran. Mali hat keine Küste, aber die Küste von Mauretanien ist nicht fern, dort starteten die Boote in die Träume und Tragödien der sogenannten illegalen Migration.

Bevor ich Kabaté verließ, machte ich meinen Abschiedsbesuch beim Dorfchef. Ein Mann mit Stock, blindfleckiger Brille und einer Zahl von Enkeln, die er selbst nicht überblickte. Auch er war Migrant gewesen – aber, ach!, nur für neun kurze Monate. Dann erreichte ihn in Paris die Depesche der Familie: Der Vater war gestorben; er müsse heimkommen, das erbliche Amt antreten. Vierzig Jahre war das nun her, und für einen Moment huschte noch einmal das Bedauern hinter der blindfleckigen Brille vorbei.

Der Alte wohnte noch immer in einem Haus aus gestampftem Lehm. Um ihn herum standen die Besitzer der bunten Neubauten mit aufgemalten Flugzeugen und nickten dem Alten zu, wohlwollend, respektvoll. Er hatte sich geopfert, für die Liebe zum Dorf, für den Erhalt der Traditionen. Es war der Verzicht eines Einzelnen. Wie war ein solcher Verzicht heute von der gesamten jungen Generation zu verlangen?

Das Volk der Soninke, zu denen die Bewohner Kabatés gehörten, hat immer die Mobilität geliebt und sich vermutlich deswegen über ganz Westafrika verbreitet. In früheren Jahrhunderten waren die Soninke jene weitreisenden Händler, die dem Fernhandel neue Routen eröffneten und Regionen dadurch zur Prosperität verhalfen. In jüngerer Zeit verbanden sie Bauernschaft mit zeitweiser Wanderarbeit. In die Ferne aufzubrechen, das war für die männliche Jugend gleichbedeutend mit dem Schritt ins Erwachsenenwerden. Deshalb hat in der Folklore die Idealisierung der Migration, die Verbindung von Männlichkeit und Migration ihren festen Platz.

Vor einiger Zeit starb ein bekannter Griot, der dreißig Jahre lang das hohe Lied auf die Migrationswilligkeit gesungen hatte. So wie Griots früher an der Seite der Kämpfenden in den Krieg zogen, um sie zu Heldentaten zu ermuntern, so puschte dieser nun viele Zögernde in die Migration. Zu schmachvoll war in seinen Liedern das Zuhausebleiben. Wer nicht in die Ferne will, ist ein Schwächling, ein Stubenhocker. In der Soninke-Sprache wird er »Klebenbleiber« genannt: unreif, faul und feige. Welche Frau würde so einen heiraten wollen?

Tradition kann grausam sein, wenn sie Werte rühmt, die nicht mehr gelebt werden können. Weil die Reise, zumal die illegale, so kostspielig geworden ist, sind die heutigen Migranten bereits Spätstarter. Kehren sie dann ohne Erfolg zurück, sind sie gleichsam nie erwachsen geworden. Trotz Tausender Abschiebungen aus Europa, trotz so vieler im Mittelmeer Ertrunkener: Ein glückloser Heimkehrer erfährt in vielen malischen Familien nicht etwa Wärme und Mitgefühl, sondern Verachtung. Er wird als individueller Versager betrachtet, sein Scheitern bedeutet Schande und Schuld, selbst wenn er in Handschellen ins Flugzeug geschleift wurde.

Ich habe mich oft gefragt, warum das so ist. Eine Ursache, so haben mir Malier erklärt, sei die untergründige Rivalität innerhalb einer afrikanischen Großfamilie. Mit Erfolg und Misserfolg des Migranten steigt und fällt der Status einer Reihe anderer Familienmitglieder. Alle, die auf ihn gesetzt haben, verlieren mit ihm, vor allem die Frauen, die Mutter, die Schwestern. Weil es für die Frauen am schwersten ist, ihren Status durch eigene Leistung anzuheben, entlädt sich ihre Enttäuschung oft in besonders bitterem Spott über den glücklosen Bruder oder Cousin.

Im Idealfall kam früher der älteste Sohn zu einem Zeitpunkt aus dem Ausland zurück, zu dem er von seinem Vater die Rolle des Familienoberhaupts übernahm. Anschließend konnten die jüngeren Brüder reisen. Das alles funktioniert heute nicht mehr: Die afrikanische Familienordnung ähnelt einer Marionette, an deren Fäden andere ziehen: Konsularbeamte, Visabeschaffer,

Schlepper, Schwarzarbeitskontrolleure, EU-Bürokraten. Werden gerade deshalb alte Vorstellungen von Ehre so vehement, so gnadenlos verteidigt? Ein *Chef de famille*, der die Seinen nicht versorgen kann, hat keine Existenzberechtigung. Ein Rückkehrer, der es zu nichts gebracht hat und trotzdem Familienoberhaupt werden muss, befindet sich psychisch in einer aussichtslosen Lage. Viele Heimkehrer wollen wegen der Stigmatisierung nicht zurück in ihr Heimatdorf. Einzelne nehmen sich sogar das Leben.

Das Wissen, welche Hürden Europa gegen die Migration aufgebaut hat, ist in Mali durchaus verbreitet. Aber es setzt sich nicht um in ein verändertes Verhalten, in neue Orientierungen. Ein Phänomen, das keineswegs nur in Afrika anzutreffen ist. Auch andere Kulturen, in denen periodische Arbeitsmigration üblich war, leiden an dieser Bruchstelle.

In Mali fällt die Idealisierung der Migration jedoch mit etwas zusammen, das afrikanische Intellektuelle »die Psychologie der Außenorientierung« nennen. Alles Gute kommt von außen – die importierte französische Büchsenbohne ist besser als die selbst angebaute Bohne. Von der Kleidung bis zur Nahrung hat vieles Afrikanische in den Augen der Afrikaner seinen Wert verloren, und dieser Minderwertigkeitskomplex ist nicht allein eine Folge der Kolonialzeit.

Wenn sich ein schwarzer Müllmann in Paris oder ein illegaler Tellerwäscher in Berlin ein Ansehen in seinem Heimatdorf erarbeiten kann, das ihm durch Feldarbeit niemals möglich wäre, dann hat dies gewiss zunächst mit den Einkommensunterschieden zwischen dem reichen und dem armen Teil der Welt zu tun. Doch wenn sich damit eine Abwertung und Geringschätzung der eigenen, afrikanischen Lebensweise verbindet, die einen ebenbürtigen Erfolg anscheinend nicht mehr generieren kann, dann hat die Seele der Gesellschaft Schaden genommen. Und der glücklose Heimkehrer bezahlt dafür den Preis. Um der sozialen Verachtung zu entrinnen, wird er sich, wenn es nur irgend geht, bald in den nächsten fatalen Reiseplan stürzen.

Ich erinnere mich an einen Mann in der Stadt Mopti, eine Zufallsbegegnung; er erneuerte gerade das Straßenpflaster neben der großen Moschee. Der Mann war nach seiner Abschiebung aus Europa ein Heimatloser im eigenen Land geworden. Er war verheiratet, hatte Kinder, doch traute er sich nicht mehr zu seiner Familie zurück. Die Familie wusste nicht einmal, dass er längst wieder in Mali war. Wie viel Leid auf allen Seiten! Der Mann erzählte mir, er spare für die nächste Reise, er müsse es unbedingt wieder versuchen. Er sprach wie von Sinnen. Eine erneute Migration, und war ein Erfolg noch so unwahrscheinlich, schien der einzige Weg, sein zerbrochenes Leben wieder zusammenfügen zu können.

Auch Bourama, mein junger Taxifahrer-Freund in Bamako, wollte es wieder versuchen. Als er damals aus Libyen abgeschoben wurde, hatte seine Mutter ihn schnell in eine Ehe gezwungen. Aus Sorge. Ihn zu verheiraten schien die einzige Möglichkeit, Bourama zu halten. Mittlerweile hatte er zwei Kinder, und wenn er über eine erneute Migration sprach, sagte er: »Ich möchte es für meine Kinder tun.« Bourama, der schüchterne Rebell, der sein Herz an immer neue Hoffnungsträger hängte, glaubte in düsteren Momenten, er werfe sein Leben weg, wenn er nicht ein neues *aventure* versuche.

Korrupte, unfähige Regierungen sehen solche jungen Männer gerne gehen: Migration statt Rebellion. Deshalb wird die Sehnsucht, bloß wegzukommen, oft genährt durch eine stillschweigende Allianz der Eigennützigen: Sie reicht von der larmoyanten Oberklasse bis zum ruchlosen Schlepper, vom Marabout, der Fetische fürs Überleben verkauft, bis zum Dorfchef, der auf eine prächtige Moschee aus Migrantengeld hofft.

Das offizielle Europa hat der Migration den Krieg erklärt, und manche jungen Migranten sehen sich im Gegenzug als Kämpfer, als Soldaten in diesem Krieg. Ihre verunglückten Kameraden nennen sie »Gefallene«. Doch die Schlacht müsste ja anderswo geschlagen werden: Wenn die jungen Leute mit der Kraft, dem Wagemut und der Hartnäckigkeit, die sie durch die

Sahara und über die Meere treibt, ihren Regierungen entgegenträten. Um ein Leben zu fordern, das es wert ist, nicht auf See weggeworfen zu werden.

Einige Monate nach meinem Besuch im Dorf Kabaté traf ich in Paris eine Gruppe von Männern, die es geschafft hatten. Sie waren lebend angekommen in Europa, schon einige Jahre zuvor, und hatten seitdem eine Schattenexistenz geführt als sogenannte Illegale – illegale Bauarbeiter. Nun taten sie etwas Erstaunliches: Statt sich zu verstecken, standen sie auf der Straße und streikten. Sie streikten für das Recht, legal zu leben, endlich aus dem Schatten heraustreten zu können.

Es war Winter, und über die Place de Roubaix pfiff ein eisiger Wind. Jeden Tag standen sie an dieser Ecke, zwei, drei Dutzend junge, kräftige Gestalten, die Schultern hochgezogen gegen die Kälte. Sie standen in Schichten, achtundachtzig Mann zählte ihr Kollektiv insgesamt; sie hielten himbeerrote Gewerkschaftsfahnen in den eisigen Wind und wärmten sich an gedämpft gemurmelten Geschichten von zu Hause. Zu Hause, das waren ihre staubigen, geliebten Dörfer. Die meisten Streikenden kamen aus Mali, einige aus dem Senegal.

Acht Monate waren die Bauarbeiter schon im Streik. Acht lange Monate ohne Lohn, acht Monate an dieser Straßenecke – nur um ein Stück Papier zu bekommen. Ein Stück Papier, das ihnen erlauben sollte, legal mit dem weiterzumachen, was sie längst taten: für die Franzosen Häuser bauen, Schulen, Einkaufszentren.

Lassana Soumaré war ein wuchtiger Zwei-Meter-Mann. Er kam aus der Region Kayes, sein Dorf war nicht weit von Kabaté entfernt; es hieß Kinaré, dieselbe dürre Gegend, nur noch etwas näher an der Grenze zu Mauretanien. Soumaré war zweiunddreißig, er hatte sein Dorf, seine Familie seit acht Jahren nicht gesehen. Als Illegaler eine Ausreise zu wagen, das war zu gefährlich. Soumarés Augen waren sanft, als wollte er den Eindruck seiner wuchtigen Statur ein wenig abmildern. Diese Augen hatten viel gesehen: Soumaré hatte auf dem Weg zu den französischen Baustellen die Sahara durchquert, dann die Überfahrt in einem untauglichen Boot überlebt. Nun war er einer der Sprecher der Streikenden, saß mit seinen Sahara-Augen bei Verhandlungen in den Chefetagen von Bauunternehmen.

Wer für seine Rechte kämpft, muss zuerst die richtigen Worte finden. Muss das Finstere, Klandestine, Aussätzige des Begriffs »Illegale« vertreiben. Die Streikenden bevorzugten deshalb den Ausdruck *sans-papiers*, Menschen »ohne Papiere«. Das klingt im Französischen ähnlich wie arbeitslos, wohnungslos. Es kann einem Menschen zustoßen, es ist kein Verbrechen.

Soumaré ging mit mir von der Place de Roubaix ein paar Schritte in eine schmale Gasse hinein, »MAN-BTP« stand auf einem Schild mit kalter Neonbeleuchtung. Die Zeitarbeitsfirma schickte ihn und die anderen Papierlosen seit Jahren mit Kurzverträgen von einer Baustelle zur nächsten. Auf diese Weise besorgte sich die französische Baubranche einen Gutteil ihrer Belegschaften. Im Viertel rund um die Place de Roubaix sah ich Maklerbüros für die billige, meist schwarze Arbeitskraft in jedem dritten Haus; sie hießen »Interim«, »Vox Interim«, »Generation Interim« oder in höhnischer Euphorie »Mega Plus!«.

Soumaré bezahlte als Papierloser sogar Steuern; das war eine Spezialität des französischen Systems: Um an eine Arbeit zu kommen, besorgten sich die *sans-papiers* für ein paar Hundert Euro einen gefälschten Sozialausweis oder sie meldeten sich an unter dem Namen eines legalen Cousins. Wie ganz normale Beschäftigte zahlten sie dann Steuern und Sozialabgaben. Zeitarbeitsfirmen, Bauunternehmen, alle wussten Bescheid und winkten die falschen Papiere und falschen Identitäten einfach durch.

»Manchmal wurde ich unter einem Namen entlassen und unter einem anderen Namen gleich wieder eingestellt«, erklärte mir Soumaré, trockene Ironie in der Stimme. Die absurde Lage eines Papierlosen hatte in seinem Fall noch eine besondere Note. Sein Großvater kämpfte im Zweiten Weltkrieg als schwarzer Kolonialsoldat an der Seite der Franzosen. Und sein Vater arbeitete, wie die Alten aus dem Dorf Kabaté, siebenunddreißig Jahre lang legal in Paris. Der Sohn musste durch die Wüste kommen und hatte drei Tage nach seiner Ankunft die erste Arbeit. Aber er blieb, obwohl Steuerzahler, ohne Rechte, und lebte in ständiger Angst vor einer Verhaftung.

Die Streikenden an der Place de Roubaix sahen den Sommer, den Herbst, dann fiel Schnee. Durchhalten konnten sie nur durch eine Mischung aus afrikanischer Solidarität und einer beinah preußisch anmutenden Disziplin. In den selbstverwalteten Wohnheimen der afrikanischen Arbeiter verlor niemand sein Bett, der wegen des Streiks mittellos war. Und ab dem ersten Streiktag wurde dreimal täglich ein Zählappell durchgeführt: Nur wer stets anwesend war, wurde als echter Streikender gerechnet und durfte sich mittags mit dazu setzen, wenn das gespendete Essen angeschleppt wurde. Fünfundzwanzig Kilo Reis mit Sauce, gekocht in einem Afrikaner-Wohnheim.

Kurz vor Weihnachten endlich der Durchbruch: Große Baufirmen sicherten einem Teil der Streikenden feste Verträge zu, den anderen gab die Agentur MAN-BTP langfristige Arbeitsgarantien. Und auch der Staat lenkte ein: Erstmals bekamen klandestin Eingereiste einen legalen Status, wenn sie als Zeitarbeiter gewissermaßen andauernd beschäftigt waren.

Der Streik von Soumaré und seinen Kollegen war der längste und der härteste, aber es war nicht der erste Arbeitskampf malischer Migranten. Bei Chez Papa, einer Restaurantkette, saßen eines Mittags nicht die üblichen weißen Gäste unter den Girlanden getrockneter Chilischoten, sondern drei Dutzend schwarze Köche. Am Kragen trugen sie das Emblem einer französischen Gewerkschaft. Nach sechsundneunzig Tagen Streik hatten die meisten ihre Papiere.

Bei Chez Papa hatte sich eine psychologische Wende vollzogen: Die Köche, die sich den Fernsehkameras präsentierten, waren die Ersten, die Schutz in der Sichtbarkeit suchten. Die Polizei rückte an und rückte wieder ab. Die Streikenden begriffen: In dem Moment, wo sie Rechte forderten, besaßen sie bereits welche. Kurz darauf trugen die *sans-papiers* ihr neues Selbstbewusstsein auf die Demonstration am 1. Mai. Die Franzosen trauten kaum ihren Augen; da marschierten ganze Blöcke junger afrikanischer Arbeiter, es mussten Tausende sein.

Mehr als vier Jahrzehnte war es her, dass sich Ibrahima Traoré, der spätere Bürgermeister von Kabaté, in den Trubel des Pariser Mai 1968 gestürzt hatte: als Müllmann, der nur gebrochen Französisch sprach. Traoré hatte mir an jenem Nachmittag im Dorf seine Beteiligung als eine »Initiation« geschildert, der Eintritt des Dörflers in die große Welt. Männer wie Soumaré, der neun Jahre Schulbildung hatte, gehörten einer neuen Generation malischer Migranten in Paris an, die fließend Französisch sprach und auf dem langen, harten Weg nach Europa gezwungenermaßen bereits weltläufig geworden war. Diesen Männern gelang nun eine Initiation anderer Art: Sie zwangen europäische Gewerkschaften zur Solidarität. Mit der Forderung »Papiere für alle!« besetzten sie zeitweilig sogar die Pariser Gewerkschaftszentrale, quartierten sich dort ein mit Matratzen, Reis und säckeweise Zwiebeln.

Hinter dem Konflikt stand eine ernste Frage: Kämpfen Gewerkschaften nur für die Rechte jener nützlichen Migranten, die der nationale Arbeitsmarkt erwiesenermaßen braucht? Oder stehen sie an der Seite aller klandestin Eingewanderten, solange unfaire Handelsbeziehungen deren Heimatländern Gerechtigkeit verweigern? Eine Frage, die für die Zukunft stehen bleiben würde, als der Streik der achtundachtzig Männer von der Place de Roubaix beendet war.

Ich fuhr dann noch hinaus nach Montreuil, Montreuil-sous-Bois, Malis zweiter Hauptstadt. Ich wollte sehen, wie Männer lebten, die acht Monate für ein Stück Papier an einer Straßenecke standen. Ich wollte wissen, wie die Männer aus Kabaté gelebt hatten, als sie jahrelang Teller und Wäsche wuschen und von zu Hause träumten.

Je weiter die Metro vom Pariser Zentrum aus nach Osten fuhr, desto geringer wurde in der Bahn der Anteil weißer Passagiere.

Die Rue Bara war eine schmale Straße. Nach ihr war das »Foyer Bara« benannt, das berühmteste Afrikaner-Wohnheim von Montreuil. Ein gesichtsloser großer Kasten, ockerfarben; 1968 vom Staat gebaut für die ersten, die erwünschten Migranten. Das war die Zeit, als aus dem Dorf Kabaté ein ganzer Jahrgang kam, legal, voller Hoffnung.

Das Heim war heillos überbelegt: achtundsechzig Zimmer, vierhundert Betten, mehr als tausend Bewohner. Sie schliefen in Schichten; viele arbeiteten nachts, so konnten sie sich abwechseln. Die Räume waren in Halbdunkel getaucht, weil so viel vor den Fenstern hing: Wäsche, Bubus, Handtücher, Tüten, der ganze Besitz. Ich sah nur kurz in einen Raum hinein, ich hatte Hemmungen – dies war eine Männerwelt, mit einer ihr eigenen Intimität.

Wer aus demselben Dorf kam, lebte auf derselben Etage. Es gab sogar *Chefs de village*, und wenn ein Streit ausbrach zwischen zwei Bewohnern, dann setzten sich die Chefs zusammen und regelten die Sache. Es lief malisches Fernsehen, über Satellit; Musiksendungen, in denen man wieder staubige Dörfer sah. Geruch von Heimat. Viele Männer waren älter, in Mali wären sie längst Rentner. Sie harrten aus in der Fremde, weil ihre Söhne nicht kamen, nicht kommen konnten. Sie blieben, weil keine Ablösung kam.

In einem lichtlosen Verschlag saß ein Schneider vor einer alten, ratternden Singer-Maschine. Draußen im Hof waren zwei Friseure bei der Arbeit, ihre Kunden hockten auf Plastikstühlen. Jemand kochte bittersüßen grünen Tee, ein anderer verkaufte Erdnüsse in winzigen Tütchen. Ein kleines Mali. Aber es fehlte etwas. Es fehlten die Frauen, die Kinder. Es fehlte das Lachen, es fehlte das Licht und die Wärme.

Der Gedanke, dass Menschen ihr Leben aufs Spiel setzten, um unter solchen Umständen leben zu dürfen, war schwer erträglich.

Das Schuldenbuch einer Dorfgemeinschaft

10.
Das Gold der anderen
Warum ist Mali arm?

Als US-amerikanische Vermögensexperten eine Liste der reichsten Menschen aller Zeiten erstellten, stand an der Spitze ein Malier: Kankan Mussa, jener Herrscher des 14. Jahrhunderts, der auf seiner Reise nach Mekka so großzügig mit Gold um sich warf, dass der Goldkurs in Kairo stürzte. Die amerikanischen Experten hatten ausgerechnet, was sein Vermögen heute wert wäre; sie kamen auf dreihundertzehn Milliarden Euro.

Ob diese Berechnung seriös war oder nicht: Sie verwies darauf, wie dramatisch sich die Position eines Gold besitzenden Landes seit dem Mittelalter verändert hat. Aus dem reichen, geachteten Mali von damals wurde ein Empfänger von Almosen – obwohl Mali weiterhin Gold besitzt und pro Jahr etwa fünfzig Tonnen davon ausführt.

Die westliche Region Kayes, aus der so viele malische Wanderarbeiter stammen, zeigt das Zusammentreffen von Rohstoffreichtum und sozialer Armut besonders krass. Sieben Goldminen befinden sich hier, alle unter ausländischer Kontrolle. Zugleich überleben viele Dörfer nur durch die Überweisungen der Migranten aus dem Ausland.

Bei einer Internetrecherche zum Thema Gold in Mali bekam ich unverlangt Werbung auf den Bildschirm: »Gold? Jetzt einsteigen!« und »Ein Patenkind in Mali unterstützen!«. Es war verblüffend, wie präzise diese beiden Aufforderungen die Realität abbildeten: den Zweiklang von Profit und Almosen in unserer Beziehung zu einem afrikanischen Land.

An Malis Gold verdienen die Aktionäre ausländischer Bergbau-Unternehmen mehr als die Malier. Den veröffentlichten Zahlen ist nur bedingt zu trauen, das gilt für die malische Regierung wie für die Minengesellschaften, doch es besteht kein Zweifel, dass die malische Nation an der Verwertung ihres natürlichen Reichtums völlig unzureichend beteiligt ist.

Von derzeit dreizehn Goldminen wird nur eine einzige mit einheimischem Kapital betrieben. Der jährliche Export von fünfzig Tonnen Gold aus den dreizehn Minen brachte Mali zuletzt vierhundertfünzig Millionen Euro ein. Zum Vergleich: Aus dem Gewinn einer einzigen Mine wurden in manchen Jahren mehr als hundert Millionen Euro an die Aktionäre ausgeschüttet. Jede Unze bringt den Unternehmen auf dem Weltmarkt dreimal so viel ein, wie sie zu ihrem Abbau investieren müssen. So kommt es, dass Gold zwar fünfundsiebzig Prozent der nationalen Exportwerte Malis ausmacht, aber zu seinem Bruttoinlandsprodukt nur acht Prozent beiträgt.

Wie das Beispiel des Herrschers Kankan Mussa zeigt, haben die Malier auch in früheren Jahrhunderten manchmal unterschätzt, welchen Wert ihr Gold in anderen Teilen der Welt hatte. Aber sie konnten sich die Großzügigkeit leisten; zumindest die Feudalklasse griff sozusagen aus dem Vollen. Heute hingegen wird Mali erpresst, sein Gold unter Wert herauszurücken. Besser gesagt: Mali lässt sich erpressen.

Der industrielle Goldabbau ist erst seit dem Jahr 2002 so stark angestiegen. Präsident Amadou Toumani Touré, jener Mann, der später Hals über Kopf aus dem Palast flüchtete, schaffte die denkbar günstigsten Bedingungen für internationale Unternehmen: Steuerbefreiung für fünf Jahre, freie Rückführung des Kapitals und geringstmögliche Beteiligung des malischen Staates. Nach den Bergbaugesetzen, die zuvor unter Einfluss der Weltbank novelliert wurden, darf der malische Staat mit maximal zwanzig Prozent an einer Mine beteiligt sein. Hinzu kommen niedrige Löhne – so wurde das malische Gold das rentabelste in Afrika.

Mali ist nicht Nigeria und auch nicht der Kongo. In Nigeria nähren die Öleinnahmen Korruption in ganz großem Stil. Im Kongo kämpfen einheimische Eliten, Rebellen und ausländische Akteure in immer neuen blutigen Runden um die Kontrolle des gewaltigen Rohstoffreichtums. In Mali sind die Probleme im Vergleich überschaubar – und sie wären leichter lösbar: durch eine bessere staatliche Politik, die das Land nicht dem Ausverkauf preisgibt und die Interessen seiner Bürger schützt.

Doch gerade in jenen Jahrzehnten, als Mali im Westen als Modelldemokratie galt, wurde das Land wie ein Blechkuchen in Konzessionsstücke geschnitten und den internationalen Unternehmen offeriert; die Rechtecke bedecken tatsächlich nahezu das ganze Territorium.

Während ich an diesem Buch schrieb, war die erste Raffinerie auf malischem Boden in Bau. Sie wird einen stolzen Namen tragen: Kankan Mussa! Wenn es der Staat tatsächlich durchsetzen könnte, dass die ausländischen Unternehmen das Rohgold nicht mehr unbearbeitet außer Landes schaffen, wäre ein Schritt in die richtige Richtung getan. Zu oft tritt die Regierung indes wie ein Bittsteller auf, etwa mit Appellen an die Minengesellschaften, doch bitte etwas für die lokale Bevölkerung zu tun und ihnen ein Gesundheitszentrum hinzustellen. Angesichts der Profitspanne im Goldabbau wäre es sinnvoller, die Unternehmen zu besteuern und mit diesen Einnahmen ein Dutzend Gesundheitszentren zu bauen.

Völlig machtlos müsste der Staat also keineswegs sein. Aber auch wenn es um die Rechte malischer Minenarbeiter geht, stellt sich die Regierung eher auf die Seite kanadischer oder südafrikanischer Bosse als auf die Seite der eigenen Bürger.

Ein Beispiel aus der Region Kayes: Als in der Sadiola-Mine Lohnverhandlungen scheiterten, traten die Arbeiter in einen Streik, der von ihrer Gewerkschaft, wie es das Gesetz vorsieht, vorher angekündigt worden war. Binnen achtundvierzig Stunden wurden Dutzende Arbeiter entlassen. Die örtlichen Arbeitsbehörden protestierten, sie verlangten vom südafrikanischen Minenbetreiber die Rücknahme der Kündigungen, die gegen malisches Recht verstießen. Der Bergbauminister fiel diesen aufrechten Beamten in den Rücken. Auf einer Versammlung zorniger Gewerkschafter erklärte er lapidar: »Die Entscheidungen über die Entlassungen werden in Johannesburg getroffen.« »Sind wir kein unabhängiger Staat?«, riefen die Gewerkschafter.

Es mangelt also in Mali keineswegs an Rechtsbewusstsein. Aber jene, die Rechte wahrnehmen wollen – Anwälte, Gewerkschafter, untere Behörden –, werden oft von oben im Stich gelassen.

Weil der Goldpreis hoch ist und die Produktionsziffern sich immer noch steigern lassen, machen Bergbau-Unternehmen sogar dann noch prächtige Gewinne, wenn sie Konzessionen und Lizenzen weiterverkaufen. Als die Tabakoto-Mine, gleichfalls in der Region Kayes, von einem kanadischen Minengiganten zum anderen wechselte, fiel ein Gewinn von rund dreihundertachtzig Millionen Dollar an. Wie viele Schulen hätte Mali damit bauen können!

Einige Jahre zuvor waren für die Erweiterung der Tabakoto-Mine, die im Tagebau wie im Untertagebau betrieben wird, Bauern von ihrem Land zwangsvertrieben worden. Es gab einen tagelangen Aufstand der örtlichen Bevölkerung. Sie hatten nicht nur Ackerland verloren, sondern auch eine andere Einnahme: die traditionelle Goldsuche.

Individuell nach Gold zu suchen und Goldwäsche im Kleinen zu betreiben, das hat in Mali eine jahrhundertelange Tradition. Noch im frühen 20. Jahrhundert hatten wohlhabende Malier Gold einfach zu Hause liegen. Der Schriftsteller Amadou Hampâté Bâ schildert eher beiläufig eine Szene aus der Zeit zwischen dem Ersten und dem Zweiten Weltkrieg: Um Wangrin, den reichen Dolmetscher, zu einer besonderen Gefälligkeit zu veranlassen, wurde ihm diskret eine Tabaksdose voll Goldstaub hingestellt.

In früheren Jahrhunderten war es leichter, Gold an der Erdoberfläche zu finden. Heute schuften die Goldsucher meist schlammbedeckt in engen Tunneln, manchmal ganze Familien in Arbeitsteilung. Diese sogenannten vorindustriellen oder handwerklichen Goldsucher haben regelmäßig das Nachsehen, wenn ausländische Interessen ihr Gebiet in den Blick nehmen. Manchmal kommt es dabei zu heftigen Konflikten, und die kleinen Goldsucher werden vom Staat schlicht aus dem Weg geräumt.

So geschah es in einem Gebiet südlich von Kurukan Fuga, der roten Erde, wo die erste Menschenrechtscharta beschlossen wurde. Ausgerechnet in einem Landstrich, der den Stolz auf malische Geschichte verkörpert, erfuhren die Goldsucher, wie rechtlos sie sind. An einem Freitagmorgen stürmten die Ordnungskräfte ohne Vorankündigung das Gelände, viele Goldsucher verloren ihr Werkzeug oder wurden verletzt. Die Konzession an dem Gebiet war einem ausländischen Unternehmen zugesprochen worden.

Die Goldsucher, ihres Lebensunterhalts beraubt, gründeten ein Kollektiv, zogen in die Hauptstadt und erstürmten einen Saal des Konferenzzentrums, um zu protestieren. »Für die malische Jugend gibt es oft keine andere Hoffnung als die Goldsuche«, sagte ihr Sprecher. »Dank der Goldsuche riskieren sie nicht ihr Leben auf der Fahrt nach Europa.«

Menschenrechtsorganisationen, die in reichen Ländern beheimatet sind, haben einen anderen Blick: Sie beklagen, dass die informellen Goldgräber Kinder arbeiten lassen. Und noch etwas anderes kann diesen verzweifelt in der Erde Wühlenden vorgehalten werden: Um das Gold herauszulösen, setzen manche hochgiftige Hilfsmittel ein, Quecksilber und sogar Zyanid.

Gibt es keinen Ausweg aus diesem Teufelskreis? Haben die Malier nur die Wahl zwischen zwei Übeln: weitgehend rechtlos in Minen zu arbeiten, die für die Nation zu wenig abwerfen, oder völlig rechtlos auf eigene Rechnung zu schürfen und dabei Gesundheit und Umwelt zu schädigen?

Die Zeit drängt, Alternativen zu finden. »Wenn das so weitergeht, haben wir in zehn Jahren kein Trinkwasser mehr.« Die düstere Prognose stammt von Cheick Oumar Camara, einem Lokalpolitiker im Minengebiet der Region Kayes. Ich besuchte ihn zu Hause, im Städtchen Kéniéba, von wo aus der Landkreis verwaltet wurde, in dem sich alle sieben Goldminen der Region befanden. Und das war nur der derzeitige Stand. Eine Karte zeigt das Territorium als Flickenteppich von Ausbeutungskonzessionen, sie liegen dicht an dicht, schieben sich sogar übereinander.

Ich saß mit Camara in seinem Hof, es dunkelte schon, das Violett seines Gewandes schrieb sich als Kontrast in die stumpfen Farben der Dämmerung. Unter einer Satellitenschüssel tummelten sich blökende Schafe. An seinem Stuhl lehnten Krücken. Camara war extrem dünn und von Kind an durch Polio gehbehindert. Ich hatte abermals einen Menschen vor mir, der sich getreu dem Sundjata-Mythos über seine Schwäche erhoben hatte. Camara, der von innen her zu brennen schien, hatte sich darauf verlegt, seinen Geist zu schärfen. Er war blendend informiert, hatte einen Internetanschluss im Haus und wedelte nun mit seinen dünnen langen Händen zornig durch die Luft. »Die Betreiber übergehen alle und gehen direkt ins Gelände, mit der Komplizenschaft der Zentralregierung. Wir zählen überhaupt nicht, es gibt keinerlei Respekt für uns.«

Das galt nicht nur dem Gold. Camara gehörte zum Widerstandsnetz gegen ein neues Projekt in seinem Landkreis: Der Ausbeutung von Uran. »Wir wollen nicht zu unserer eigenen Beerdigung beitragen«, sagte er, fixierte mich einen Moment mit seinem brennenden Blick und griff zu seiner Schachtel Marlboro.

Ich hatte Camara besucht, weil ich auf dem Weg war, das Urangebiet zu besuchen. Bis ins Städtchen Kéniébia war ich auf einer wunderbaren Asphaltstraße gereist – und man braucht nicht lange zu rätseln, warum diese Straße so gut war: wegen der Goldminen. Diverse Entwicklungsfonds hatten dafür bereitgestanden. Wo keine Minen sind, gab es in dieser Region auch keine befestigte Straße. Denn allein für Menschen baute man sie nicht.

Ich blieb bei Camara, bis es so dunkel war, dass ich die Schafe unter der Satellitenschüssel nicht mehr sah. Wir sprachen darüber, wie sich Entscheidungen über Ressourcen anders, demokratischer gestalten ließen. Das war nicht allein ein afrikanisches Thema. Gab es ähnliche Fragen nicht auch bei uns, wenn es um Braunkohle ging, um Stromtrassen – oder, noch nicht so lange her, um Atomkraftwerke? Aber wie konnten in einem armen Land wie Mali Behörden und Bürger in die Lage versetzt werden, eine informierte Entscheidung zu treffen? Um das herauszufinden, fuhr ich am nächsten Morgen weiter. Nach Falea, ins Urangebiet.

Widerstand gegen eine Uranmine:
die Barfußjuristinnen

11.
Falea
Über Uran, Angst und Gegenmacht

Die Kinder in Falea legten einander die Arme um die Schultern, wenn ich sie fotografieren wollte. Sie posierten nicht; es war eine beschützende Geste und ein Zeichen von Zusammenhalt.

Falea ist ein entlegener Zipfel im äußersten Südwesten von Mali, ein Hochplateau, das sich nach Guinea hineinschiebt, fruchtbar, bewaldet und reich an Ressourcen. Siebzehntausend Menschen leben hier, verteilt auf vierhundert Quadratkilometer, einundzwanzig Dörfer und vier Sprachen. Kein Strom, keine befestigte Straße.

Uranerz verbirgt sich häufig in den entlegenen Winkeln dieser Erde. Die Schöpfung habe das so eingerichtet, sagen manche, damit das Uran im Boden bleibt. Aber wer im Entlegenen lebt, ist auch besonders schlecht vorbereitet auf das, was hereinzubrechen droht. Wie sich wappnen, wie sich wehren, wenn alles Wissen fehlt – auch das Wissen um die eigenen Rechte?

Die Faleaner passten perfekt in das Muster vom leichten Opfer. Doch sie waren daraus ausgebrochen, sie wollten keine Opfer sein. Darum war ich gekommen. Es herrschte gerade eine trügerische Ruhe: Die Probebohrungen waren beendet, nun rüsteten sich alle Seiten für die entscheidende Phase.

Falea empfing mich mit einer idyllischen Abgeschiedenheit. Und wie es Idyllen eigen ist, weiten sie einem das Herz durch ihre Schönheit und schnüren es im nächsten Moment ein, weil das Leben in dieser Abgeschiedenheit etwas so Enges hat. Am Fuß eines gewaltigen Kapokbaums, seine Wurzeln wie aufrecht stehende Bretter, saßen zwei Dutzend Männer, in eine Debatte versunken. Es ging um eine Scheidung; hier saß der männliche Teil von zwei Familienverbänden und verhandelte darüber, wie der Brautpreis, der früher einmal für die Verflossene gezahlt worden war, zurückzuerstatten sei. Wie konnte eine Gemeinschaft, die so lebt, mit der Herausforderung einer Uranmine umgehen?

Ich blieb zunächst im Hauptdorf, sozusagen Falea-City. Die Rundhäuser wirkten wie aus einem Afrika-Bilderbuch. Der *Banco*, gestampfter Lehm, war hier von so guter Qualität, dass die Mauern ohne Zutat von Zement fein, glatt und haltbar waren. Die Dächer hatten die Form von Kegeln, eine Konstruktion aus Bambus und Grasbündeln, nach außen dunkel, nach innen aber von einem warmen Braun, das dem Wohnraum Atmosphäre gab. Wenn ein Haus unter einem solchen Dach verfällt, dann kauert es wie unter einem sich zusammenfaltenden Regenschirm.

Mehrere Rundhäuser standen jeweils innerhalb einer niedrigen Einfriedung: Die Faleaner lebten in Großfamilien, meist mit polygamer Struktur. Jede Einfriedung hatten zwei Eingänge, sodass ich den Hof passieren konnte, um zur nächsten Familie zu gelangen. In den Höfen lagen Getreide und Kräuter zum Trocknen auf Matten. Alles wirkte gut angelegt, harmonisch und sehr einsehbar.

Das wenige, was von der Moderne in Falea angekommen war, stand etwas abseits, flach und viereckig: ein kleines Rathaus, zwei Schulgebäude, eine Gesundheitsstation. Dies war die sparsame Basismodernität, deren Ankunft die Faleaner hatten ertrotzen müssen, denn in die entlegenen Winkel eines armen Landes kommen solche Dinge nicht von selbst.

Nun aber war noch etwas anderes gekommen, ungebeten, ungefragt.

Als eine kanadische Firma vor einigen Jahren mit Probebohrungen begann, wusste niemand in Falea, was vor sich ging. Man stelle sich vor, Fremde würden mit schweren Maschinen wortlos in unseren Garten eindringen, ein dreihundert Meter tiefes Loch bohren und dann ohne Erklärung wieder abziehen. Unvorstellbar? Nun, Falea ist Afrika, und die Fremden waren Kanadier.

Dass es um Uran ging, erfuhren die Faleaner erst spät und eigentlich nur durch einen Zufall. Malier, die aus Falea stammten und in Frankreich arbeiteten, tippten den Namen ihres Geburtsorts in eine Suchmaschine; auf dem Bildschirm erschien die Website eines kanadischen Bergbau-Unternehmens, Rockgate Capital, das über seine Exploration in Falea informierte. Rockgate brauchte neue Finanziers und pries darum den vermuteten Umfang der Uranvorkommen in höchsten Tönen.

Was die internationale Geschäftswelt wissen sollte, wurde den Einwohnern von Falea verschwiegen. So globalisiert sich Wissen hinter dem Rücken der Betroffenen. Niemand hatte es für nötig befunden, den Bürgermeister oder den Gemeinderat zu informieren. Das galt für das Unternehmen wie für den malischen Staat: Die Regierung hatte den Kanadiern bereits zwei Jahre zuvor die Genehmigung für die Erkundung erteilt.

Niemand weiß, wie diese Geschichte weitergegangen wäre, hätten die Faleaner nicht ihre Leute »draußen« gehabt, in einer Welt mit Strom und Internet, mit Zugang zu Informationen und Experten. Leute mit Bildung, die sich verantwortlich fühlten für ihre Heimat. Ehemalige Faleaner, nun in Bamako oder in Frankreich, hatten schon zuvor die »Assoziation der Bewohner und Freunde der Gemeinde Falea« (im französischen Kürzel ARACF) gegründet. Sie wurde nun die Operationsbasis einer beispielhaften Kampagne.

Ihr Motor war Many Camara, Professor für Soziologie und Anthropologie. Er war der einzige Professor, den Falea je hervorgebracht hatte, er hieß deshalb bei allen schlicht *le professeur.* Als ich ihn das erste Mal traf, war ich überrascht, wie klein er war. Obendrein trug er meist ein rundes Hütchen, das ihm einen irreführend harmlosen Anstrich gab. Bewaffnet mit diesem Hütchen und einem Notizblock dokumentierte Camara zunächst, was in der Abgeschiedenheit von Falea geschehen war.

Eine alte Landepiste war bis in die Nähe der Schule erweitert worden. Die Piste stammte aus den 1980er Jahren; schon damals hatte die französische Staatsfirma Cogema (heute Areva) das Hochplateau inspiziert und Vorkommen von Uran, Kupfer und Bauxit entdeckt. Nun wurde die Piste benutzt, um wöchentlich Erzproben zur Analyse nach Südafrika auszufliegen. Sie führte so dicht an der Schule vorbei, dass bei einem ungeschickten Landemanöver Äste auf den Schulhof flogen. Zudem lagen mitten in Erdnussfeldern und Weidegebieten Bohrlöcher, in die das Vieh hineinstürzte. Andere Tiere verendeten, nachdem sie Wasser aus den Bohrlöchern getrunken hatten. Die Bauern waren ratlos und besorgt.

So also hatte alles begonnen, das war nun schon vier Jahre her. Als ich Falea besuchte, war die Zahl der Bohrlöcher auf fünfhundert gewachsen, über die Felder und Wälder verstreut. Oberflächlich waren viele bereits wieder von Faleas reicher Vegetation verdeckt, aber was geschah mit dem unterirdischen Netz der Gewässer?

Falea profitierte von einer großen biologischen Vielfalt und von einer Feuchtigkeit, die für malische Verhältnisse geradezu paradiesisch war. Wo gerade nicht gejätet wurde, standen die Gräser mannshoch. Die Nächte waren kühl, morgens fiel starker Tau, das trug zum Gelingen der Landwirtschaft bei. Die Faleaner waren arm, aber sie konnten sich ernähren von dem, was ihre Heimat hergab; sie hatten Reis, Mais, Hirse, Gemüse, und ihre braunen Rinder waren gut genährt. Im Wald beugte sich Bambus zu gewaltigen Torbögen.

Was würde mit all dem geschehen?

Um zu wissen, wie sich die Umwelt bereits durch die Folgen der Bohrungen veränderte, war eine Analyse der Ausgangssituation nötig. Auf Bitten der Assoziation half ein französisches Öko-Institut, in Falea eine sogenannte radiologische Nullpunktstudie zu realisieren. Das Institut hatte sich nach dem Reaktorunfall von Tschernobyl gegründet; damals erfuhren viele Europäer zum ersten Mal, wie Strahlung ihren Nahrungskreislauf beeinflusste und dass auch Niedrigstrahlung nicht ungefährlich ist. Nun ging es darum, dieses Wissen in einen entlegenen Winkel der Dritten Welt zu bringen – eine andere Art, Wissen zu globalisieren.

Die Stadt Genf half, eine lokale Radiostation zu finanzieren. Nun hatte Falea endlich ein Kommunikationsmittel, das auch die kleineren Dörfer und Weiler erreichte. Bildungsprogramme starteten – in vier lokalen Sprachen und mit der linguistischen wie pädagogischen Herausforderung, Worte wie »Millisievert«, »Radionukleide« und »Gammastrahlen« in die Gedankenwelt von Menschen zu übersetzen, die meistenteils keine Schulbildung hatten.

Sich eine Vorstellung zu machen, welches Umweltdesaster hinter dem schlichten Wort »Uranabbau« lauert, das ist schon für besser Gebildete nicht leicht. Die Konzentration von Uran im Erz ist sehr niedrig, deshalb müssen riesige Mengen an Gestein bewegt werden; sie bleiben als radioaktiv staubende Abraumhalden zurück. Das Uran wird vor Ort mit Laugen aus dem Erz gewaschen, dabei fallen wiederum enorme Mengen an chemisch verseuchten Rückstandsschlämmen an. Weil ihnen zwar das Uran, nicht aber dessen Zerfallsprodukte entzogen sind, bergen die Schlämme einen Großteil der ursprünglichen Radioaktivität.

In Falea, einer Welt ohne Fernsehen und Kino, waren es Bilder, die von all dem eine erste schockierende Ahnung vermittelten: ein Dokumentarfilm über die Zustände im Nachbarland Niger. Nach vier Jahrzehnten Uranabbau durch die französische Staatsfirma Areva leidet die Minenregion unter großflächiger Verseuchung, viele Minenarbeiter sind erkrankt – und das Land ist bitterarm geblieben.

Hier ist die Kluft zwischen denen, die von Rohstoffen profitieren, und jenen, sie die besitzen, noch obszöner als beim malischen Gold: Über die Jahre hat Uran im Wert von mehr als dreieinhalb Milliarden Euro das Land verlassen, während jährlich zweitausendfünfhundert nigrische Kinder an Unterernährung sterben. Von drei französischen Glühbirnen brennt eine durch das Uran aus Niger; dort haben weiterhin die meisten Menschen keinen Strom. Und allein der Umsatz der Nuklearfirma Areva ist viermal so hoch wie der gesamte nigrische Nationalhaushalt.

Von all dem hätten die Faleaner nie erfahren, wenn es nicht die Arbeit der Assoziation und ihrer europäischen Unterstützer gäbe. Niger ist zwar ein Nachbar von Mali, doch was heißt das schon? Wer in Falea lebt, reist allenfalls über die nächstgelegene Grenze nach Guinea oder in den Senegal, um dort Arbeit zu suchen. Niger ist mehr als zweitausend Kilometer entfernt, am anderen Ende Malis.

So erzählt die Geschichte Faleas auch davon: Im Zeitalter eines angeblich überall verfügbaren Wissens haben geographische Entfernungen immer noch Bedeutung. Herrschaftswissen mag von allein reisen, aber jenes Wissen, das die Betroffenen zur Verteidigung ihrer Interessen brauchen, muss mühsam herbeitransportiert werden, manchmal sogar per Boot. Acht Monate im Jahr, während der Regenzeit und danach, ist Falea eine Enklave. Dann kreuzt ein Fluss die lehmige Piste, die in die nächste Stadt führt, nach Kéniéba, neunzig Kilometer entfernt.

Fünf Stunden auf holpriger Piste, so war auch ich nach Falea gereist, mit malischen Begleitern. Zunächst in einem gemieteten Pick-up, viel zu teuer für normale Malier. Wir nahmen einen älteren Mann aus Falea mit; er war in Bamako operiert worden, hatte seine Habseligkeiten in ein Tuch geknotet und hielt sich krampfhaft am Armaturenbrett fest. Ohne uns hätte er auf einem Moped reisen müssen.

Dann kam der Fluss, ein braunes Gewässer, das wir mit Sack und Pack in einer schmalen Holzpiroge überquerten. Ein wackliges Boot, das Platz für ein einziges Moped bot. So wurde normalerweise alles nach Falea geschafft. Die Fahrer waren geübt; bei der Ankunft am anderen Ufer gaben sie in der Piroge heftig Gas, so sprang das Moped über den flachen Bootsschnabel an Land. Ein Kunststück, aus der Not heraus geboren.

Der Staat hatte den Faleanern seit Jahren eine Fähre versprochen, doch man sagte mir, es fehle nun am Geld, die enge Lehmpiste so zu erweitern, dass die Fähre herbeigeschafft werden konnte. Wofür der Staat zu arm war, schien für ein ausländisches Unternehmen kein Problem: Wenn die Uranmine in Betrieb geht, so die Ankündigung der Kanadier, würden sie sogar eine veritable Brücke und eine Straße bauen! Das war verlockend. Ob es die Faleaner durchhalten würden, der Verlockung zu widerstehen?

Wir können uns nicht vorstellen, wie das ist: dringend eine Brücke zu brauchen, aber sie nur zu bekommen um den Preis einer Uranmine.

Jenseits des Flusses führte die Piste bergauf und wurde noch rauer. Wir hatten aus der Stadt zwei Kanister Benzin mitgebracht, das nun einen Geländewagen befeuerte. Er gehörte der Assoziation, deutsche Sympathisanten hatten dafür zusammengelegt. Der Wagen war erst seit sechs Monaten in Falea, er trug die Aufschrift »Solidarität« und hatte schon Leben gerettet. Vorher mussten Kranke und Hochschwangere über all die Steine und durch Bäche hindurch auf dem Rücksitz eines Mopeds zum Fluss gebracht werden. Am anderen Ufer wartete dann der Krankenwagen auf jene, die es bis dorthin schafften. Es schafften nicht alle.

Der Bürgermeister von Falea hatte so seine Frau verloren. Ihre Wehen kamen vorzeitig, er selbst war auswärts, auf der anderen Seite des Flusses. Er mobilisierte den Krankenwagen, wartete dann voller Qual mit der Ambulanz am Fluss. Als seine Frau dort ankam, war sie tot.

Mallé Camara war ein zierlicher Mann in einem glänzenden hellblauen Gewand. Camara, so hießen hier viele; er war nicht verwandt mit *le professeur.* Mallé Camara war ein Bauer, nun seit zehn Jahren Bürgermeister; er war ehrgeizig, wollte sich bald erneut zur Wahl stellen. Ich besuchte ihn in Faleas bescheidenem Rathaus. Der Sitzungsraum war mit zwei großen Nationalflaggen dekoriert, eine hing an der Wand, die andere bedeckte die Tische wie eine überdimensionierte Decke. Sonst besaß das Rathaus nicht viel, Camaras Büro wirkte leer, hier und da lag Papier. Dass es überhaupt ein Rathaus gab, das gehe auf ihn zurück, sagte er, und auch dass die Schule nun sieben Klassen habe statt vorher drei. Dies war messbarer, sichtbarer Erfolg. Aber was ist Erfolg, wenn es um eine Uranmine geht? Die Mine verhindern? Oder die Brücke bekommen?

Als Frankreich in den 1980er Jahren Faleas Uran entdeckte, ging Camara zur Schule. »Wir wussten nichts von Uran, niemand kannte das Wort.« Dass es heutzutage wieder um Uran ging, das hatte der Bürgermeister erst von der Assoziation erfahren, nicht von seiner Regierung. Er war dann unter den Ersten, die eine Erklärung gegen die Mine unterschrieben, wie später alle zwölf Bürgermeister des Landkreises Kéniéba, zu dem die Gemeinde Falea gehörte.

Trotzdem wirkte er unentschieden. Ich hatte den Eindruck, dass die einseitige Parteinahme der malischen Hauptstadtpolitiker den Bürgermeister regelrecht zur Opposition verdammt hatte. Einmal kam der Bergbauminister mit zwei Geländewagen voller Journalisten und rieb sich demonstrativ Uranproben ins Gesicht, um zu zeigen wie ungefährlich alles sei. Dann kamen drei Abgeordnete, angeblich um sich zu informieren, aber sie übernachteten statt bei der Bevölkerung lieber im komfortableren Camp der Urangesellschaft.

»Das war nicht gut«, sagte der Bürgermeister. Er hätte es wohl gerne gesehen, wenn ihm etwas von der Last der Entscheidung abgenommen würde; aber wie sollte das gehen, wenn sich jene, die doch mehr Überblick haben mussten als er, so wenig für die Sorgen der Faleaner interessierten?

Vor dem Rathausfenster ohne Glas begannen Kinder ein Fußballspiel, sie schauten ab und an zu uns herein. Dämmerung fiel. »Ich bin nur ein Busch-Bürgermeister«, sagte Camara abrupt, »ich habe kein hohes intellektuelles Niveau. Ich weiß nicht, was wir tun sollen.« Er schloss die eisernen Fensterklappen, das stromlose Rathaus wurde stockfinster, ich tappte blind hinter Camara hinaus ins Freie.

Am nächsten Morgen traf ich die »Parajuristen«; man könnte sie Barfußjuristen nennen, obwohl sie Plastikschlappen trugen. Elf Männer und vier Frauen hatten einen Kursus absolviert, um zu lernen, welche Grundrechte die Faleaner besaßen. Was sagten die nationalen Gesetze über die Rechte der Bevölkerung in einem Minengebiet? Welche internationalen Konventionen hatte Mali unterzeichnet?

Die Männer sprachen Französisch und brachten Schreibblöcke mit, darin ihre Notizen vom Unterricht. Die Frauen kamen mit leeren Händen, sie hatten keine Schulbildung, sprachen kein Französisch und schwiegen zunächst bescheiden. Als ich darauf bestand, sie durch einen Dolmetscher einzubeziehen, entpuppte sich die Älteste von ihnen als besonders resolute Kämpferin.

Die fünfundsechzigjährige Bäuerin Adama Camara, Mutter von acht Kindern, hatte ihre Autorität auf der Schule des Lebens erworben. Als Frau eines Gendarms hatte sie an vielen Orten Malis gelebt, sogar im hohen Norden, als Witwe kam sie schließlich zurück nach Falea. »Es wird hier niemals ein Einverständnis der Bevölkerung zum Uranabbau geben«, sagte sie mit einer Entschiedenheit, die keinen Widerspruch duldete. »Wir werden alles tun, um den Abbau zu verhindern. Denn der Nutzen, den der Abbau vielleicht bringt, kann unsere Krankheiten niemals aufwiegen.«

Sie war Präsidentin der Frauenorganisation Yèrèdèmèton, was so viel hieß wie »Verein Selbsthilfe«. Die Frauen bauten Gemüse an und hatten es sich zur Aufgabe gemacht, die Wasserqualität im nahen Bach zu beobachten. Ich begleitete die Frauen zu ihren Feldern. Wir kamen an einem Bohrloch vorbei, gut zwei Meter im Durchmesser, mit Ästen, Erde und Steinen verschlossen.

Adama war überzeugt, dass die Ernten durch eine Verseuchung des Wassers bereits gelitten hatten. »Seitdem diese Firma hier arbeitet, gibt es auch mehr schwierige Schwangerschaften.« Ich hatte das Gefühl, dass sie aus lauter Sorge manches, was in Zukunft drohte, bereits in der Gegenwart sah. Aber wie war zu entscheiden, wo die Grenze lag?

Als ich später noch einmal mit den Parajuristen zusammensaß, sprachen wir über die Haltung der Jugend. Die ältere Generation, die die Lebensweise und Kultur von Falea bewahren wollte, schien sich klarer gegen die Uranmine zu entscheiden als die Jungen. Von denen wollten viele nicht mehr auf den Feldern arbeiten, sie hofften auf andere Einkommensquellen, entweder Gold oder einen Job in der Uranmine. »Ein Teil der Jugend lässt sich durch die Firma anziehen«, bestätigte Adama. »Aber ich sage: Wer die Uranmine will, will den Tod und das Verschwinden von Falea!« Die anderen schwiegen betroffen.

Den Weiler Kotoré konnte ich nur zu Fuß erreichen. Erst bergauf durch Wald und mannshohe Gräser, dann schlängelte sich ein Fußpfad über Erdnussfelder, die jungen Pflanzen in leuchtendem Grün. Dies war der Weiler von Boukary Keita, dem traditionellen Dorfchef und Hüter des kulturellen Erbes, eine Position, die auf Respekt und spirituellen Kenntnissen beruht. Keita war ein hochgewachsener Mann, sein Gang so elegant, dass sich das lange weiße Gewand bei seinen Schritten kaum bewegte. Sein Gewehr war mit einer Kaurimuschel geschmückt.

Keita setzte sich und sagte bündig: »Gold ist seit dem Altertum bekannt, aber Uran nicht. Wir kennen das nicht und wollen das nicht. Das ist wie ein Essen, das man nicht kennt und nicht will.« Er lächelte, es war ein schönes Lächeln mit schiefen Zähnen. Keita war zwei Jahre zur Schule gegangen, sein Französisch hatte er als Arbeitsmigrant in Guinea und Senegal gelernt.

Wir sprachen über die heiligen Orte. Die Assoziation, in der Keita ein wichtiges Mitglied war, hatte im letzten Moment einen Ort retten können, der von der Erweiterung der Landepiste bedroht war. Ein Ort, der nicht allen zugänglich sein durfte. Dort beteten Frauen in bestimmten Situationen, die der Hüter des Erbes nicht näher erläuterte. Für Keita waren die Uransucher ein Inbegriff von Unkultur. Sie hatten das allein schon durch ihre Missachtung malischer Sitten bewiesen. Wer immer etwas in Faleas Erde machen wollte, hätte zuerst zu ihm kommen müssen, dem *Chef de village*, hätte sich ihm vorstellen müssen. »Das sind ungehobelte Rohlinge«, sagte Keita verächtlich.

So sah jeder in Falea das Uranprojekt aus seinem eigenen Blickwinkel. Der Bürgermeister beklagte die Arroganz der Hauptstadtpolitiker, die Bäuerin sah Krankheit und Tod heraufziehen, der Hüter des Erbes konnte die Missachtung malischer Kultur nicht verzeihen. Der Widerstand gegen die Uranmine ähnelte einer Pyramide: Unten an der Basis waren Menschen wie Boukary Keita, die vor allem standhaft sein mussten und den

Zaudernden ein Vorbild. In der Hauptstadt Bamako ein gutes Dutzend Aktivisten, die den Kontakt zu den Behörden hielten. In Frankreich die Ex-Faleaner, die sich um Solidarität in Europa bemühten. Und dann ein Netz europäischer Unterstützer, die mit Expertise und Geld halfen: in Deutschland das Uranium Network und die Rosa-Luxemburg-Stiftung, in der Schweiz das Forum Civique.

Dies war der erste Versuch in Mali, systematisch und über einen Zeitraum von Jahren eine Gegenmacht aufzubauen. Dazu gehörte auch eine neue Art der Begegnung zwischen Staat, Bevölkerung und organisierter Zivilgesellschaft. Die Assoziation der Minengegner wollte die Kompetenzen des malischen Staates stärken, damit er dem Druck von Wirtschaftsinteressen besser standhalten konnte. Zugleich galt es, die Bürger gegen den Staat zu stärken, denn sie mussten ihn erst zwingen, sich für ihre Belange und für ihren Schutz einzusetzen. Eine schwierige Gratwanderung.

»Mali ist auf einen Uranabbau überhaupt nicht vorbereitet«, erklärte mir Many Camara, *le professeur*. »Der Staat hat keinen einzigen Uranexperten, keinerlei Messinstrumente, keinerlei Grundwissen über Radioaktivität und Strahlung. Wir müssen als Zivilgesellschaft viele Kompetenzen entwickeln, weil der Staat nur den Interessen der Unternehmen folgt. Er versagt in seiner eigentlichen Aufgabe. Dieses Problem ist typisch für Afrika.«

Drei Tage lang wurde das Internationale Konferenzzentrum in Bamako zum Treffpunkt von Nuklearexperten und Betroffenen aus diversen Ländern. Anrainer von Minen, Bergleute und Wissenschaftler aus Gabun, Namibia, Niger, Kongo, Sambia, USA, Indien, Südafrika und Kanada waren angereist und beschrieben die Auswirkungen des Uranbergbaus. Für die Delegation aus Falea wurde drei Tage lang in die Nationalsprache Bamanankan übersetzt.

Den malischen Behörden fiel es nicht leicht, sich gegenüber dieser kritischen Masse an Zeugenschaft und Wissen zu verhalten. Sonst legten staatliche Instanzen gern einen vorauseilenden

Gehorsam an den Tag, wenn ausländische Geldgeber in Bamako eine Konferenz veranstalteten. Aber hier lag der Fall anders. Was also tun?

Zunächst versprach der Bergbauminister, die Ergebnisse der Konferenz würden in die Entscheidung über Falea einfließen; anschließend verlor ein Sprecher seines Hauses die Contenance und beschimpfte die Gäste. Auf Drängen der Assoziation entstand später ein Beirat, in dem sich alle beteiligten Behörden abstimmen sollten: Bergbau, Umwelt, Gesundheit, Hygiene ... Manche Beamten schätzten die Informationen, die von den Urangegnern zur Verfügung gestellt wurden – eine Rollenverteilung, wie man sie ähnlich auch bei uns kennt: Um innerhalb der Verwaltung Umweltinteressen gegen Wirtschaftsinteressen zu stärken, sind den Umweltbeamten die externen Aktivisten manchmal ganz recht.

Doch das Häuflein der Minengegner in Bamako kämpfte gegen immer neue Unwägbarkeiten. Die Bergbauminister wechselten rasch, jeder machte andere Versprechen. Die kanadische Uranfirma behauptete, die Explorationsfläche sei erweitert worden, der Staat wusste von nichts – oder tat jedenfalls so. Stimmten die Erfolgsmeldungen auf der Website des Unternehmens oder sollten sie nur den Aktienkurs hochtreiben? Und was bedeutete es, wenn die Aktien von einer anderen Uranfirma aufgekauft wurden?

Sich gegen ein Projekt von internationaler Größenordnung über Jahre hinweg aufzulehnen, das bedurfte einer gewaltigen Kraftanstrengung. Das pure Contra, das Dagegensein reichte nicht: Die Faleaner mussten entscheiden, welchen Entwicklungsweg sie einschlagen wollten. Ihr Motto hieß »Falea 21«, was sowohl auf die Zahl der Dörfer als auch auf das 21. Jahrhundert abzielte. Es galt, einen nachhaltigen Weg in die Moderne zu finden. Ideen dafür gab es: eine Mineralwasserquelle zu nutzen, den Bambusreichtum zu verwerten, für den handwerklichen Goldabbau, in den es die Jugend zog, eine umweltfreundlichere Methode zu entwickeln.

Als ich Falea verließ, begannen gerade die Vorbereitungen für eine Volksbefragung. Jeder Bewohner der einundzwanzig Dörfer sollte seine Stimme abgeben und sich in einer geheimen Wahl für oder gegen die Uranmine entscheiden. Vom Gesetz war in Mali eine Konsultation der Öffentlichkeit vorgeschrieben, die jedoch üblicherweise so ablief: Die Bevölkerung wurde ohne Vorbereitung zu einer Dorfversammlung gerufen, jemand pries die Vorzüge des Projekts, und dann setzten die Dorfhonoratioren ihren Fingerabdruck unter ein Protokoll, das sie nicht lesen konnten.

In Falea sollte es stattdessen einen Akt echter Demokratie geben, eine informierte Entscheidung jedes Einzelnen. Das war ein Wagnis – die Minengegner konnten die Abstimmung auch verlieren. Und würden Staat und Unternehmen das Votum überhaupt respektieren?

Wieder wurde internationale Unterstützung angekurbelt. In jedem der einundzwanzig Dörfer sollte ein ausländischer Gast den Ablauf der Abstimmung überwachen. Und ein Netz von Patenschaften mit europäischen Städten und Kommunen sollte dem Geschehen in dieser afrikanischen Enklave einen symbolischen Schutz gewähren.

Als in Falea die Probebohrungen begannen, hatten die Faleaner nicht einmal Telefon. Nun waren sie Teil einer vernetzten Welt. Das war nicht in erster Linie eine Frage der Technik. Die Bewohner des abgelegenen Winkels wussten nun, dass es Alternativen gab zu einem Entwicklungsweg, der ihnen aufgezwungen werden sollte. Und dass bessere Lösungen nur in einer gemeinschaftlichen Anstrengung entstehen. Über einen Fluss hinweg. Über Grenzen hinweg.

Und doch war nichts gewiss. Ich verließ Falea am frühen Morgen. Die mannshohen Gräser waren schwer von Tau.

Schwarze Tuareg:
Aisha Wallet Ahmed
mit ihrem Mann

12.
Die westliche Erzählung
Im Norden, nach dem Krieg

Auf einsamen Akazien am Straßenrand saßen große schwarze Vögel. Wenn sich ein Fahrzeug näherte, warteten sie in majestätischer Ruhe bis zum letzten Moment und flogen dann erst auf.

Es gibt diese gefühlten Zäsuren beim Durchqueren einer Landschaft oder eines Landes; das plötzliche Empfinden, etwas sei anders geworden, das Licht, die Farben oder die Entfernung zum Horizont. Als ich die schwarzen Vögel sah, die zu schwer wirkten für das dürre Geäst der Akazien, dachte ich: Dies ist der Norden.

Die schnurgerade Straße führte durch eine Ebene von karger Schönheit. In der Ferne Viehherden an Wasserstellen. Hier und dort Rundhütten aus Holzgeflecht, von Nomaden zurückgelassen bis zur nächsten Nutzung. Hochbeinige Ziegen, braunweiß gescheckt.

Landschaft ist immer auch Suggestion. Wir legen unsere Gefühle und Annahmen hinein, und allein das Wissen, wie unermesslich weit sich Malis Wüste hinauf nach Norden zieht, in den hohen, für mich unerreichbaren Norden, beeinflusste nun bereits mein Gefühl für Entfernungen, prägte die Maßeinheiten meines Blicks. Alles schien mir weit.

Wie subjektiv ist unser Blick dann erst recht auf das Geschehen in fremden Landschaften, auf politische und religiöse Konflikte, für die es uns noch mehr an Maßstäben fehlt.

Es war der zweite Tag einer Reise in hinfälligen Bussen, die sich von Panne zu Panne schleppten. Sich auf diese langsame und beschwerliche Weise einem Krisengebiet zu nähern, gleicht einer Schule in Bescheidenheit. Für einen Moment nur den Alltag zu teilen, die Normalität des Lebens, das bringt uns schon ans Ende unserer Kräfte.

In meinem Bus waren zerschlagene Fensterscheiben durch Holzlatten ersetzt worden, eine abgerissene Wagentür hing notdürftig an einer Kordel. Das Dach war derart beladen, dass sich die Deckenluken nicht öffnen ließen. Die Hitze im Bus war brutal. Die Straße, die einzige nach Nordmali, war schon schlecht gewesen, bevor sich Kolonnen von Panzern ins nördliche Kriegsgebiet wälzten. Die Panzer hatten aus kleinen Schlaglöchern große gemacht, die Straße sah aus, als hätte sie Kilometer um Kilometer unter Granatbeschuss gelegen. Der überladene Bus schwankte ächzend durch die Schlaglöcher wie ein Schiff in schwerer See. Das Schwanken und die Hitze und die Angst vor der nächsten Panne verbanden sich zu einem hypnotischen Zustand, in dem alle Aufmerksamkeit nur auf die Geräusche des Busses gerichtet war, auf das rhythmische Stöhnen und Krachen von Reifen und Achsen. Wir brauchten an diesem Tag für vierhundert Kilometer vierzehn Stunden.

An namenlosen Haltestellen inmitten trockener Einsamkeit wurden weitere Passagiere an Bord genommen, sie standen gedrängt wie Vieh im Mittelgang. Ein junger Mann schwitzte so stark, dass es von seinem Kopf auf meine Sitznachbarin tropfte. Sie hatte in Abidjan, Elfenbeinküste, gearbeitet und fuhr zum ersten Mal seit acht Jahren nach Hause, um ihre Kinder zu sehen. Seit fünf Tagen fuhr sie in solchen Bussen. Fünf Tage und ein bisschen Schweiß, was ist das schon, wenn man acht Jahre die eigenen Kinder nicht gesehen hat?

Jede Panne wurde zunächst als Pause zum Beten und Pinkeln kaschiert. Die Männer hockten sich beim Urinieren hin, schamhaft, das Gewand wie ein Vorhang, und sie wählten dieselbe Richtung wie die Betenden. So wurde Diskretion gewahrt, und jeder hielt einen nahezu identischen Abstand zum nächsten. Von hinten waren die Betenden und die Urinierenden in der sandigen Ebene kaum zu unterscheiden. Kleine Figuren vor der Weite der Landschaft. Später tauchten im letzten Licht des Tages klobige Felsen auf; Tafelberge, rötlich braun, der höchste tausend Meter hoch. Die Hand Fatimas, so heißt eine auffällig gezackte Formation. Fatima, die Prophetentochter, Mutter der Gläubigen, sie hätte die Malier beschützen sollen. So wie ihre Hand an einer kleinen Kette den Kindern als Amulett um den Hals gelegt das Unglück abwehrt und den bösen Blick. Aber die gewaltige Hand aus Fels hatte nicht geholfen. Sie hatte gleichmütig zugesehen, wie die Pick-ups mit der schwarzen Fahne der Djihadisten vorbeirasten und später die Panzer aus der anderen Richtung.

Wir fuhren in eine helle Vollmondnacht hinein. Auf Fels und Sand legte sich ein stählernes Grau, in meiner Erschöpfung sah ich Schneeverwehungen. Der Bus hatte nur einen Scheinwerfer; er warf ein schwankendes Licht in den Schnee.

Dann kam Hombori, mein Ziel für diese Nacht. Die Ortseinfahrt war gesäumt von Lastwagen; sie mussten nach Einbruch der Dunkelheit Halt machen, wegen der anhaltenden Unsicherheit. Unter den Fahrzeugen ragten die Beine der schlafenden Fahrer hervor. Meine Mitreisenden würden sich gleichfalls auf den Asphalt legen; sie konnten sich im Gegensatz zu mir keine Übernachtung für fünf Euro leisten.

Der Gendarm am stockfinsteren *poste de contrôle* leuchtete mit seiner Taschenlampe in meinen Pass und murmelte etwas von einem offiziellen Schreiben, das ich für diese Krisenregion bräuchte. Ich sagte ihm, ich sei sehr müde und wolle schlafen. Der Mann nickte und reichte mir meinen Pass.

In der kleinen Herberge von Koli Sissoko war ich der dritte Gast in fast einem Jahr. Sissoko war rührend besorgt um mein Wohlergehen und hatte eine saubere, ofenheiße Kammer für mich vorbereitet. Klaglos baute er ein zweites Bett mit Moskitonetz im Hof auf, unter der Mondlampe. Zwei Betten für den seltenen Gast. Für mein Abendessen stand ein einsames hohes Tischlein in diesem stillen Hof. Das weiße Tischtuch reflektierte das Licht des Mondes, alles schien surreal. Sissoko servierte mir das Essen an der kurzen Seite des Tischleins, als sei noch mit weiteren Gästen zu rechnen, in dieser seltsamen Nacht.

Am nächsten Morgen sah ich, dass im Durchgang zum Hof ein Marienbildchen hing, nicht weit von einer Whiskyreklame.

Sissoko war Christ, seine Frau Muslimin. Sie hatten das Marienbildchen nicht abgenommen, als die Islamisten nach Hombori kamen.

Neben Sissokos Herberge hatte ein Mann seinen Laden, der sich Antiquitätenhändler nannte. Es war schon lange niemand mehr gekommen, dem der Sinn nach echten oder falschen Antiquitäten gestanden hätte. Trotzdem staubte der Mann jeden Morgen seine Ware ab und baute vor dem Laden Masken und Skulpturen auf, als würden gleich Scharen von Touristen aus Bussen stürmen. Es gab sogar Skier mit Skischuhen zum Ausleihen, um damit eine rosa Sanddüne hinunterzurutschen.

Hatte es solche kleinen Heiterkeiten wirklich einmal gegeben, an diesem Ort? Zwei Jahre zuvor waren in Hombori Franzosen entführt worden. Danach hatte niemand mehr nach Skiern gefragt. Der Antiquitätenhändler kritzelte eine Mailadresse auf einen Fetzen Papier. »Empfehlen Sie mich Ihren Freunden!« Ich fuhr dann weiter nach Gao. Auf dem letzten Abschnitt war die Straße besser; ich glaubte zu fliegen.

Der Niger hat bereits seine eigenwillige Kehre gemacht, wenn er Gao erreicht. Breit und unverschmutzt lag der Fluss wie ein blaues Band in der Landschaft. Neunzigtausend Menschen leben in der größten Stadt Nordmalis. Hier ist sozusagen der Süden des Nordens; ein besiedelter Süden, wo noch Wasser ist. Die Grenzen zu den Nachbarländern Niger und Burkina Faso sind greifbar nahe, Bamako, die Hauptstadt, ist hingegen tausendzweihundert Kilometer fern.

Von Falea, der Urangemeinde mit dem schweren Tau an hohen Gräsern, war ich bis ins trockene, staubige Gao fast zweitausend Kilometer gereist. Das entspricht der Luftlinie München – Moskau. Mali, großes Land. Gao – und nicht das viel kleinere Timbuktu – war der wichtigste Schauplatz jenes Dramas, das Mali in den Jahren 2012 und 2013 in die Weltnachrichten katapultierte. Für die Fernsehzuschauer hatte das Geschehen immer einen Wüstenlook, es schien um unregierbare und unzivilisierte Räume zu gehen. Aus Mangel an echten Bildern erschien eine Landkarte, und dazu wurde eine fantastische Quadratkilometerzahl genannt. Tatsächlich aber ging es um Städte, um die Beherrschung einer städtischen, durchaus zivilisierten Bevölkerung.

Europäern mag der Name Gao nichts sagen, doch blickt diese Stadt auf eine mehr als tausendjährige Geschichte zurück. Die hiesige Adelsklasse nahm den Islam bereits Ende des 10. Jahrhunderts an. Timbuktu, später gegründet, war die Stadt der Gelehrten, Gao war die Stadt der Macht. Zunächst als Teil des mittelalterlichen Mali-Reichs, später, im 15. Jahrhundert, als Sitz des nachfolgenden Songhai-Reiches – benannt nach jener Ethnie, die auch heute in Gao dominiert.

Es folgte also einer geschichtlichen Logik, dass sich auch während der nordmalischen Krise in dieser Stadt entschied, wer die Macht hatte – und wer sie verlor. Das tausendjährige Gao erlebte wie im Zeitraffer den Aufstieg und den Sturz von zwei Besatzungsregimen.

Zuerst kam die Tuareg-Miliz. Nach dem Zusammenbruch der hohlen Demokratie in Bamako, nach der Flucht von Armee und Staatsbeamten im Norden hisste die Nationale Bewegung für die Befreiung von Azawad (MNLA) am 6. April 2012 in Gao ihre Trikolore mit gelbem Winkel und rief den Staat Azawad aus. Der Name ist geographischer Herkunft und bezeichnet eigentlich ein wesentlich kleineres Weidegebiet. Nun aber erklärten die Rebellen, die aus Libyen ihren Drill, ihre Waffen und ihre Anmaßung mitgebracht hatten, ganz Nordmali für unabhängig, von der algerischen Grenze bis zum Binnendelta des Niger.

Um diese Anmaßung zu erfassen, muss man wissen, dass die Tuareg im multiethnischen Mosaik des Nordens eine Minderheit sind, auf höchstens dreißig Prozent geschätzt; überdies sprach die MNLA nur für einen Teil dieses in Stämme und Fraktionen zersplitterten Volkes. Hier schwang sich also eine Minorität zum vermeintlichen Befreier auf und reklamierte zwei Drittel des malischen Staatsgebiets.

Eine Farce, aufgeführt mit Schnellfeuergewehren und Presseerklärungen. Die MNLA vermarktete sich exzellent; in den französischen Medien ließ sie die Fahne der Emanzipation und kulturellen Selbstbestimmung flattern, während sich ihre Kämpfer in Gao aufführten wie Besatzer in Feindesland: Öffentliche Gebäude, Banken, Schulen wurden geplündert und zerstört.

Dies war der erste Akt des Dramas, traumatisch für die Masse der Malier. Nie zuvor hatte eine Tuareg-Rebellion so viel Land reklamiert, so viel Land erobern können. In einer Dopplung des Unheils waren zwei Prozesse zusammengekommen, der eine extern, der andere intern: der Sturz Gaddafis, vom Luftkrieg der NATO beschleunigt, und die finale Fäulnis der vom Westen beschönigten malischen Demokatie. Das Land lag auf den Knien.

Aus westlicher Sicht hatte das Drama hingegen noch nicht wirklich begonnen. Denn bisher handelte es sich nur um eine Geschichte von malischem Leid und von den Nebenwirkungen westlicher Politik; das interessierte nicht weiter. Noch hatte das Geschehen in Mali keinen narrativen Rahmen, der es tauglich gemacht hätte für eine westliche Erzählung. Jeder Krieg, jeder Konflikt braucht eine Erzählung, die Gute und Böse definiert, die einordnet, vereinfacht und Interessen bedient. Nur dann setzt sich jene große Maschinerie in Gang, in der Medien, Regierungen, internationale Institutionen wie magisch gesteuert nur noch eine einzige Richtung zu kennen scheinen.

Drei Monate später war es so weit. Nun wurde die Lage in Mali schlagartig anders, und wieder vollzog sich die Wende in Gao. Die MNLA wurde in offener Schlacht aus der Stadt vertrieben, und zwar durch jene Gruppen, mit denen sie sich zuvor die Macht im eroberten Norden geteilt hatte. Da war Ansar Din, die islamistische Tuareg-Formation mit dem gestohlenen Namen. Und die noch junge MUJAO, »Bewegung für Monotheismus und Djihad in Westafrika«, die durch Geiselnahmen rasch zu einem finanzstarken Akteur geworden war. Es folgten sieben Monate unter ihrer Herrschaft. Über Gao wehte die schwarze Fahne der Djihadisten.

Mali galt fortan als »Sahelistan«, als Bedrohung für den Westen, als Schauplatz, wo der *War on Terror* zu führen war. Und so folgte der dritte Akt: Am 26. Januar 2013 nahmen französische Spezialkräfte Gao ein. Der korrekten politischen Optik halber wurden sie begleitet von malischen Soldaten, die in ihrer zusammengestoppelten Kluft neben den französischen Elitetruppen aussahen wie Landser längst vergangener Zeiten.

Der Krieg war damit nicht zu Ende, vielmehr ging er in einen langen Nachkrieg über, in eine Phase anhaltender Unsicherheit, die während meines Besuchs die Stadt umklammert hielt wie ein eiserner Gürtel.

In Europa galt die französische Intervention als Erfolg: Mehrere Hundert gegnerische Kämpfer waren angeblich liquidiert worden, und obwohl niemand die Leichen gesehen oder identifiziert hatte, war Mali aus den Schlagzeilen verschwunden. Vor Ort war alles anders. Der Krieg war schon deshalb nicht vorbei, weil immer noch unklar war, gegen wen er überhaupt geführt worden war. Gegen Malier oder gegen sogenannte ausländische Kämpfer? Wer war liquidiert worden und mit welcher Berechtigung – und mit wem mussten die Malier morgen wieder zusammenleben? Selbst die grundlegendsten Fragen schienen unbeantwortet: Wer waren die Haupttäter? Wer galt als Opfer? Wo war Versöhnung nötig und wo eine formelle Anklage? Und wie konnten die Malier über all diese Fragen selbst so entscheiden, dass sie mit sich und ihrer jüngsten Geschichte ins Reine kamen?

Ich suchte in Gao nach Antworten. Auf dem Hof der verlassenen Polizeistation zwitscherte ein Vogel zwischen verstaubten Eukalyptusbäumen. Sonst war es still, die Geräusche vom Markt drangen nur gedämpft bis hierher. Auf die Gittertür der Frauenzelle hatte jemand in krakeligem Arabisch »Gott ist groß« geschrieben. Die Frauen, die damals hier einsaßen, waren ungenügend verschleiert gewesen oder hatten beim Spazierengehen Musik aus dem Mobiltelefon gehört. Sie bekamen zehn Peitschenhiebe, gleich hier im Hof; Passanten gafften.

Über dem Eingang, nun von Grün umwuchert, hatte »Islamische Polizei« gestanden. Jugendliche übertünchten die schwarze

Schrift mit weißer Farbe. Ein Akt ritueller Reinigung; überall in Gao waren Parolen und Namen derart übermalt. Auch am Platz der Unabhängigkeit, der sieben Monate lang »Platz der Sharia« hieß. Die verwaiste Polizeistation wirkte wie ein improvisiertes Museum, ein offen gelassener Ort von Geschichte. An der Außenmauer klebten Wahlplakate: Sie bedeckten die weiße Farbe, die wiederum das schwarze Emblem der Djihadisten bedeckte. Drei Schichten Ereignisse. Auf den Plakaten stand »Gott, Mali, mein Gewissen«. Mit diesem rauchigen Pathos war Ibrahim Boubacar Keita Malis neuer Präsident geworden. Nun war sein Bild bereits verblichen, verblichen von der Sonne und von enttäuschten Erwartungen.

Die Geschäfte gegenüber der Polizeistation hatten arabischen Händlern gehört; der Komplizenschaft mit den Djihadisten verdächtigt wurden sie vertrieben, die Geschäfte geplündert. Nicht ausgeschlossen, dass die Plünderer jene waren, die vorher beim Auspeitschen gafften. Nun waren neue Nutzer in den Geschäften; so verging die Zeit, das eine wie das andere Unrecht ungesühnt.

Nichts erklärte sich in Gao von selbst, durch bloßen Augenschein. Wenn man ein zerstörtes Haus sah, eine eingeschlagene Tür, ein zerschossenes Vorhängeschloss, musste man fragen: wer, wann, warum? Die möglichen Antworten lauteten: Das war die MNLA. Das waren die Djihadisten. Das waren die französischen Streitkräfte, als sie die Djihadisten bekämpften. Das war die Bevölkerung, beim Plündern. Der Justizpalast war zerbombt, das ging auf die Franzosen zurück. Davor stand am Straßenrand ein Stoppschild, das Blech rot beschmiert. Es konnte ein verwischtes Graffiti sein, aber Einheimische sagten, es sei Blut, das Blut eines Djihadisten, gelyncht durch die örtliche Bevölkerung.

Nur die Einheimischen wussten, was die Wahrheit war – oder welche Wahrheiten sie konkurrieren lassen wollten.

In der Nähe des Restaurants Bavaria lag das Quartier Cocainbugu, das Viertel mit den Villen der Drogenhändler. Auch sie hatten Gao fluchtartig verlassen. Sie waren die Strippenzieher in den mafiösen Strukturen des Nordens, die modernen Epigonen eines uralten Metiers: Schmuggel in der Sahara. Heimlich Waren über schwer kontrollierbare Grenzen zu schaffen, das gehört in der Region seit Langem zur lokalen Wirtschaft. Erst subventioniertes Milchpulver aus Algerien, später Zigaretten vom Schwarzmarkt, Benzin, Waffen, Haschisch, schließlich harte Drogen.

Seit 2005 kam Kokain aus Lateinamerika in Nordmali an, auf dem Weg nach Europa. Das war nicht zufällig auch die Zeit, als sich aus Algerien stammende Islamisten in Nordmali als »Al Qaida im islamischen Maghreb« (Aqmi) konstituierten. Drogenhändler fungierten als Unterhändler bei Geiselnahmen. Einen von ihnen nannte der später gestürzte malische Präsident ATT zärtlich »meinen Banditen«. In der Wüste entstand ein Business, das auf seine Umgebung wie ein blitzender und blinkender Supermarkt wirken musste. Al-Qaida-Kämpfer heirateten in örtliche Familien ein – einen reichen Schwiegersohn weist man in prekären Verhältnissen nicht vom Hof, auch wenn man seine Ideologie nicht teilt.

Die westliche Erzählung hatte aus dieser komplexen Gemengelage ein Feindbild destilliert, dessen Konturen eindeutiger waren als die Realität. Ein Feindbild, das sich vielleicht für Bombardierungen aus der Luft eignete. Am Boden, wo ich recherchierte, befand ich mich in einer höchst unübersichtlichen Topographie von Taten und Tätern.

Wer hatte was getan? Es hatte unzählbare Demütigungen im Alltag gegeben, die man als Sittenterror bezeichnen könnte, etwa das Musikverbot. Doch wäre diese Art der Unterdrückung kaum ein Interventionsgrund gewesen. Das plakativste Verbrechen in Nordmali, das dem eher abstrakten *War on Terror* eine humanistische Legitimation verlieh, war das Abhacken von Händen, eine archaische Bestrafung von Dieben. Amnesty International zählte »mindestens acht« solcher Amputationen, nach anderen Quellen waren es zwölf. Es wurde ein Fall von Steinigung bekannt, die Zahl von Auspeitschungen lag, soweit bekannt, im unteren zweistelligen Bereich.

Die brutalsten und immer wieder zitierten Menschenrechtsverletzungen waren demnach keine alltägliche Erscheinung. Gemessen an ihrer herausragenden Rolle in den Medienberichten vor und während des Krieges wirkte die später ermittelte Zahl von Amputationen überraschend niedrig.

Gewiss ist jede einzelne abscheulich – weshalb die Strafe übrigens in Jahrhunderten islamischer Geschichte eher selten angewandt wurde. Anders als in Belgisch-Kongo, wo abgehackte Hände ganze Körbe füllten, wenn Einheimische nicht genug Kautschuk ablieferten. Gemessen an islamischer Gerichtsbarkeit anderswo, die sich an die prozessualen Regeln der Sharia hält, war Nordmali ein brutalisierter Sonderweg, ein Exzess. Man könnte allerdings auch diesen Vergleich anstellen: Wie viele Mopeddiebe wurden im gleichen Zeitraum von einer aufgebrachten Menge gelyncht? Die Selbstjustiz und die exzessive Sharia-Justiz hatten eines gemeinsam: In der Bevölkerung war das Vertrauen in das staatliche, säkulare Rechtswesen auf ein Minimum gesunken.

In der westlichen Erzählung waren die Djihadisten unbezweifelbar die schlimmsten Verbrecher. Die malische Erzählung wich davon ab. Das drückte sich schon in der Sprache aus. In Bamanankan wurden alle Bewaffneten *Mogo djugu* (»böse Menschen«) oder *Ma murutilun* (»Aufständische«) genannt, ohne einen Bezug auf Religion.

Aus Sicht vieler Malier traf die Hauptschuld am Drama des Landes die MNLA: Sie hätten mehr zerstört, mehr vergewaltigt – und ihr zeitweiliges taktisches Bündnis mit den Djihadisten hätte deren Machtergreifung überhaupt erst möglich gemacht. Diese Haltung nahm auch die Mehrzahl meiner Gesprächspartner in Gao ein – gerade jene, die unter beiden Regimen standgehalten hatten.

Bei GREFFA (für »Groupe de recherche, d'étude, de formation – femme action«), einer örtlichen Frauenorganisation, sagte mir die Betreuerin Salama Dicko: »Achtzig Prozent der uns bekannten Vergewaltigungen wurden durch MNLA-Kämpfer begangen.« GREFFA arbeitete mit der Frauenabteilung der Vereinten Nationen zusammen und wurde von der norwegischen Kirche unterstützt. Dort, wo die Gruppe tätig war, in Gao und in der gleichfalls nördlichen Stadt Menaka, waren 123 Vergewaltigte bereit, sich zu offenbaren. Die tatsächliche Opferzahl sei um ein Vielfaches höher, sagte Salama Dicko. »Das Thema ist ein enormes Tabu. Einer Vergewaltigten droht, was für eine Frau in unserer Kultur das Schlimmste ist: sich nie mehr verheiraten zu können.«

Frauen, die sich GREFFA offenbarten, fanden Hilfe: Sie wurden medizinisch untersucht, erhielten psychologische Betreuung und später ein Startgeld, etwa für einen Kleinhandel. Ein Plakat, dessen Bildersprache Analphabetinnen verständlich war, zeigte die Stationen der Hilfe. Beim Stichwort »Versöhnung/Reintegration« sah man einen religiösen Vermittler mit Gebetskette und Koran zwischen Eheleuten sitzen. Imame halfen dabei, dass Ehemänner ihre vergewaltigten Frauen wieder akzeptierten.

Manche Opfer waren schwanger geworden. Die Betreuerin erzählte mir von einer Mutter, die gegenüber ihrem Baby aggressiv sei. »Das Kind hat das Gesicht des Täters: Es ist sehr hell.« Sie zeigte mir ein Foto von Mutter und Kind. In der Regel waren die Opfer schwarz. In Gao gehörten sie zur Mehrheitsvolksgruppe der Songhai, in Menaka, einer Tuareg-Region, waren es vor allem *Bellah*; so werden die einstigen Sklaven der weißen Tuareg genannt.

Hellhäutige Täter, dunkelhäutige Opfer, das war nach den Befunden von GREFFA das häufigste Muster. Weibliche Flüchtlinge aus dem Norden, die ich früher getroffen hatte, berichteten mir Ähnliches. Das Image der Tuareg-Rebellen haben die Anschuldigungen aus westlicher Sicht wenig befleckt; sie gelten als diskriminiert durch schwarzen Rassismus – Punkt.

Wenn in Europa von Tuareg die Rede ist, dann sind unausgesprochen stets die Hellhäutigen gemeint. Wesentlich zahlreicher sind in Nordmali jedoch die schwarzen Tuareg, die Nachkommen von Sklaven. Beide Gruppen sprechen dieselbe Sprache, Tamashek, und beide Gruppen benutzen diese Sprache auch zur ethnischen Selbstbezeichnung als *Kel Tamashek*, »das Volk der

Tamashek-Sprechenden«. Die bekanntere Bezeichnung Tuareg stammt von Arabern. Sie machten damit aus den berberischen Nomaden der südlichen Sahara, deren Stämme eher lose durch Sprache und Gewohnheiten verbunden waren, ein Volk.

Die hellhäutige Oberklasse kam in früheren Jahrhunderten nicht durch Krieg oder Handel an ihre Sklaven, die Kinder schwarzer Nachbarethnien wurden vielmehr bei Razzien geraubt. So wuchsen sie in eine Kultur und Sprache hinein, die sie heute längst als ihre eigene ansehen. In Timbuktu, dessen Gründung auf die schwarze Sklavin Buktu zurückgeht, sind deren Nachkommen in der Mehrheit, und der schwarze Bürgermeister stellte sich mir mit größter Selbstverständlichkeit als *Tamashek* vor.

Ein solcher *Tamasheq noir* war auch Mohamed, der mir in Gao als Begleiter half. Er fuhr mich auf dem Moped herum und rief dabei ständig seine Grüße in alle Richtungen; er verstand sich offenkundig mit allen gut, egal zu welcher Ethnie sie gehören mochten.

Eines Morgens fuhren wir zu seinen Eltern, sie lebten in einem Lehmgehöft am Stadtrand. Seiner Mutter Aisha Wallet Ahmed sah ich noch die frühere Schönheit an. Sie war in Kidal geboren und gehörte zum Klan der Ifoghas, das ist jene Adelsklasse, die das Zentrum aller Tuareg-Rebellionen war. Bloß rebellierten eben stets nur die Hellhäutigen. Aishas Herkunft bestätigte mir, was ich bisher nur vom Hörensagen wusste: dass es auf allen Hierarchieebenen der Tuareg auch Schwarze gab.

Aisha zeigte mir ihren Mitgliedsausweis von TEMEDT, eines Antisklavereiverbandes schwarzer Tuareg. Er kämpft gegen offene oder verhüllte Abhängigkeiten, die heute noch aus der einstigen Leibeigenschaft resultieren. Ein großer Verband: Aisha war 2009 eingetreten, und ihre Mitgliedsnummer lag bereits jenseits der Siebzehntausend.

Das Symbol von TEMEDT zeigte eine schwarze und eine weiße Gestalt, gleich groß und einander zugewandt. Die Vision einer gemeinsamen Tuareg-Kultur, ohne Hierarchie. Ich fragte Aisha, ob sie daran glaube. Sie blickte eine Weile auf die jungen

Ziegen, die in ihrem Hof herumtollten, und schüttelte dann traurig den Kopf. Es war zu viel geschehen in jüngster Zeit.

Kinderstimmen wehten herüber. Vor Aishas Gehöft stand eine Schule, wo beim Morgenappell die malische Flagge gehisst wurde. Die Kinder, ethnisch gemischt, sangen die Nationalhymne. Ich dachte an einen Fernsehspot, der jeden Abend vor den Nachrichten lief; der Spot war von den malischen Telefongesellschaften gesponsert: Ein kleines Tuareg-Mädchen, hellhäutig, kam mit fliegenden Haaren von weit her gelaufen, sie lief erst ganz allein, dann kamen zwei ältere Kinder, dunkel, und nahmen das kleine Mädchen in die Mitte. Nun liefen sie gemeinsam Hand in Hand, sie kamen gerade noch rechtzeitig zum Appell. Das kleine Mädchen durfte die zusammengelegte Fahne halten, und dann schauten alle auf, wie die Fahne hochgezogen wurde, und die Gesichter der Kinder zeigten die ganze Vielfalt Malis.

Es war ein bewegender, schöner Film. Aber würde er Malier ansprechen, die wegen der Taten der MNLA nun einen dumpfen Groll gegen alle weißen Tuareg hegten? Das hellhäutige Mädchen stand arg im Mittelpunkt.

Bevor ich mich von Aisha verabschiedete, sprach ich sie auf ihr Tuch an, es war ein federleichtes großes Kopftuch mit einem mandarinenfarbigen Blütenmuster. Solche leichten großen Tücher tragen auch weiße Tuareg-Frauen. Über die afrikanische *coiffure*, das um den Kopf geschlungene Zipfeltuch, wie es die verheirateten Frauen der schwarzen Ethnien Malis bevorzugen, sagte Aisha wegwerfend: »So etwas tragen wir nicht.«

So fein schraffiert ist das Leben in einem multiethnischen Land, jenseits unserer Schubladen von Weiß und Schwarz. Aisha mochte den Glauben an eine gleichberechtigte Tuareg-Kultur verloren haben, doch in ihrer Kleidung, dem intimsten Ausweis von Identität, fühlte sie sich den weißen Tuareg näher als ihren schwarzen Vorfahren.

Es war während der Kolonialzeit, als die Hautfarbe bei den Tuareg plötzlich eine große Rolle spielte. Die hellhäutige Oberklasse wurde von der damals üblichen Zwangsarbeit befreit, nicht aber die einstigen Sklaven. Zur Oberklasse der Tuareg, romantisiert als »edle Ritter der Wüste«, knüpften französische Anthropologen und Offiziere damals eine spezielle Beziehung, die bis in unsere Tage andauert. Vor allem die adligen Ifoghas der Kidal-Region hatten von der französischen Politik des »Teile und Herrsche!« profitiert, genossen Privilegien, bekamen Waffen. Sie sahen den Abzug der Kolonialherren mit Bedauern und hofften bis zum letzten Moment, die Franzosen würden ihnen noch zu einem Autonomiestatus verhelfen.

Die schwarze, gebildete Elite des jungen Mali übernahm indes die Stereotype der Franzosen unter negativen Vorzeichen, sah die hellhäutigen Tuareg als rassistische Feudalklasse, als arbeitsscheue Nomaden, denen gegenüber der Staat eine *mission civilisatrice* hatte. Umgekehrt betrachtete die Tuareg-Oberschicht die neuen Herren im Land als religiös ungebildete und unzivilisierte Schwarze, von denen man sich nichts sagen lassen wollte.

Die erste Rebellion von 1963 wurde unter dem Präsidenten Modibo Keita blutig niedergeschlagen: Kriegsrecht verhängt, Brunnen vergiftet, Herden erschossen. Den Sieg über die Unterworfenen feierte der Staat in der Rebellenhochburg Kidal am malischen Unabhängigkeitstag – ein verhängnisvolles Signal. Dass die Tuareg-Rebellen in Frankreich einen Schutzpatron ihrer Ambitionen sahen, versteinerte den Willen der jungen malischen Führung, niemals nachzugeben. Eine Aktivistin aus der damaligen Pionierbewegung von Modibo Keita erinnerte sich im Gespräch mit mir: »Die Franzosen hatten uns gesagt, dass Kidal eigentlich nicht zu Mali gehöre. Gerade deshalb war Kidal für uns ein Symbol der Nation.«

Bei den Tuareg bewirkte die blutige Unterwerfung ein kollektives Trauma; es vererbte sich auf die nächste Generation, entfremdete viele dauerhaft dem Staat. Die Anführer späterer Rebellionen waren die sogenannten »Söhne von 1963«: Sie hatten ihre Eltern leiden oder sterben gesehen. Die Verbitterung wuchs während der schlimmen Dürren der Jahre 1972 und 1973, als viele Herden verendeten und Tausende Familien auf der Suche nach einem Auskommen Mali Richtung Algerien und Libyen verließen.

Seit einem halben Jahrhundert geht das tragische Ringen zwischen malischem Nationalstolz und Tuareg-Stolz in immer neue Runden. Obwohl sich die Beteiligten auf beiden Seiten geändert haben und von einer pauschalen Diskriminierung der Tuareg – heute etwa dreihundertfünfzigtausend – zumindest in den letzten fünfzehn Jahren nicht mehr gesprochen werden kann. Gemessen an ihrem Bevölkerungsanteil, der sich landesweit je nach Berechnung auf zwei bis vier Prozent beläuft, waren sie oft überrepräsentiert, etwa im Parlament, und sie stellten sogar einen Premierminister.

Es gibt unter den Tuareg alle nur denkbaren Strömungen: loyale Republikaner ebenso wie Sezessionisten, Säkulare ebenso wie Islamisten. Am schwersten ist es für jene, die zwischen allen Stühlen sitzen. Ich erinnerte mich an einen Studenten, der in Bamako ausharrte, als das Klima dort wegen des Feldzugs der MNLA im Norden immer feindseliger wurde. Seine helle Haut und seine Verschleierung machten ihn eindeutig als Tuareg kenntlich. Der Student erzählte mir, wie er auf der Straße bedroht und angespuckt wurde. »Ich bin ein malischer Patriot«, sagte er, »aber die Malier sind nicht stolz auf mich.« Wenn er nach Hause fuhr, nach Kidal, galt er dort gleichfalls als Verräter.

Die katastrophalen Dürren, die Nordmali seit den 1970er Jahren heimsuchten, entzogen nomadischer Lebensweise im Wortsinn den Boden: Die Weideflächen schrumpften, Verteilungskämpfe mit den sesshaften Bauern im Niger-Bogen brachen auf. Aber auch die soziale Pyramide der Tuareg-Gesellschaft verfiel: Vasallen und ehemalige Leibeigene fanden bei ihren Herrschaften keinen Unterhalt mehr; die stolzen Herren von gestern waren nun Verarmte. Bei allen folgenden Rebellionen verschränkte sich der Kampf gegen den Zentralstaat immer mehr mit internen Kämpfen um die Neuverteilung von Einfluss innerhalb der Tuareg-Gesellschaft.

Auch die Demokratie trug dazu bei, eine wenig beachtete Seite der Krise. Die traditionell tonangebende Adelsklasse der Ifoghas ereilte das typische Schicksal einer feudalen Minderheit: Sie verlor durch Wahlen an Einfluss und suchte ihre Stellung nun mit anderen Mitteln zu verteidigen. Zuletzt war es der Erbfolgestreit um die Position des regionalen Tuareg-Patriarchen, *Amenokal* genannt, der wie ein Brandbeschleuniger der malischen Krise wirkte.

Die Familie des *Amenokal* hat es stets verstanden, in Turbulenzen geschickt verschiedene Karten zu spielen; so war es schon bei der ersten Rebellion von 1963. Ein Sohn des Patriarchen stand beim malischen Staat, der andere aufseiten der Rebellen. Der staatstreue Sohn von damals ist heute selbst der Patriarch; hochbetagt, mit nationalen Orden dekoriert, gewährte er 2012 in seinem Anwesen den malischen Staatsbeamten Schutz, als sie vor den Rebellen flüchteten. Vor jenen Rebellen, die wiederum einen Sohn des Patriarchen in ihren vorderen Reihen sahen.

Aus solchen Komponenten setzt sich traditionelle Macht zusammen: diplomatisches Geschick, Gerissenheit sowie eine Aura, die auf vielen Generationen von Familiengeschichte und auf nobler Herkunft beruht. Die Ifoghas reklamieren ihren Ursprung unter den ersten Muslimen der Region; sie sehen sich, wie schon zur Zeit der Unabhängigkeit, als die echten, die besseren Muslime.

Doch diese Macht erodiert. Wie anderswo in Mali hat die Demokratie auch im Norden traditionelle Autoritäten schleichend entwertet, ohne dass neue Autoritäten Wert und Gewicht gewonnen hätten. Und wie anderswo betritt nun Religion die Bühne, Religion mit einem neuen Gesicht.

Doch anders als es die westliche Erzählung nahelegt, ist dies alles eben kein von außen kommender Prozess, kein diffus-globaler Terrorismus, der in Mali einfliegt und sich niederlässt wie ein gefährlicher Gast, der seine schmutzigen Stiefel auf den Tisch legt. Vielmehr nährt sich die Krise zu einem Gutteil aus lokalen Ursachen, aus einheimischen Konflikten, verwurzelt in den Gegebenheiten des Landes.

Die Schlüsselfigur, um zu verstehen, was in Nordmali geschah, ist demnach ein Malier. Iyad Ag Ghali – jener Namensdieb, der sich für eine neue islamistische Tuareg-Formation von den Sufis das Etikett Ansar Din aneignete.

Iyad ist ein Erbe des Traumas, ein »Sohn von 1963«. Als Fünfjähriger sieht er seinen Vater bei der ersten Rebellion sterben. Später wird er ein säkularer Führer, der unter den kampfbereiten, zornigen Tuareg mehr Autorität genießt als irgendeiner vor oder nach ihm. 1990, am Vorabend des demokratischen Frühlings, deklariert er einen erneuten Aufstand als Beitrag zum Sturz der damaligen Militärregierung; er präsentiert die Rebellen nicht als separatistisch, sondern als Bewegung mit sozialen Forderungen. Gegen den Willen eines Teils seiner Männer schließt er dann Frieden mit dem Staat. Doch der Sonderstatus, den die junge Demokratie dem Norden gewährt, erfüllt nicht die Hoffnungen, die in ihn gesetzt werden.

Ob Iyad sich in der Folgezeit aus Überzeugung oder aus taktischem Kalkül ein immer stärker religiöses Profil zulegt, ist schwer zu sagen. Man sieht ihn nun viel mit pakistanischen Predigern, die in Nordmali einen puristischen, buchstabengetreuen Islam verbreiteten. Iyad, von dem es zuvor hieß, er liebe die guten Seiten des Lebens, schließt sich ihnen an, geht auch für eine Weile nach Saudi-Arabien. Offensichtlich will er religiöses Prestige aufbauen, um sich in seiner Heimatstadt Kidal als potentieller Nachfolger des *Amenokal*, des Tuareg-Patriarchen, in Stellung zu bringen – ein Herausforderer außerhalb der familiären Erblinie. Wenn Iyad mit Journalisten spricht, versichert er, kein Sezessionist zu sein: »Wir sind Malier, und wir wollen Malier bleiben.«

In der Krise von 2012/13 wird der Mann mit dem allmählich ergrauenden Vollbart zum Kettenglied zwischen ideologisch völlig disparaten Kräften. Auf der einen Seite die sich säkular verstehenden Tuareg der MNLA, die sich nach dem Sturz Gaddafis neu konstituiert hat. Auf der anderen Seite der örtliche Al-Qaida-Ableger, schon seit einem Jahrzehnt in Mali, ein

Gemischtwarenladen für Terrorismus, Geiselnahmen, Drogenhandel. Die beiden Seiten verbindet wenig, und sie werden sich später blutig bekämpfen. Für einen historischen Moment jedoch, für die militärische Eroberung der Städte Nordmalis, finden sie sich zusammen, mit Iyads Ansar Din in der Mitte.

Iyad ist der Einzige mit einem klaren Programm. Er will die Anerkennung islamischen Rechts in ganz Mali, ein Ende der säkularen Verfassung. In einer geschliffenen Erklärung, einem der wenigen intellektuellen Dokumente der nordmalischen Krise, verhöhnt er die Korruption und die Politiker in Bamako.

Doch es gibt aus dieser Zeit auch eine Anekdote aus seiner Heimatstadt Kidal, wo Iyads Ansar Din ein vergleichsweise mildes Besatzungsregime ausübte; gegenüber den (weißen) Tuareg erlaubte man sich nicht solche Exzesse wie gegenüber Schwarzen in Timbuktu und Gao. Iyad betrat einen Raum, wo eine Runde betagter Islamgelehrter saß. Einer der Alten sagte süffisant: »Iyad, du hast bei mir als Junge den Koran gelernt. Bist du jetzt gekommen, um mich zu belehren, was Islam bedeutet?« Iyad wusste nichts zu sagen. Er schwieg und verließ den Raum.

Taktische Bündnisse und schmutzige Gelegenheitsehen würde es in Nordmali noch öfter geben. Die französischen Streitkräfte gingen aus taktischen Gründen eine Allianz mit der MNLA ein und ließen Männer patrouillieren, welche die malische Öffentlichkeit vor einem Kriegsverbrechertribunal in Den Haag sehen wollte. Ein halbes Jahrhundert nach der Unabhängigkeit wirkte Frankreich auf viele Malier immer noch wie ein Schutzpatron der Separatisten. Deren Hochburg Kidal würde noch lange eine Art Enklave bleiben, in der Frankreich mehr zu sagen hatte als der malische Staat.

Unter den zahlreichen europäischen Repräsentanten in Mali nahm auch niemand Anstoß, als der neue Präsident zwei führenden Kämpfern von Ansar Din, die eben noch mit Haftbefehl gesucht wurden, lukrative Sitze im Parlament verschaffte. Einer von ihnen war ein Sohn des Tuareg-Patriarchen. Dessen Familie hatte ihren Einfluss wieder einmal gewahrt, auf allen Seiten.

Iyad, der ehrgeizige Herausforderer, war während der französischen Intervention frühzeitig aus Mali geflohen. Später wurde er in Algerien, dann wieder im Süden Libyens gesehen; doch wäre es falsch, sich diesen Mann als einen Gehetzten vorzustellen. Der Malier, der während des Kriegs, also Anfang 2013, als gefährlicher Terrorist eingestuft wurde, war aus westlicher Sicht bereits im Oktober desselben Jahres wieder ein gefragter Unterhändler: Iyad spielte im Hintergrund eine entscheidende Rolle, als vier Angestellte der französischen Staatsfirma Areva aus langer Geiselhaft freikamen. Die Männer waren in Niger gekidnappt worden, sie arbeiteten in jenem Uranabbau, der dem Staat Niger so wenig einbrachte.

Als der französische Verteidigungsminister danach in einem Interview gefragt wurde, ob er Iyad noch als Terroristen sehe, lautete die Antwort: »Es liegt an ihm selbst zu sagen, als was er sich sieht.« Iyad ag Ghali, der Mann mit den vielen Gesichtern, war im Dickicht von Politik und Geschäft am Rande der Sahara erneut eine Schlüsselfigur geworden; seinen Einfluss nutzen zu können war dem Westen wichtiger, als Iyad zu verhaften. Seine Person illustrierte gleich mehrfach, wie durchlässig die politischen Grenzen im malischen Krisengeschehen tatsächlich waren: Zunächst changierte Iyad zwischen säkularen Tuareg-Rebellen und islamistischen Kräften, später mutierte er vom Kriegsgegner des Westens zum Geschäftspartner von dessen Geheimdiensten. Was würde der nächste Akt sein?

Mehr noch als die Monate des Krieges offenbarte also der Nachkrieg die Unstimmigkeiten der westlichen Erzählung. Das galt auch für den Alltag in Nordmali: Gemessen an der Zahl der Toten war das Leben jetzt gefährlicher als während der Besatzung. Es gab nun Selbstmordattentate, ein bis dato in Mali unbekanntes Phänomen. Außerdem war im multiethnischen Mosaik des Nordens ein Viel-Fronten-Szenario örtlicher Kleinkonflikte entstanden: Araber gegen Tuareg, Tuareg gegen Songhai, Peulh gegen Tuareg. Denn es wurden nun Rechnungen beglichen für Dinge, die während der Besatzung geschehen waren.

So hatte es in Gao unter den Verantwortlichen der Gruppe MUJAO durchaus Einheimische gegeben; der Chef der berüchtigten »Islamischen Polizei« war zum Beispiel ein örtlicher Kaufmann. Solche Leute waren Kollaborateure aus Überzeugung oder aus bloßer Geltungssucht. Sie wurden nun gehasst – aber auch gedeckt. In der Umgebung der Stadt gab es Peulh-Dörfer, die schon vor Jahrzehnten einen strikteren Islam angenommen hatten. Hier fanden manche Gesuchte nun Unterschlupf.

Es schien mir, als werde jetzt eine doppelte Lüge enttarnt. Die westliche Erzählung hatte das Bild vom ausländischen Kämpfer kreiert, den es rückstandsfrei zu liquidieren galt. Und die Malier im Süden hatten gesagt: Wenn es malische Täter gibt, dann sind es Tuareg und Araber.

Die Wahrheit war komplizierter. Sie musste es sein, denn im Kontext großer Armut können sich religiöse Überzeugungen, ethnische Loyalitäten und materielle Nöte in vielerlei Weise verschränken. Es gab Halbwüchsige, die sich rekrutieren ließen, weil sie auf normalem Wege niemals so viel Geld verdienen würden, wie sie für die Rekrutierung bekamen – umgerechnet fast fünfhundert Euro. Und es gab ihre Väter, die später auf Knien darum baten, den Sohn wieder freizugeben. Sie baten vergeblich.

Am geringsten war die Zahl einheimischer Unterstützer, die tatsächlich einen heiligen Krieg für ein Kalifat, einen supranationalen Gottesstaat, führen wollten – auch extremistische Malier lieben Mali. Aber es gab junge Männer, die aus dem Gefühl, ohnehin ausgegrenzt zu sein, abgeschnitten von besseren Lebensmöglichkeiten, etwas Positives zu machen suchten, indem sie sich zugleich gegen den Westen und gegen die Sufi-Religiosität ihrer Eltern wandten. Sie kultivierten ihre Ausgrenzung; vielleicht war das ihre Art, um Würde zu ringen. Diese jungen Männer ähnelten den Migranten, die den Tod auf dem Meer riskierten, weil sie das Gefühl hatten, ihr Leben sonst wegzuwerfen.

Als in Gao die schwarze Fahne gehisst wurde und die Macht von der Tuareg-Miliz MNLA an die Islamisten der MUJAO überging, reagierten zunächst viele mit Erleichterung. Auch dies passt nicht in die westliche Erzählung, ebenso wenig wie die Strukturen einer rudimentären Selbstverwaltung, die in jenen Monaten entstanden.

Solche Komitees gab es in nahezu allen besetzten Ortschaften Nordmalis, sie ersetzten notdürftig die geflohene staatliche Verwaltung. In Gao hatte das Komitee dreißig Mitglieder, deren Herkunft aus Kreisen der örtlichen Honoratioren und der Zivilgesellschaft sich im umständlichen Namen niederschlug: »Cadre de concertations des Notables/Société civile«. Das Komitee kam jeden Tag zusammen, nahm die Klagen der Bevölkerung auf und verhandelte mit den Besatzern.

Kata Data Alhousseini Maiga war der Sprecher des Komitees gewesen. Ich traf ihn in seinem Haus; er war ein eloquenter Songhai und leitete die örtliche Tourismusbehörde, die seit Langem keine Touristen mehr gesehen hatte. Maiga begann seine Darstellung mit dem Satz: »Unter der MNLA haben wir sehr gelitten. Mit MUJAO war es möglich zu reden.« Damit meinte er die Organisierung des Alltags. »Ich war in der Kommission ›Wasser und Elektrizität‹.«

Neben ihm auf dem Sofa lag ein Buch, *Das Leben der Propheten* (im Plural), und andere religiöse Schriften, die von islamischer Toleranz zeugten. Als Maiga merkte, dass mein Blick zu den Büchern ging, sagte er: »Ja, ich lese jetzt viel. Ich bilde mich fort. Wir haben während der Besatzung festgestellt, dass es unter uns Leute gab, die vom Islam mehr verstanden als die Islamisten. Das hat sehr geholfen, uns zu festigen.«

Obwohl Maiga keinerlei radikale Neigungen hatte, stand er nun im Verdacht der Kollaboration mit den Djihadisten, genauso wie andere, die versucht hatten, die Krise zu managen. Das hatte mir der Direktor einer örtlichen Radiostation anvertraut; er war eine stadtbekannte Größe, seine Stimme hatte Gewicht. »Damals sind alle Beamten abgehauen, die nicht von hier sind, und auch ein Teil der Einheimischen. Diejenigen, die gegangen sind, haben heute ein schlechtes Gewissen. Deshalb beschuldigen sie jene, die geblieben sind, der Komplizenschaft mit MUJAO.«

Maiga erwähnte diese Vorwürfe nicht. Aber er formulierte eindeutige Lehren, die es aus der Besatzungszeit zu ziehen gelte. »Wir haben gelernt, Entscheidungen zu treffen. Wir waren von der Welt abgeschnitten und haben unser Leben organisiert, unter äußerst prekären Bedingungen.« Er zögerte einen Moment und fuhr dann fort: »Die Erfahrung, dass wir uns selbst regiert haben, in Abwesenheit des Staates, hat mich sehr geprägt. Wir haben auch gelernt, dass wir den Staat brauchen, aber einen Staat mit einem anderen Verhalten. Ich bin sehr froh, dass diese Erfahrung, wie schlimm sie auch war, viele jetzt dazu bringt, Veränderungen zu verlangen.«

Der Zorn auf den arroganten, korrupten Zentralstaat: Während meines Besuchs in Gao schien er alles andere zu überschatten, er hatte sich gleichsam über die schon vorhandenen Schichten von Schuld, Verletzungen und Ungesühntem gelegt. Der Staat bot hohe finanzielle Anreize, damit Beamte, die in den Süden geflohen waren, zurückkehrten. Wer im Norden ausgeharrt hatte, ging leer aus – oder er musste, wie es bei den Lehrern geschah, erst in Streik treten, um etwas zu bekommen.

Unter dem neuen Präsidenten fuhr der Staat fort, sich Zustimmung bei einzelnen Gruppen zu erkaufen, statt sich um Gerechtigkeit für alle zu bemühen. Nun entstand ein neues nördliches Selbstbewusstsein gegen diesen Staat.

Seine Vorhut waren die »Jeunes Patrouilleurs«: Während der Besatzungszeit waren sie in den Wohnvierteln jede Nacht Patrouille gegangen, um in einer Stadt ohne Staat und Polizei ein Minimum an Sicherheit zu gewährleisten. Eine Art Bürgerwehr junger Männer, bewaffnet mit Messern und Stöcken. Junge Frauen kochten zur Unterstützung Reis mit Bohnen, obwohl es den Islamisten nicht gefiel, dass sie mit den Männern abends an einem Ort zusammentrafen. Von diesen Frauen, so wurde mir erzählt, kam zuerst der Slogan »Nous pas bouger«, wir weichen nicht. Später wurde daraus eine Bewegung. *Nous pas bouger*, das hieß: Wir laufen nicht weg, und wir laufen nicht über. Das war die andere Art, um Würde zu ringen.

An einem frühen Sonntagmorgen mobilisierten die Patrouilleurs die junge Generation von Gao, den Unabhängigkeitsplatz zu besetzen. MUJAO hatte am Vortag im Radio die erste Amputation angekündigt. Die Djihadisten konnten den Gefangenen, einen angeblichen Waffendieb aus den eigenen Reihen, vor lauter Gedränge gar nicht erst auf den Platz bringen. Die Menge feierte den Sieg mit der Nationalhymne. Es war einer der erstaunlichsten und bewegendsten Momente während dieser dunklen Monate. Die Amputationen fanden später anderswo statt, aber Gao hatte zumindest ein Symbol der Ablehnung gesetzt.

Ich traf Moussa Boureima Yoro, den Chef der Patrouilleurs, im Vereinslokal, eine Art Hangar mit Sandboden und Sitzpolstern. Yoro, dreiunddreißig, war Philosophielehrer, er sprach wütend und pathetisch, und dass seine Stimme dabei leise war, machte seine Worte noch schneidender. »Wir haben hier zusammen gelitten. Wir wissen voneinander, welche Opfer wir gebracht haben. Jeder hier war bereit zu sterben. Wir haben die Fahne Malis verteidigt, als andere nicht einmal daran dachten, dass das möglich ist. Wir haben unser Blut gegeben, als die Funktionäre geflohen sind.«

Yoro ließ sich von einem Kollegen eine Zigarette zuwerfen, die über den sandigen Boden rollte, und erzählte mir dann die Geschichte von den zwei Flugzeugen.

Die Regierung hatte kürzlich zur großen Beratung über den Norden eingeladen – ins tausendzweihundert Kilometer entfernte Bamako. In Gao stellte der Gouverneur eine Liste von Teilnehmern zusammen, die das Vertrauen der örtlichen Bevölkerung genossen, Yoro war dabei. Als sie ein Flugzeug der MINUSMA, der Blauhelm-Mission in Mali, besteigen wollten, um in die Hauptstadt zu fliegen, hörten sie von den UN-Offizieren: »Tut uns leid, aber wir haben eine andere Liste aus Bamako bekommen.« Darauf standen Teilnehmer, die der Regierung genehmer waren.

In Gao explodierte der Protest, Jugendliche randalierten, griffen öffentliche Gebäude an. Daraufhin wurde ein zweites

Flugzeug bereitgestellt; Yoro und die anderen durften nun verspätet zur Konferenz. »Sind wir Untermenschen?«, zischte er. »Die in Bamako wollen schön in ihrer Klimatisierung bleiben. Sie sollten sehen, wie wir hier leben. Wir sind unter der Sonne.«

Ähnlich wie Maiga, der Sprecher des Krisenkomitees, sah Yoro große Umwälzungen heraufziehen. »Mali wird sich von Gao aus verändern! Hier gibt es bereits eine andere Mentalität. Die Leute kennen jetzt ihre Rechte, wir akzeptieren die Bereicherung der Funktionäre nicht mehr. Wer nicht zum Wohle der Bevölkerung arbeitet, soll unser Territorium verlassen.«

Das Krankenhaus von Gao war vom Zerwürfnis mit Bamako besonders heftig gezeichnet. Zum Zeitpunkt meines Besuchs handelte es sich noch immer um ein staatliches Krankenhaus ohne Staat – betrieben von einer Freiwilligengemeinschaft, die sich während der Besatzung als »Humanitäre Aktion« gegründet hatte. Ihren Leiter, den Gynäkologen Moulaye Djiteye, fand ich erst am frühen Abend in seinem Büro.

Nach den Geburten des Tages hatte er an der örtlichen Medizinfachschule unterrichtet, und nun stand immer noch jemand vor seinem Schreibtisch. Ein Vater, dem er sagen musste, dass sein Neugeborenes HIV-positiv ist. Eine Vierzehnjährige, die zum Gebären gekommen war. Zwischendurch schob sich eine Putzfrau mit Wischtuch und Eimer durch das volle Zimmer. Djiteye ließ sich nicht anmerken, wie überarbeitet er war. Während seine Bürotür ständig auf und zu ging, erzählte er mir von der Selbstverwaltung des Krankenhauses.

Dessen Leitung und ein Teil der Belegschaft waren bei Beginn der Kämpfe in den Süden geflohen. Die Besatzer gaben der Klinik den Rest, plünderten die Medikamente, zerschlugen Betten, zerschossen Türen. »Es herrschte Notstand; dies ist das einzige Krankenhaus für den ganzen Norden. Als eine Gebärende auf der Straße starb, war das für uns der Auslöser, das Krankenhaus in eigener Regie wiederzubeleben.«

Wer in Gao eine medizinische Ausbildung hatte, kam zu den heimlichen Treffen: Ärzte, Krankenschwestern, Pfleger,

Hebammen. Imame verhandelten mit den Bewaffneten, Radiostationen und Moscheen riefen zu Sachspenden auf, die Jeunes Patrouilleurs mobilisierten Unterstützung. Auf einer großen Versammlung im Freien wurde die »Humanitäre Aktion« gegründet.

»Wir hatten nichts in der Kasse«, sagte Djiteye. »Vier Tage lang haben wir auf dem Gelände aufgeräumt, Türen und Fenster repariert. Am Anfang waren wir hundertzehn Freiwillige.« Zwei Wochen nachdem Gao in die Händen der Bewaffneten gefallen war, nahm das Krankenhaus seinen Betrieb wieder auf. Noch im selben Monat kamen hier fünfundfünfzig Kinder zur Welt. »Wir wollten der Bevölkerung nicht nur medizinische Versorgung bieten. Wir wollten auch Hoffnung geben.«

Als in der Umgebung von Gao Cholera ausbrach, konnte sie durch schnelles Handeln eingedämmt werden. Ein staatliches Krankenhaus funktionierte tatsächlich ohne Staat. Im Laufe der Zeit kam Hilfe: eine humanitäre Karawane mit Medikamenten aus Bamako, dann die belgischen Ärzte ohne Grenzen, später wurde mit dem Roten Kreuz ein Vertrag geschlossen.

Viele Monate nach Vertreibung der Besatzer war das Krankenhaus immer noch selbstverwaltet, durch inzwischen rund hundertsiebzig Freiwillige. Sie weigerten sich zu gehen, sie verlangten eine Übernahme durch den Staat oder wenigstens eine Entschädigung. Der Gesundheitsminister antwortete ihnen lange nicht.

Ich dachte in diesem Augenblick daran, dass die Ärzte des Krankenhauses auch mit den grauenhaften Amputationen befasst waren. Sie hatten sich geweigert, bei den Verstümmelungen durch Verabreichen einer Narkose zu assistieren. Aber sie versorgten die Opfer danach; manchmal hieß das: neu schneiden. Was hatten Djiteye und seine Kollegen durchgemacht, wie viel Trauma saß an diesem Ort!

In seinem Zimmer war es dunkel geworden, es gab wieder keinen Strom. »Wir haben ausgeharrt unter den Kalaschnikows«, sagte Djiteye. »Und jetzt behandelt man uns, als seien wir Okkupanten! Als seien wir die Djihadisten!« Für einen Moment war es still. Dann schrie der Arzt plötzlich auf, als bräche in diesem Moment die Anstrengung so vieler Monate aus ihm heraus. Er schrie in die stromlose Dunkelheit seines Zimmers hinein: »Wir bekommen keine Anerkennung! Aber wir geben nicht auf!«

Ich ging zurück in mein Hotel. Es war noch halb zerstört. Ich schlief in einem Bett aus Beton, Zeichen eines Wiederaufbaus am Rande des Irrsinns. Im Le Bel Air, einem bescheidenen Komplex aus drei Häusern, hatten zeitweilig die bewaffneten Gruppen Station bezogen. Die MNLA hatte im Haupthaus gesessen, Ansar Din auf der anderen Straßenseite, wo jetzt mein Zimmer war, und MUJAO hinten, wo früher manchmal Kinderfeste veranstaltet wurden. Die Bewaffneten hatten bei der Ankunft die Türen zerschossen und beim Abzug die Technik gestohlen; die Bevölkerung kam danach und plünderte den Rest. Der Inhaber sagte mir, er habe hundert Betten verloren, darum goss er jetzt Betten aus Beton. Mit dem Geld, das ich ihm gab, kaufte er gleich neuen Zement.

Wo ich zum Frühstück meinen Pulverkaffee bekam, standen seltsame Cocktailsessel aus weißem Draht, die früher einmal einen Stoffbezug hatten. Ihre Form erinnerte an Satellitenschüsseln. Jetzt standen sie nackt da, unverrückbar auf dünnen weißen Beinen. Sie waren im Boden einbetoniert. Ultimative Sicherheit.

Mein Begleiter Mohamed wartete an diesem Abend am Busbahnhof, um drei Mädchen aus Bamako in Empfang zu nehmen; sie wollten sich im Le Bel Air als Prostituierte niederlassen. Mohamed war ein Kenner des Milieus, und er hatte eine klare Prognose: »Die Blauhelme werden zehn Jahre bleiben, sie werden viele Malierinnen schwängern und mit HIV anstecken.« Vor allem die Soldaten aus Nigeria hätten Geld, erklärte er mir, sie zahlten so viel, dass die Mädchen es dafür ohne Kondom machten: fünfzehntausend westafrikanische Franc CFA, dreiundzwanzig Euro. Am anderen Ende des Landes, im Südwesten, verkauften sich die Mädchen für weniger als ein Zehntel.

Wie gewaltige Schatten standen am nächtlichen Busbahnhof geparkte Lastschlepper mit weißen UN-Containern. Laster dieser Größe hatte Mali früher nicht gesehen. Was für eine künstliche Entwicklung jetzt begann – ein Aufschwung mit schwerem Material und leichten Mädchen. Zehntausend UN-Soldaten plus ein Herr von Zivilkräften; eine Invasion von Ausländern, die keine Produktion schaffte, keine dauerhafte Arbeit.

Und die Malier wirkten erneut wie Statisten. Sie lebten mit ihrem kleinteiligen, prekären Alltag neben den harten Konturen der Militärpräsenz wie in einer parallelen Welt. Im Hafen von Gao lagen altertümliche, bunt bemalte Holzpinassen, die wie vor Jahrhunderten Lasten transportierten. Gepanzerte weiße UN-Spähfahrzeuge schlichen misstrauisch an mageren Ziegen vorbei.

Ausblick

Mali steht heute an einer Wegscheide. Wird der Schock der Krise zum Entstehen einer Demokratie beitragen, die der Mehrheit der Malier nützt und ihr Leben verbessert? Oder wird Mali zum bloßen Objekt westlicher Sicherheitsstrategien und künftig eher von ausländischen Soldaten und von Drohnen kontrolliert als von seinen Bürgern?

Mali wurde zu einem verwundeten Land trotz allem, was es besitzt: eine lange Geschichte von Staatlichkeit, eine reiche Kulturtradition, ein starkes Nationalbewusstsein, eine beachtliche religiöse Toleranz. Viele Länder besitzen weniger von all dem, aber sie können sich Stabilität und Einfluss kaufen, zumindest eine funktionierende Armee. Mali konnte das nicht. In welch existentielle Bedrängnis diese afrikanische Nation geraten ist, lässt sich nur als Folge einer zutiefst ungerechten Weltordnung begreifen – ohne damit die malische Elite von ihrer eigenen Schuld freizusprechen.

Dass sich der Krieg in Malis Norden gegen einen global agierenden Terrorismus gerichtet hat, blieb letztendlich eine unbewiesene Behauptung. Die militärische Intervention hat womöglich mehr Gefahren geschaffen als sie beseitigt hat – vor allem Gefahren für die Malier selbst. Ohne Zweifel aber wird die europäische Risikowahrnehmung Malis Schicksal in den kommenden Jahren massiv beeinflussen.

Die Sahel-Region gilt nun als gefährlich nahe; ganz Afrika scheint Europa plötzlich näher gerückt. Das hat mit den politischen Umbrüchen am nördlichen Rand des Kontinents zu tun: Sie haben jene autoritären Regime beseitigt, die zuvor mit Europa kooperierten, um Flüchtlinge aus dem Subsahara-Raum abzufangen. Migration und radikaler Islam gelten aus hiesiger Sicht oft als zwei Seiten desselben Übels. Und sie werden nun mit ähnlichen Mitteln bekämpft: mit einer Kombination von Geld und Soldaten.

Mali wurden hohe Hilfszahlungen versprochen – mehr Geld, als ein so strukturschwaches Land überhaupt sinnvoll aufnehmen kann. Der erneute Schwall Entwicklungshilfe wird die Korruption nähren und ihre Bekämpfung erschweren. Zumal nie ausgewertet wurde, welche Rolle die bisherige Hilfe beim Niedergang der malischen Demokratie gespielt hat. Stattdessen wird nun ein Konzept aufgelegt, das bereits in Afghanistan gescheitert ist: die Verknüpfung von zivilen Hilfsprogrammen mit dem Einsatz von Streitkräften. Auf deutscher Seite gilt Mali als Schwerpunktland einer derartigen Afrika-Strategie. Französische Elitetruppen fördern in nordmalischen Konfliktzonen bereits Gemüsegärten.

Die Annahme, stabile Staaten ließen sich von außen aufbauen, verrät einen seltsamen Größenwahn. Auf einer Veranstaltung in Deutschland erklärte ein hiesiger Politiker: »Wir müssen Mali entwickeln!« – und niemand im Saal lachte. Tatsächlich behindert die Dominanz ausländischer Akteure, was Mali am meisten braucht: Bürger, die ihre Machthaber kontrollieren; eine Ablösung der alten politischen Klasse und eine selbstbestimmte Definition, was nationale Sicherheit bedeutet. Malis Selbstheilung kann nur von innen kommen – davon bin ich heute mehr denn je überzeugt. Das gilt für ein nachhaltiges Modell politischer Teilhabe ebenso wie für ein neues interethnisches Gleichgewicht. Das Land muss für sich selbst eine Erzählung entwickeln, in der sich jeder mit seinem Stolz, seinem Leid und seiner Geschichte wiederfinden kann.

Mali war über viele Jahrhunderte ein Brückenland: zwischen Klimazonen, Hautfarben, Kulturen, zwischen nomadischen und sesshaften Lebensformen. In Zukunft wird es Frieden und Prosperität nur geben, wenn mit modernen Mitteln an vorkoloniale Traditionen angeknüpft wird: mit dezentralem Regieren, mit der Anerkennung regionaler Vielfalt und der lokalen Kontrolle über Ressourcen.

Aufgrund der kolonialen Prägung ist der europäische, zumal der französische Einfluss in Mali besonders sichtbar. Der Sahel ist heute jedoch eine Zone, wo sich verwirrend viele Interessen kreuzen. Das globale Kräftemessen zwischen Europäischer Union, USA, China und den Golfstaaten hat hier eine wichtige Peripherie. Marokko und Algerien kämpfen um regionale Vorherrschaft. Und alle haben ihre Finger in Mali.

China beteiligt sich – ein Ausnahmefall – an der Blauhelm-Mission, baut Schulen, lädt Journalisten ein. Saudi-Arabien legt Entwicklungsprogramme auf, Katar baut eine Niger-Brücke, Russland empfängt Tuareg-Rebellen, Marokko bildet Imame aus, und die Bewegung des türkischen Predigers Fethullah Gülen betreibt Gymnasien.

Jeder verspricht das Beste für Mali und verfolgt dabei handfeste eigene Interessen. Nicht immer sind sie auf ersten Blick zu erkennen. Der marokkanische König umgarnt die Malier, damit sie sich nicht mehr gegen seine Annexion der Westsahara stellen; dort liegen strategische Phosphatvorkommen. In Nordmali locken Öl und unterirdische Wasserreserven. Und selbst jenseits der Ökonomie: Wird eine Region erst einmal für strategisch wichtig befunden, dann will jeder Player seine Figuren auf diesem Schachbrett haben.

Das künftige Mali ist also ein globalisiertes Land. Und auch wenn sich meine Hoffnung erfüllt und das Land künftig von seinen Bürgern kontrolliert wird, so ist dieses neue Mali gleichwohl eine noch unbekannte Größe. Das arabische Erbe, verdrängt durch den Kulturbruch der Kolonisierung, kehrt mit verändertem Gesicht zurück und sucht einen Platz. Und die wachsende Bedeutung des Religiösen fügt sich nicht mehr der strikten Laizität, die einst nach französischem Vorbild geformt wurde. Für Malis Ringen um Würde muss beides kein Nachteil sein. Sich den Maßstäben der westlichen Welt nicht mehr unterzuordnen wird ein notwendiger Schritt auf dem Weg der Selbstheilung sein.

Glossar

Afrobarometer
unabhängige politische Meinungsforschung, an der sich Sozialwissenschaftler aus zahlreichen afrikanischen Ländern beteiligen (www.afrobarometer.org)

Ahmed Baba
(1556–1627): muslimischer Philosoph in Timbuktu

Alpha Oumar Konaré
(geboren 1948): Historiker. Erster demokratisch gewählter Präsident Malis von 1992 bis 2002. Kommissionsvorsitzender der Afrikanischen Union von 2003 bis 2008

Amadou Hampâté Bâ
(1900–1991): malischer Schriftsteller. War erst Schreiber und Sekretär der Kolonialverwaltung, später als einziger Einheimischer Chef einer kolonialen Behörde. Sammelte viele orale Überlieferungen, um daraus die Geschichte seiner Heimat zu schreiben.

Amadou Toumani Touré, genannt **ATT**
(geboren 1948): malischer Präsident von 2002 bis 2012

Ansar Din, auch **Ansar ed-Din**
»Verteidiger der Religion« (namensgleich mit der französisch geschriebenen Organisation Ançar Dine des Predigers Haidara), islamistische Tuareg-Formation, etabliert im Dezember 2011, geführt von Iyad Ag Ghali

Aqmi, auch **Aqim**
»Al Qaida im islamischen Maghreb«. Unter diesem Namen etabliert 2007. Ursprünglich algerische Islamisten, die sich in Nordmali niederließen

Bamanan
größte Ethnie im Süden Malis. Der Name bedeutet wörtlich »die sich nicht unterwerfen«, wurde zeitweise als Bezeichnung für Nicht-Muslime verwandt. Die häufig zu lesende Bezeichnung **Bambara** ist eine Deformation. **Bamanankan** (»die Sprache der Bamanan«) ist die in Mali am häufigsten verstandene Sprache.

Bellah
Wort der Songhai-Sprache für die ehemaligen schwarzen Sklaven der Tuareg-Oberklasse. Nennen sich selbst **Tamashek**.

Berliner Kongo-Konferenz 1884/85

teilte Afrika nicht direkt auf, legte aber die Regeln dafür fest. Dazu gehörte, dass der Besitz eines Küstengebiets nicht genügt, um Anspruch auf das Landesinnere zu erheben. Dies löste einen Wettlauf unter den europäischen Großmächten aus. Bis 1902 war der Kontinent aufgeteilt.

Bubu

weites westafrikanisches Gewand

Djihadisten

populäre Bezeichnung für gewaltbereite Islamisten, die ein islamisches Herrschaftsgebiet jenseits nationalstaatlicher Grenzen anstreben. Vom arabischen Wort *Djihad* (»Anstrengung«, im Extremfall »heiliger Krieg«)

Fetisch

aus dem Portugiesischen. Kultgegenstand, der zu magischen Zwecken verwendet wird

Franc CFA

Franc der »Communauté Financière d'Afrique«, der afrikanischen Währungsgemeinschaft. 1 Euro = 656 Franc CFA

Ghana-Reich

arabischer Name für das örtlich Wagadu genannte, früheste westafrikanische Reich. Circa 400 bis 1000 n. Chr., im Gebiet des heutigen Südmauretanien / Nordwestmali

Grin

Teerunde von jungen Leuten, die sich regelmäßig treffen. Der Ursprung des französischen Worts ist umstritten. Möglicherweise eine Untergrundzeitung während der Vichy-Zeit

Griot

ursprünglich aus dem Portugiesischen. Traditioneller Preissänger und sozialer Mediator

Ibrahim Boubacar Keita

(geboren 1945): malischer Premierminister von 1994 bis 2000, Parlamentspräsident von 2002 bis 2007, seit September 2013 Präsident

Iyad Ag Ghali

(geboren 1958): zunächst einflussreicher säkularer Tuareg-Rebell. 2006 als Honorarkonsul nach Saudi-Arabien, dort 2010 ausgewiesen. Unterhändler bei Geiselnahmen. Wollte 2011 vergeblich Chef der neuen MNLA-Miliz werden, gründete dann Ansar Din.

Mande
Gruppe von verwandten Sprachen sowie Kultur mit ausgeprägten sozialen Praktiken. Viele berühmte westafrikanische Musiker singen in einer Mande-Sprache.

Mansa Mussa, auch **Kankan Mussa**
malischer König. Machte während seiner Mekka-Reise 1324 auf Malis Goldreichtum aufmerksam.

Marabout
französische Abwandlung des arabischen Worts *Murabit*. Ursprünglich ein frommer muslimischer Einsiedler, der in der Frühzeit der islamischen Eroberung Nordafrikas (ab 642) in einem Fort lebte

MINUSMA
UN-Mission in Mali (»Mission multidimensionelle intégrée des Nations unies pour la stabilisation au Mali«). Soll im Endstadium etwa zehntausend Soldaten umfassen.

MNLA
»Mouvement National de libération de l'Azawad«, Nationale Bewegung für die Befreiung von Azawad. Säkulare Miliz, gegründet im Oktober 2011, vor allem durch Rückkehr von Tuareg-Söldnern aus Libyen. Geringer Anteil von Nicht-Tuareg-Mitgliedern

Modibo Keita
(1915 – 1977): prominente Persönlichkeit in der antikolonialen Bewegung des »Rassemblement Démocratique Africain«. In der späten Kolonialzeit Abgeordneter der französischen Nationalversammlung und Bürgermeister von Bamako. 1960 erster Präsident des unabhängigen Mali

MUJAO
»Mouvement pour l'unicité et le jihad en Afrique de l'Ouest«, Bewegung für Monotheismus und Djihad in Westafrika. Etabliert Ende 2011. Hat mehr schwarz-afrikanische Mitglieder als die anderen djihadistischen Gruppen.

Nationalsprachen
An Malis Grundschulen dienen in Modellversuchen folgende einheimische Sprachen als Unterrichtssprachen: Bamanankan, Bobo, Bozo, Dogon, Fulfulde, Hassanya (mauretanisches Arabisch), Miniyanka, Malinke, Soninke, Songhai, Senoufo, Tamashek und Khassonke.

Ousmane Madani Haidara
populärer Prediger. Leitet die Massenorganisation Ançar Dine mit etwa zwei Millionen Mitgliedern.

Peulh

auch **Fulbe** genannt, großes halbnomadisches Volk in Mali und den Nachbarländern. Hirten und Viehzüchter

Sahel

arabisch für Küste, Ufer. Die sechs Sahelstaaten sind Mali, Burkina Faso, Mauretanien, Niger, Senegal, Tschad. »Sahelzone« ist hingegen ein geoökologischer Begriff für die Region zwischen Wüste und Feuchtsavanne ohne präzise definierte Grenzen.

Seydou Badian

auch als **S. B. Koyaté** bekannt, (geboren 1928): Arzt, Schriftsteller (u. a. *Sous l'orage*, 1957), Minister, Chefdenker der sozialistischen Periode des Präsidenten Modibo Keita. Nach dessen Sturz im Gefängnis, dann im Exil bis zur demokratischen Wende 1991

Songhai

größte Ethnie Nordmalis. Auch Namensgeber des Songhai-Reiches (1464 – 1591)

Sudanesisch

ein Baustil der Lehmarchitektur, vor allem in der Stadt Djenné entwickelt, mit Betonung vertikaler Linien. Wurde von Ausländern sudanesisch genannt, nach dem kolonialen Namen *Soudan* für Mali. Bauten des 20. Jahrhunderts aus Stein und Beton werden neosudanesisch genannt.

Sufismus

von arabisch *Suf*, »Wolle«. Ein Islam, der sich am inneren Weg orientiert

Tijaniya

Stärkste traditionelle Sufi-Bruderschaft in Mali. Der Namensgeber Ahmed al-Tijani, 1737 in Südalgerien geboren, ließ sich später in Fez nieder, wo auch heute die Zentrale des Ordens ist, der eng mit dem marokkanischen Königshaus verbunden ist.

Tuareg (Singular **Targi**)

arabische Bezeichnung für Berber in der Südsahara, die sich selbst nach ihrer Muttersprache **Tamashek** benennen

Wahhabiten

auf Muhammad Abd al-Wahhab (1703 – 1792) zurückgehende Bewegung eines dogmatischen sunnitischen Islam. Anders als die Djihadisten stehen Wahhabiten loyal zum saudischen Königshaus.

Zeittafel

3. Jh. v.u.Z.
Jenne-Jenno (Alt-Djenné) gilt als älteste Stadt im Sahel.

5.–12. Jh.
Das Ghana-Reich ist der erste Staat auf dem Gebiet des heutigen Mali.

7. Jh.
Beginn der Ausbreitung des Islam in Nordafrika

8. Jh.
Arabische Händler reisen in Gebiete südlich der Sahara.

1100
Gründung von Timbuktu als Lager von Tuareg-Nomaden

1200–1450
Das Mali-Reich erstreckt sich von der Wüste bis zur Atlantikküste.

1236
Verkündung der Charta von Kurukan Fuga. Sundjata Keita regiert das Mali-Reich.

1324/25
Berühmte Mekka-Reise des malischen Königs Mansa Mussa

15. Jh.
Ankunft der Europäer an der Küste Westafrikas. Bald danach Beginn des Sklavenhandels

15.–16. Jh.
Blütezeit Timbuktus als Gelehrtenstadt

1464–1591
Das Songhai-Reich umfasst ein Gebiet von der Größe des heutigen Westeuropas.

1591
Marokko erobert Timbuktu, verschleppt Gelehrte.

Ab 1848
Frankreich kolonisiert Algerien und beginnt von der westafrikanischen Küste aus die Durchdringung und Unterwerfung des Senegal, später Malis.

1853/54
Der deutsche Afrika-Forscher Heinrich Barth hält sich in Timbuktu auf.

1884/85
Berliner Kongo-Konferenz legt Regeln für die koloniale Aufteilung Afrikas fest.

22. September 1878

Die Siedlung Logo Sabouciré in Westmali leistet den Franzosen heroisch Widerstand, ergibt sich erst nach Kanonenbeschuss. Der 22. September wird deshalb 1960 zur Verkündung der Unabhängigkeit gewählt. Seitdem Nationalfeiertag. Die völlige koloniale Eroberung Malis wird erst um 1890 erreicht.

1957

Frankreich gibt seinen kolonialen Sahara-Gebieten einen eigenen Status. Dies nährt bei den Tuareg die Hoffnung auf einen eigenen Staat.

1960

Unabhängigkeit der Republik Mali

1960 – 68

Präsidentschaft von Modibo Keita

1963

Die erste Tuareg-Rebellion wird blutig unterdrückt. Die Region Kidal bleibt bis 1986 unter Notstandsrecht.

1968 – 91

Das Militär putscht und bleibt an der Macht, mit General Moussa Traoré als Präsident.

22. – 26. März 1991

Massenhafte Proteste und unbefristeter Generalstreik gegen die Militärregierung. Nach Massakern der Armee an jungen Demonstranten wird Präsident Moussa Traoré von einem Teil der Armee abgesetzt, unter Führung des Oberstleutnants Amadou Toumani Touré. Dieser leitet dann eine Übergangsregierung.

1991

Nach einer erneuten Tuareg-Rebellion unterzeichnet Mali in Algerien das »Tamanrasset Abkommen«. Es sieht für Nordmali einen Sonderstatus mit wirtschaftlicher und kultureller Souveränität sowie eine eigene Regionalpolizei vor, wird jedoch nie voll umgesetzt. Es folgen weitere Rebellionen.

1992

Referendum über neue Verfassung. Erste demokratische Wahlen

1992 – 2002

Präsidentschaft von Alpha Oumar Konaré

2002 – 2012

Präsidentschaft von Amadou Toumani Touré, endet vorzeitig durch Putsch

17. Januar 2012
Die Tuareg-Miliz MNLA beginnt, Nordmali militärisch zu besetzen. Ein Massaker an gefangenen Soldaten verschärft in Bamako die Proteste gegen den Präsidenten.

21./22. März 2012
Eine Meuterei von Unteroffizieren führt zu einem improvisierten Staatsstreich. Präsident Amadou Toumani Touré versteckt sich. Später wird seine Flucht in einen formalen Rücktritt umgewandelt.

März/April 2012
Der Versuch der Putschisten, korrupte Offiziere aus Nordmali abzuberufen, führt zum Kollaps der Armee im Norden. Der MNLA und islamistischen Kampfgruppen gelingen rasche Geländegewinne. Am 6. April ruft die MNLA den unabhängigen Staat Azawad aus. In Bamako geben die Putschisten die Macht in zivile Hände; der bisherige Parlamentspräsident Dioncounda Traoré wird Übergangspräsident.

26. Mai 2012
Die säkulare MNLA und die islamistische Ansar Din geben eine Allianz bekannt; sie endet zwei Tage später wegen Uneinigkeit über die Rolle islamischen Rechts. In der Folgezeit wird die MNLA immer mehr durch die islamistischen Kräfte verdrängt, ehe sie sich aus Nordmali militärisch zurückziehen muss.

Juni 2012 – Anfang Januar 2013
Die drei islamistischen Kampfgruppen Ansar Din, MUJAO und Aqim beherrschen Nordmali.

10. Januar 2013
Kämpfer von Ansar Din erobern den Ort Konna, südlich der Grenzlinie zum besetzten Nordmali. Übergangspräsident Traoré bittet Frankreich um Hilfe. Dies setzt eine seit Längerem vorbereitete französische Intervention in Gang.

11. Januar 2013
Die französische »Opération Serval« beginnt mit Luftschlägen, es folgt eine Bodenoffensive. In den nächsten zwei Wochen werden die Städte Gao, Timbuktu und Kidal eingenommen. In Kidal kooperieren die Franzosen mit den Kämpfern der MNLA-Miliz, die erst dadurch wieder eine militärische Größe in Nordmali wird.

8. Februar 2013
Erster Selbstmordanschlag in Mali (Gao)

28. Februar 2013

Der Bundestag mandatiert die Entsendung von zunächst zweihundertfünfzig Soldaten zur Unterstützung der European Union Training Mission in Mali (EUTM). Später folgen weitere Mandate.

2. Juni 2013

In Ougadougou (Burkina Faso) wird ein vorläufiges Abkommen zwischen der Tuareg-Miliz MNLA und der malischen Regierung geschlossen, um die Durchführung von Präsidentschaftswahlen in der Tuareg-Region Kidal zu ermöglichen, in die der Staat bisher nicht zurückkehren konnte. Die Blauhelm-Mission MINUSMA soll die Einhaltung dieser und folgender Absprachen überwachen, ohne dafür tatsächlich ausgerüstet zu sein.

19. Juli 2013

Drei europäische Geiseln, in Südalgerien gekidnappt, werden in Mali gegen ein vermutliches Lösegeld von achtzehn Millionen Dollar freigelassen. Auch in späteren Monaten fließen auf diese Weise – wie vor der Intervention – große Summen zu terroristischen Geiselnehmern.

11. August 2013

In der zweiten Runde der Präsidentschaftswahlen wird Ibrahim Boubacar Keita überragender Sieger. Etwa vierhunderttausend Malier sind noch in Flüchtlingslagern im Ausland und können nicht wählen. In der Tuareg-Region ist die Beteiligung minimal.

November/Dezember 2013

Mit Parlamentswahlen ist die formelle Wiederherstellung der verfassungsmäßigen Ordnung in Mali abgeschlossen.

2014

Anhaltende Unsicherheit in Nordmali. Bewaffnete Islamisten, die durch die Intervention zunächst vertrieben wurden, kehren in kleineren Einheiten zurück. Viele Flüchtlinge sind noch in Lagern.

Literatur

Austen, Ralph A.: *Sahara. Tausend Jahre Austausch von Ideen und Waren.* Berlin 2012.

Bâ, Amadou Hampâté: *Wangrins seltsames Schicksal. Oder die listigen Ränke eines afrikanischen Dolmetschers.* Frankfurt/M. 1986.

–: *Jäger des Wortes. Eine Kindheit in Westafrika.* Wuppertal 1995.

–: *Oui, mon Commandant. In kolonialen Diensten.* Wuppertal 1997.

Brock-Utne, Birgit / Rodney Kofi Hopson (Hg.): *Languages of Instruction for African Emancipation.* Daressalam 2005.

Djian, Jean-Michel: *Les manuscrits de Tombouctou. Secrets, mythes et réalités.* Paris 2012.

Griaule, Marcel: *Schwarze Genesis. Ein afrikanischer Schöpfungsbericht.* Frankfurt/M. 1980.

Haley, Alex: *Roots.* London 1977.

Hock, Carsten: *Fliegen die Seelen der Heiligen? Muslimische Reform und staatliche Autorität in der Republik Mali seit 1960.* Berlin 1999.

Klute, Georg: *Tuareg-Aufstand in der Wüste. Ein Beitrag zur Anthropologie der Gewalt und des Krieges.* Köln 2013.

Lecocq, Baz: *Disputed Desert. Decolonisation, Competing Nationalisms and Tuareg Rebellions in Northern Mali.* Leiden 2010.

Ngugi wa Thiong'o: *Re-membering Africa.* Daressalam 2009.

Polak, Rainer: *Festmusik als Arbeit, Trommeln als Beruf.* Berlin 2004.

Sissoko, Ibrahim Fagaye: *Der Demokratisierungsprozeß in Afrika am Beispiel von Mali.* Hamburg 2004.

Sy, Ousmane: *Vorwärts Afrika. Plädoyer für einen Wandel von unten.* Bad Honnef 2010.

Von Charlotte Wiedemann erschien zuletzt: *Vom Versuch, nicht weiß zu schreiben. Oder: Wie Journalismus unser Weltbild prägt.* Köln 2012. www.charlottewiedemann.de